中国科学院科学出版基金资助出版

普通高等学校地理信息科学教学

地理信息科学一流专业系列教材

地理信息科学导论

闾国年　汤国安　赵　军　等　编著

科学出版社

北　京

内 容 简 介

本教材系统介绍了地理信息科学的基本概念、科学内涵、体系框架、发展背景、与相关学科的关系等；重点介绍了地图制图、空间定位导航、遥感数据获取、物联网信息采集、GIS 数据存储、管理、分析、发布等原理、方法与技术，以及地理信息系统在地球系统科学、社会服务、科学决策等方面的应用。同时还简要介绍了地理信息产业发展状况，特别是我国地理信息产业的空间结构、人才需求、投资环境、发展趋势等。

本教材可作为地理信息科学专业本科生入门教材，也可作为地学其他专业学生的通识课教材，同时可供信息、通信、人文社科等专业人员参考。

审图号：GS（2020）2130 号

图书在版编目（CIP）数据

地理信息科学导论 / 闾国年，汤国安，赵军编著. —北京：科学出版社，2019.12（2022.8重印）

（普通高等学校地理信息科学教学丛书）

地理信息科学一流专业系列教材

ISBN 978-7-03-063660-7

Ⅰ. ①地…　Ⅱ. ①闾…　②汤…　③赵…　Ⅲ. ①地理信息学-高等学校-教材
Ⅳ. ①P208.2

中国版本图书馆CIP数据核字(2022)第142281号

责任编辑：杨　红 / 责任校对：何艳萍
责任印制：霍　兵 / 封面设计：陈　敬

科学出版社 出版
北京东黄城根北街16号
邮政编码:100717
http://www.sciencep.com
三河市春园印刷有限公司 印刷
科学出版社发行　各地新华书店经销
*
2019年12月第　一　版　开本：787×1092　1/16
2023年12月第七次印刷　印张：15 1/2
字数：374 000

定价：69.00 元

（如有印装质量问题，我社负责调换）

“普通高等学校地理信息科学教学丛书”
编委会名单

丛 书 序

古往今来，人类所有活动几乎都与地理位置息息相关。随着科学技术的快速发展与普及,地理信息科学与技术以及在此基础上发展起来的“数字地球”“智慧城市”等，在人们的生产和生活中发挥着越来越重要的作用。

近年来，我国地理信息科学高等教育蓬勃发展，为我国地理信息产业的发展提供了重要的理论、技术和人才保证。目前，我国已有近 200 所高校开设地理信息科学专业，专业人才培养模式也开始从“重理论、轻实践”向“理论与实践并重”转变。然而，现有的地理信息科学专业教材建设，一方面滞后于专业人才培养的实际需求，另一方面，也跟不上地理信息技术飞速发展的步伐。同时，新技术带来的教学方式和学生学习方式的变化，也要求现有教材体系及配套资源做出适应性或引领性变革。在此背景下，科学出版社与中国地理信息产业协会教育与科普工作委员会共同组织策划了“普通高等学校地理信息科学教学丛书 ”。该丛书从学科建设出发，邀请海内外地理信息科学领域著名学者组成编委会，并由编委会推荐知名专家或从事一线教学的教授担任各分册主编。在编撰中注重教材的科学性、系统性、新颖性与可读性的有机结合，强调对学生基本理论、基本技能与创新能力的培养。丛书还同步启动配套的数字化教学与学习资源建设，希望借助新技术手段为地理信息科学专业师生提供方便快捷的教学与学习资源。相信该丛书的出版，会大大提升该专业领域本科教材质量，优化辅助教学资源，对提高理论与实践并重的专业人才培养质量起到积极的引领作用。

我相信，在丛书编委会及全体编撰人员的共同努力下，“普通高等学校地理信息科学教学丛书”一定会促进我国新一代地理信息科学创新人才的培养，从而为我国地理信息科学及相关专业的发展做出重要的贡献。

中国科学院院士
中国工程院院士
李德仁

丛书前言

地理信息，在经济全球化和信息技术快速发展的21世纪，已然在人类经济发展与社会生活中扮演重要角色。自1992年Michael F. Goodchild提出地理信息科学应当是一门独立的学科以来，在学界的共同努力下，已经在空间数据采集与处理、地学数据挖掘与知识发现、空间分析与可信性评价、地学建模与地理过程模拟、协同GIS与可视化、地理信息服务、数字地球与智慧城市、虚拟地理环境、GIS普及及高等教育等诸多研究方面取得了重要进展。与此同时，由于地理信息科学的概念以及研究背景、目标的复杂性，目前关于地理信息科学的核心理论框架体系，仍然存在不同的理解，需要广大学者深入探索与凝练。

在2012年教育部颁布的《普通高等学校本科专业目录（2012年）》中，地理科学类专业中的“地理信息系统”更名为“地理信息科学”，标志着地理信息的高等教育进入一个崭新的发展阶段。随着我国各项事业及各相关部门信息化进程的加快，地理信息相关专业人才具有广泛的社会需求。地理信息科学专业人才应当具备坚实的地理学、测绘科学及现代信息技术基础知识、具有处理与分析地理信息的能力，能从事地理信息科学问题的研究与相关技术开发，能胜任包括城市规划、资源管理、环境监测与保护、灾害防治等领域的地理信息资源开发、利用与管理工作。地理信息科学专业人才的培养，对于全面提升我国地理信息产业与地理信息科学发展水平具有极其重要的作用。

中国地理信息产业协会教育与科普工作委员会，多年来通过多种途径，积极推进我国地理信息高等教育水平提高，所组织的全国高校GIS教育研讨会、全国高校GIS青年教师教学技能培训与大赛、全国大学生GIS技能大赛、全国GIS博士生论坛等活动，都已经成为国内有影响的品牌活动。党的二十大报告指出“教育是国之大计、党之大计”。高校专业教材作为本科教学的重要资料，在落实立德树人根本任务，全面提高人才自主培养质量，着力造就拔尖创新人才的过程中起到了关键的作用。近十年来，我国已出版多套有关地理信息系统的系列教材，在专业教学中发挥了十分重要的作用，其中，由科学出版社出版的“高等学校地理信息系统教学丛书”，在我国GIS教育界产生了重要影响。

在此基础上，科学出版社、教育与科普工作委员会联合组织编撰的“普通高等学校地理信息科学教学丛书”，拟面对学科发展的新形势，系统梳理、总结与提炼以往的学科研究及教学成果，编写出集科学性、时代性、实用性为一体的系列教材。

为保证本丛书顺利完成，在工作委员会及科学出版社的协调下，首先成立了由地理信息科学高等教育领域的知名学者组成的丛书编写委员会。其中，由我国该领域院士及知名学者任顾问，对丛书进行方向性指导，各教材主要编写人员既有我国地理信息科学领域的知名专家，又有新涌现的优秀青年学者，他们对地理信息科学的教育教学有很强的责任心，对地理信息学科的发展与创新开展了广泛而深入的研究；他们在学术研究和教学工作中亦能紧密联系、广泛开展学术与教学的交流合作。

本丛书将集成当前国内外地理信息科学研究领域的主要理论与方法，以及编著者自身多年的研究及教学成果，对本学科相关研究工作有十分重要的参考价值。我们希望本丛书不仅适合于地理信息科学专业的在校学生使用，而且也可作为相关专业高校教师和研究人员工作和学习的参考书。本丛书的出版发行，盼能推动我国地理信息科学的科学研究与拓展应用，促进中国地理信息产业的发展。

国家级教学名师

中国地理信息产业协会教育与科普工作委员会主任

汤国安

前　言

在本教材定稿完成、即将付梓之际，我们特别怀念我国著名的遥感学家、定量遥感的奠基人——李小文院士。他为本教材的编著与出版呕心沥血，在内容构思、章节安排、专家论证、写作队伍组建等方面都进行了精心组织和筹划，病重期间直至生命的最后时刻都一直关心着编写进度。当我们阅读本教材时，我们要深切缅怀李小文院士，这位素有“布鞋院士”之称的“网红”教授，仅从他的博客，我们都会被他深邃的思想，精彩的文笔，以及对历史和现实的考量而折服。我们需要学习他的科学创新和无私奉献精神，需要学习他以教书育人为本的高尚情怀。我们仅以这本姗姗来迟的《地理信息科学导论》教材献给小文院士！

追本溯源，我国的地理信息科学本科专业源自地理学的二级学科地图学，以及测绘科学的二级学科地图制图学。随着 20 世纪 60 ～ 70 年代航空遥感和卫星遥感技术的发展，遥感数据成为地图、地理信息数据的重要来源，遥感制图技术和计算机辅助地图制图技术得到发展。80 年代，地理信息系统技术引入国内，地理数据的采集、存储、分析、表达、传输、发布、管理等综合性技术体系逐步形成。1988 年，武汉测绘科技大学（现武汉大学）探索性地开设了全国第一个专门培养地理信息人才的本科专业。1996 年，在教育部颁布的《普通高等学校本科专业目录》中，地理科学类新增了地理信息系统专业。2012 年，为了适应地理信息系统学科从技术到科学的跨越，教育部高等学校地理科学类教学指导委员会将地理信息系统专业名称改为地理信息科学专业。

从地图学、地图制图学专业发展到今天的地理信息科学专业，表明在新技术的驱动下，专业教学内容发生了深刻的变化。当前本科低年级学生已经开设了《地图学概论》《遥感概论》《地理信息系统概论》《地理信息科学概论》等专业导论性的课程。然而，地理信息科学专业导论性的教材至今没有产生。究其原因，一是主观的，1999 年我在出版《地理信息科学导论》时遇到了很大阻力，当时学界多认为地理信息系统就是一门技术，没有科学，更谈不上有理论。不过，该书最终在陈述彭院士的鼎力支持下得以出版。过去 10 多年，我曾多次试图编写或从国外引进地理信息科学专业导论教材，但即使在我主编的“21 世纪高等院校教材 • 地理信息系统教学丛书”中，也未能编写或引进出版。二是客观的，近年来新技术、新方法、新应用如雨后春笋，数字地球、智慧地球、物联网、大数据、人工智能让我们应接不暇，消化、吸收、创新很是困难，造成了章节内容布局、体例形式、图文风格等意见也难以统一、进展缓慢。虽受现有认识、能力、时间等条件约束，我们编写团队仍全力以赴，几易其稿，最终将这本《地理信息科学导论》奉献给大家，恳请大家批评指正。

本教材共 8 章，第一章由赵军、闾国年、陈旻、俞肇元编写，赵军统稿；第二章由赵军、闾国年、袁林旺、陈旻编写，赵军统稿；第三章由汤国安、张海平、俞肇元、沈婕、闾国年编写，汤国安统稿；第四章由童小华、毕如田、沈飞、张松林、陈鹏、金艳敏编写，赵军、沈飞统稿；第五章由盛业华、刘素红、毕如田编写，盛业华统稿；第六章由闾国年、仲腾、周良辰、俞肇元编写，闾国年统稿；第七章由吴明光、李霖、周良辰、俞肇元编写，吴明光统稿；第八章由闾国年、张雪英、陈旻、张书亮编写，闾国年统稿。本教材最终由闾国年定稿。

本教材的编辑出版得到了中国地理信息产业协会教育与科普工作委员会、科学出版社、南京师范大学地理学国家一流学科、虚拟地理环境教育部重点实验室，以及“全息地图与位置信息聚合”国家重大研发计划项目的大力支持。中国地理信息产业协会教育与科普工作委员会主任汤国安教授全程指导，南京师范大学地理信息科学系系主任张书亮教授倾心布局，将本教材列入南京师范大学地理信息科学一流专业系列教材。本教材在编著过程中，引用了不少学者的研究成果，包括专著、论文、报告、PPT，应用了大量的网络图片，教材中不能一一列出，我们深表歉意并一并表示衷心感谢！

虚拟地理环境教育部重点实验室
南京师范大学地理科学学院
江苏省地理信息产业研究院
闾国年
2019 年 10 月 8 日

目　录

第一章　从地理到地理信息科学

地理信息是人类各种活动所必需的基础信息，是人类在长期生产实践过程中对地理事物与地理现象的抽象描述与表达。自人类文明萌芽以来，人类就不断探索着地理信息的采集、存储、分析、表达、传输、应用的技术与方法，从早期不精确象形文字的描述，到后来利用严密数学法则的图形记录，再到以现代科学技术为基础的数字化表达，逐步形成了一个现代学科领域——地理信息科学。本章重点介绍地理现象认知和表达的历史进程，地理信息科学形成的科学技术背景，以及地理信息科学与相关学科的联系。

1.1　地理现象的认知与表达

地理现象指地理事物在发生、发展和变化过程中的外部形式和表面特征。自远古时代，对自然的敬畏和神秘感，驱使着人类不断地探索和解释自己身边的各种地理现象。从夸父追日的神话传说到哥伦布的航海实践，从亚里士多德对地球球形的证明到阿波罗飞船传回的地球真实照片，关于地球的知识在探索和发现中不断积累，成为人类活动的重要基础。直到今天，仍然有很多的地理谜团困扰着我们，对地理现象的探索将持续进行下去。

“言之不存，传之不远”，采用适当的方法记录和保存有关地理现象的信息，是实现地理知识表达和传播的唯一途径。

1.1.1　地理现象的自然语言描述

1. 自然语言

自然语言是随文化演化自然形成的语言，是人们在生产、生活中进行思维和思想交流的工具。汉语、英语、俄语等都是自然语言。

文字是自然语言的载体，是记录语言的符号，是存储、传输信息的重要形式。文字使得人类的思想和知识得以保存和传播，因此我们将其定义为文本语言，它是自然语言的重要组成部分。而在自然语言发展的初期，人类则是通过肢体和语音来传递信息，表达情感的，这类语言我们称为肢体语言和口头语言。当自然语言发展到较高层次的时候，文字就自然而然地出现了。

图 1.1　楔形文字（保存于法国卢浮宫）

一般认为，世界上最早的文字是出现在古代中东地区的楔形文字，距今 6000 ～ 5000 年（图 1.1）。我国原始文字的雏形可以追溯到距今约 6000 多年的仰韶文化（图 1.2）。到公元前 16 世纪的商朝，甲骨文出现，标志着系统的汉字体系已经形成（图 1.3）。

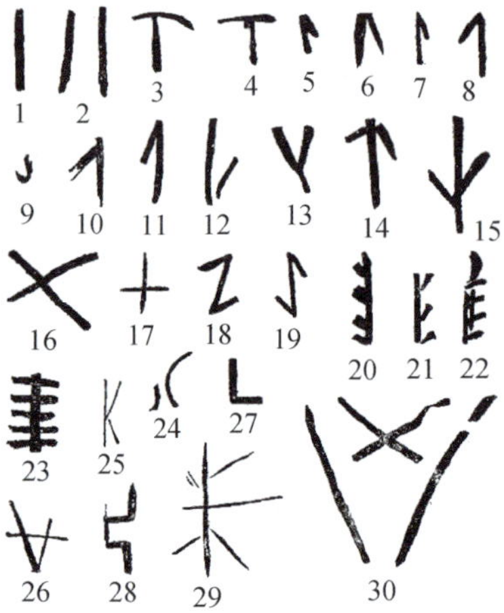

图 1.2 仰韶文化陶器上的刻画符号（西安半坡）

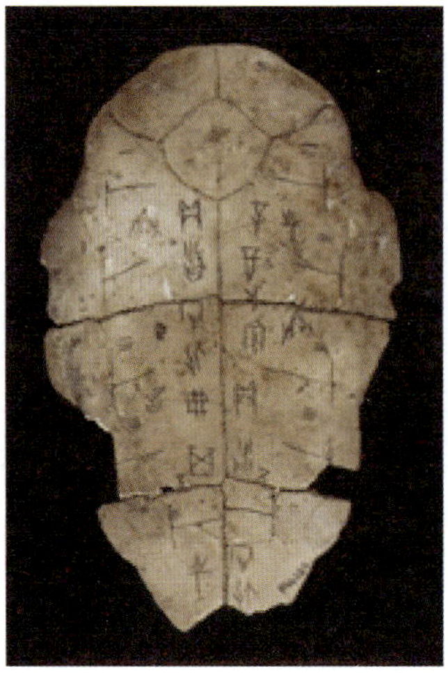

图 1.3 商甲骨文（台湾“中央研究院”历史语言研究所藏品）

2. 表达地理现象的第一语言

在认知地理现象的过程中，需要一种便于交流和传递地理信息的语言，以便表达和描述地理现象及其特征。自然语言便自然而然地担当起了这个重任，成为地理学的第一语言。自然语言实现了地理空间到抽象思维空间的形态变换。

文字是描述地理现象和传输地理信息的基本形式。在文字出现之前，人们已经积累了一些地理知识。当文字出现并用于表述地理现象之后，地理知识的积累和传播出现了一个飞跃。

自然语言描述地理现象的历史非常悠久，并遗留下来非常丰富的地理遗产。即使在信息化社会，自然语言描述地理现象仍然具有不可替代的优势。

在我国，甲骨文中就有卜雨卜晴的记载（图 1.4）。

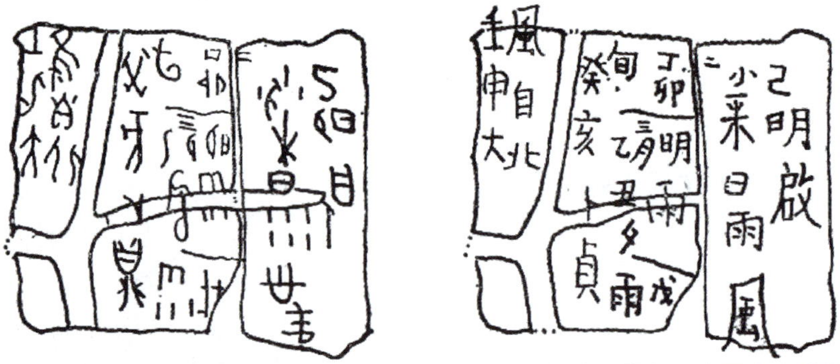

图 1.4 殷文丁时卜辞中一旬间之气象记录（左图为甲骨文原文，右图为卜辞译文）

《春秋》一书中记载了公元前 722—前 479 年 200 多年间鲁国的水旱情况；《尚书·禹贡》更是一部重要的古代地理著作，全书约 1200 字，分九州、导山、导水、五服 4 个部分，依据河流、山脉、海洋的自然分界将国土划分为九州，此书可以说是自然区划思想的萌芽。

明代地理学家、旅行家徐霞客（图 1.5）更是通过亲身经历，用生动的语言描述了祖国丰富的自然资源和地理景观，他所著的《徐霞客游记》流传至今（图 1.6）。

图 1.5 地理学家、旅行家徐霞客（1587—1641 年）

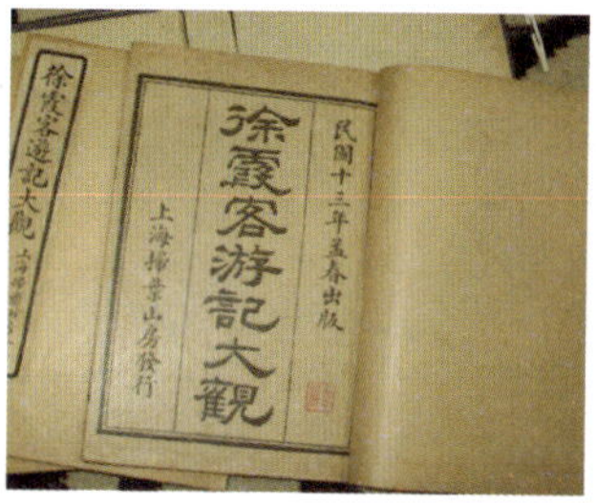

图 1.6 20 世纪 20 年代印刷的《徐霞客游记大观》

在古希腊，生活在公元前 5 世纪的希罗多德总结了前人游记、航海志等文字作品，从区域及其界限角度组织地理知识（图 1.7）；在公元元年前后，斯特拉波完成 17 卷本《地理学》，构建了以区域变化为核心的方法论，并对前人著作做了大量引用和评论，成为描述地理学的典型代表人物（图 1.8）。世界其他古老文明同样也遗存有大量的地理著作。

图 1.7 古希腊学者希罗多德（约公元前 480—前 425 年）

图 1.8 古希腊学者斯特拉波（约公元前 64—公元 23 年）

地理现象的文本语言描述，对计算机的存储而言是一种非结构化信息，在表达地理现象的语义、空间位置、几何形态、变化过程、要素关系和属性特征等内容时往往没有固定的格式。

1.1.2 地理现象空间分布的地图表达

1. 从古老岩画到地图

绘画是一种可以共享的特殊语言。在文字出现以前，绘画就已经用于表达情感、记载事件了。岩画就是石器时代的一种石刻文化。人类祖先以石器作为工具，以图画形式在岩壁上描绘、记录当时的生活环境、生产方式或重大事件。

图 1.9 土耳其新石器时代的岩画（局部）

1963 年，考古学家在土耳其的一处史前遗址中发现了一幅岩画，内容是城镇的平面图。这幅岩画全长约 375cm，图 1.9 展示了其大部分内容。根据放射性碳同位素 ^{14}C 年代测定，岩画完成的时间约在公元前 6200 年，这比楔形文字的出现还要早约 2700 年。

随着文明的进步，原始的绘画逐渐分化，一支演化成象形文字，一支成为美术的先驱，还有一支在测量技术方法支持下发展成平面图和地图。

测量工具的发明和使用可追溯到人类文明初期。在中国古代神话中的人类始祖伏羲和女娲时代，就已经有测量角度的规和丈量长度的矩了，规矩既是生产工具，也是社会秩序的象征（图 1.10）。

图 1.11 是 1986 年在甘肃天水秦墓发掘出土的放马滩战国秦地图，绘制在 4 块 26.7cm × 18.1cm 大小的松木板上，是我国现存最早的实物古地图。

图 1.10 唐代《伏羲女娲图》（伏羲和女娲手持规、矩，新疆吐鲁番出土）

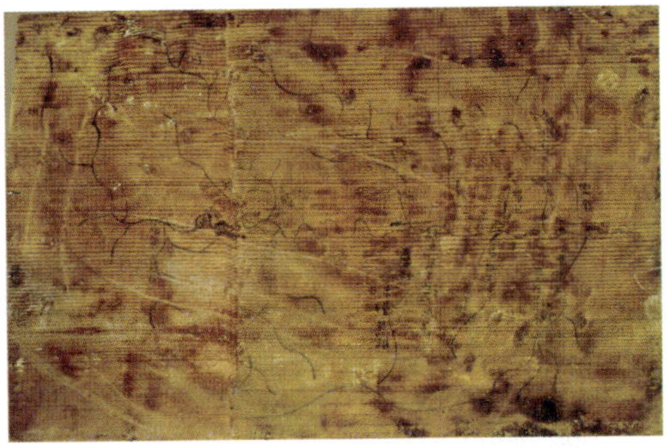

图 1.11 甘肃天水放马滩秦墓出土地图

2. 地理空间位置的图示表达

所有地理现象都有特定的时空位置。确定和表达地理事物与地理现象的时空位置是人类活动的基本需求。

地名地址是最常用的一种确定地理位置的方法，在自然语言描述地理现象时广为使用。地名是人们赋予某一特定空间位置上自然或人文地理实体的专有名称，而地址则是地理实体具体的空间位置。每当提及一个大家熟知的地名时，它所包含的地理实体的文化内涵和地理位置就会映现在人们的大脑中。

利用地名进行空间定位虽然直观、易记，但是有时定位不够精确。为了准确地确定地理事物的位置，就需要建立具有严密数学基础的坐标系统（图 1.12）。

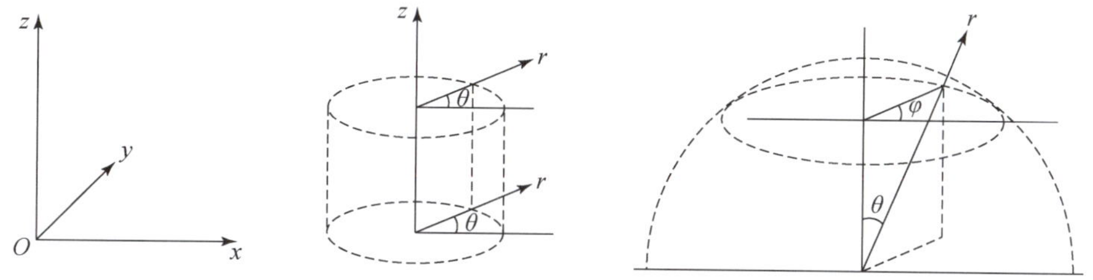

图 1.12　不同的坐标系（左图为笛卡儿坐标，中图为柱坐标，右图为球极坐标）

地球是一个不规则的椭球体，当需要确定球面上一个点的位置时，我们自然就想到了球面坐标——经度和纬度。例如，我国在南极建立的第一个科学考察站长城站的地理位置是南纬 62°12′59″、西经 58°57′52″、海拔高 10m，这样就准确、唯一地表述了长城站在地球上的地理位置（图 1.13 和图 1.14）。

图 1.13　中国南极长城站

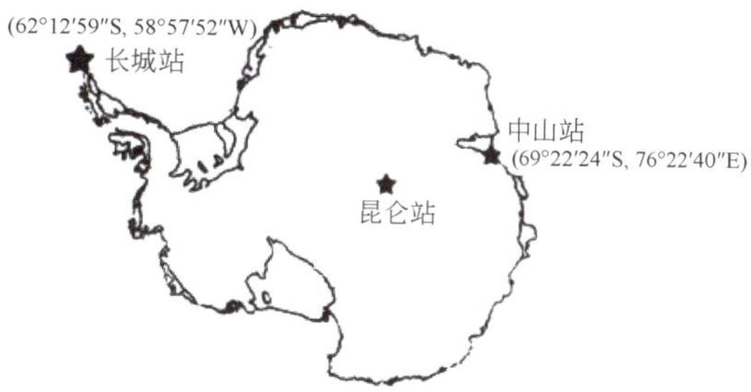

图 1.14　长城站地理位置图

最早认为必须以经纬度位置为基础才能精确绘制世界地图的是公元前 2 世纪时的古希腊学者希帕库。到公元 2 世纪，托勒密（图 1.15）在希帕库的经纬度网基础上，建立了地图投影，利用已有的地理资料绘制了世界地图（图 1.16）。托勒密所著 8 卷本《地理学指南》是一部影响深远的著作，其第一卷讲的是地图投影，第八卷讲的是世界各部分的地图。托勒密地图投影方法为精确编绘地图奠定了基础。

在中国，与托勒密时代相近的裴秀（图 1.17）提出了“制图六体”和计里画方理论，是中国古代地图制图发展的重要里程碑。图 1.18 是南宋时期采用计里画方绘制的“禹迹图”。

16 世纪，荷兰出现了一位地图发展史上划时代的人物——墨卡托（图 1.19）。墨卡托的主要贡献是建立了墨卡托投影，这是一种将航海时重要的等角航线投影为直线的地图投影（图 1.20）。

图 1.15　托勒密（90—168 年）

图 1.16　托勒密的世界地图

图 1.17　裴秀（224—271 年）

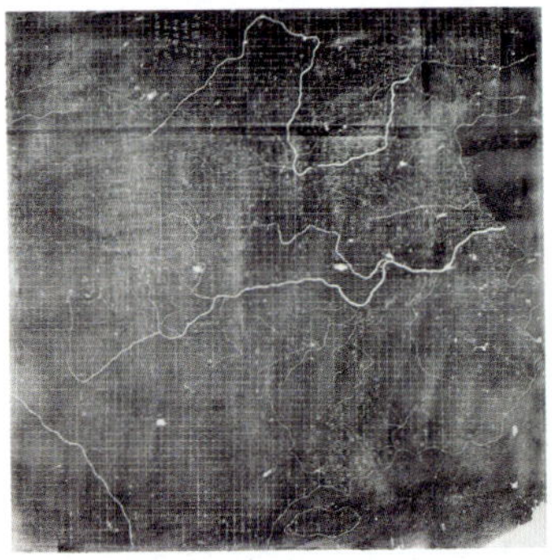
图 1.18　禹迹图（南宋）

图 1.19　墨卡托（1512—1594 年）

图 1.20　墨卡托投影原理

到了 17 世纪，随着光学测量仪器、三角测量和天文测量理论的出现，测量学得到发展，实地测量成为绘制大比例尺地图的主要手段（图 1.21），推动了科学地图学的兴起。

3. 表达地理现象的第二语言

地图被称为地理学的第二语言。地图语言具有数学语言的精确性和图形语言的可视性特点，实现了地理空间到形象空间的形态变换。

地图能够准确表达地理现象的空间位置和格局，直观反映空间分布及其变化，有很强大的表现力。20 世纪中叶以来，遥感制图、计算机辅助制图技术的兴起和专题地图、综合地图集的发展，更增强了地图的表现力（图 1.22）。

图 1.21　测绘大比例尺地图

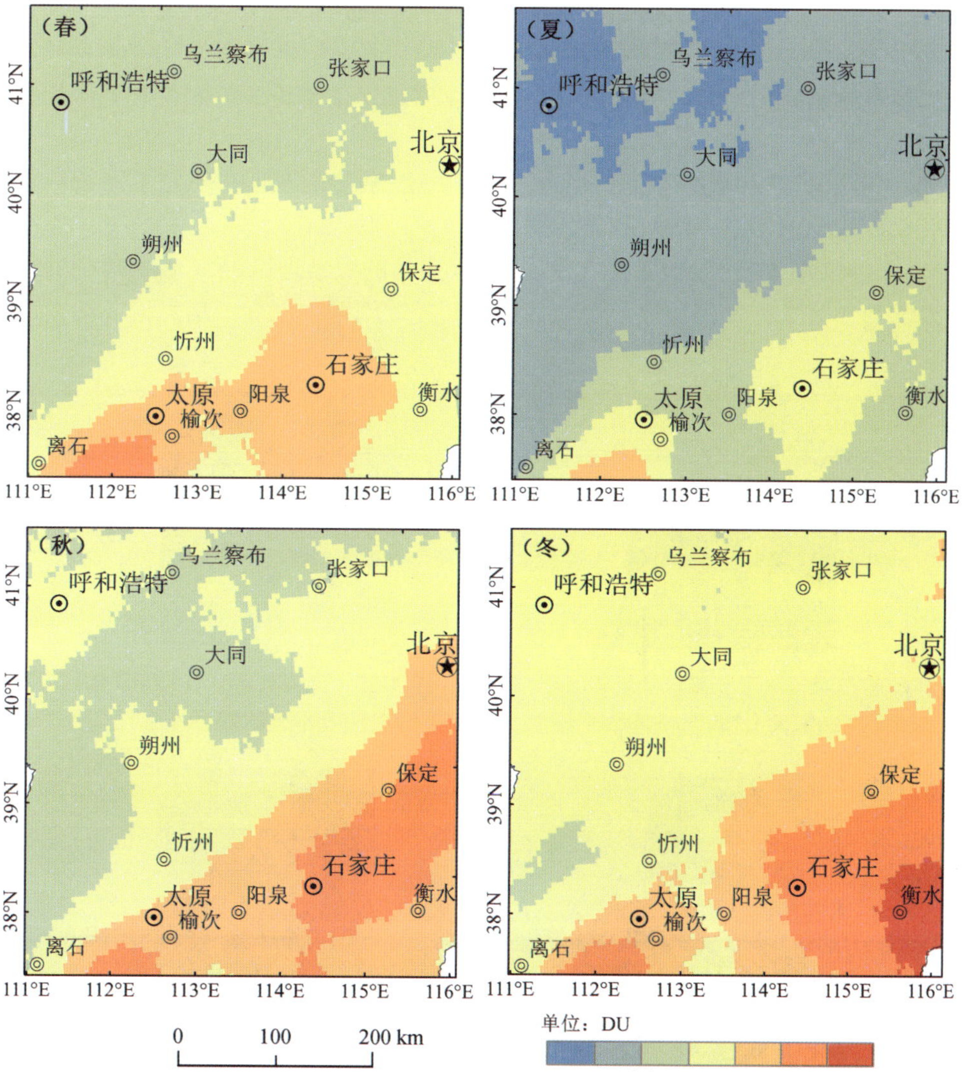

图 1.22　华北地区大气 SO_2 浓度四季分布（局部）

图 1.23 丹尼斯·伍德《地图的力量》

美国学者丹尼斯·伍德在《地图的力量》（图 1.23）一书中说："地图所赋予我们的现实，超出我们的视野、我们的掌握、我们的时间，那是一种我们别无他法可以获得的现实。地图能够使过去与未来呈现在我们面前。"

1.1.3 地理现象时空分析的地理信息系统表达

1. 从计算机制图到地理信息系统

1939 年，美国艾奥瓦州立大学教授阿塔纳索夫（图 1.24）发明阿塔纳索夫－贝利计算机（Atanasoff-Berry computer，简称 ABC），开启了数字化时代的大门。随后，冯·诺依曼与莫尔小组合作，在研制 EDVAC 计算机的同时，提出研制电子计算机的基础性方案。冯·诺依曼被誉为"计算机之父"（图 1.25）。

20 世纪 50 年代后期，美国华盛顿大学几位学者开始尝试利用电子计算机绘制地图，并取得了成功。在这个时期，信息论、控制论和系统论也先后被提出。

1937 年，美籍奥地利生物学家贝塔朗菲提出一般系统论原理，奠定了系统科学的理论基础，并在此基础上于 20 世纪 50 年代创立系统论（图 1.26）。

1948 年和 1949 年，美国数学家香农发表论文《通信的数学理论》和《在噪声中的通信》，提出信息熵的数学公式，量化描述了信息的传输和提取问题，创立了信息论（图 1.27）。

图 1.24 电子计算机的发明人阿塔纳索夫（1903—1995 年）

图 1.25 计算机之父冯·诺依曼（1903—1957 年）

图 1.26 贝塔朗菲（1901—1972 年）

图 1.27 香农（1916—2001 年）

1948 年，美国应用数学家维纳出版《控制论——关于在动物和机器中控制和通信的科学》，明确提出控制论的两个基本概念——信息和反馈，揭示了信息与控制规律，创立了控制论（图 1.28）。

在计算机技术和信息论、控制论、系统论等科学思想推动下，一种新的表达地理现象的形式出现了，这就是地理信息系统。1963 年，罗杰·汤姆林森（图 1.29）为了更有效地存储、分析和利用加拿大土地统计局收集的关于土壤、农业、休闲、野生动物、水禽、林业和土地利用数据，开始开发国际上第一个地理信息系统——加拿大地理信息系统（CGIS）。

图 1.28　维纳（1894—1964 年）与控制论

图 1.29　地理信息系统之父
罗杰·汤姆林森（1933—2014 年）

2. 表达地理现象的第三语言

地理信息系统被称为地理学的第三语言。地理信息系统既具有数学语言的精确性、图形语言的可视性，也具有空间分析的灵活性特点，实现了从地理空间到抽象思维空间，再到形象空间的变换。

地理信息系统是在计算机技术、航天遥感技术等高新技术辅助下形成发展起来的一种全新的描述与表达地理现象的语言。与自然语言和地图语言相比，地理信息系统具有合理灵活的空间存储结构和更良好的空间分析功能。

从反映地理现象客观本质的角度看，自然语言和地图语言只能反映被人的感官所接收的地理信息，这些信息只是客观地理信息中极少的一部分。随着技术工具的进步，虽然地图所能反映的地理现象的内容和范围有越来越大的趋势，但是仍然受到诸多的限制。地理信息系统借助遥感和卫星定位导航等技术，真正实现了地理现象的全球化、一体化、同步化表达。

从描述地理现象技术工具的角度看，自然语言和早期地图主要依赖人的感觉器官和神经器官获得并进行信息转换，用的是人的耳朵和眼睛，也使用一些工具，如木器、石器、纸张等。但随着科学技术的发展，地图信息获取所使用的工具逐渐增多，如各种测量仪器、摄影设备、电子存储工具等。地理信息系统极大地拓展了人的感知能力，信息获取和转换主要依靠遥感、定位、计算机等高新技术，其载体包括计算机、互联网、多媒体、光存储器等，具有信息容量大、传递速度快的特征。

从大脑思维产物——主观地理信息的角度看，自然语言是大脑思维最初级的产品，所输出的只有声音、符号等信息内容，它既是人们交往的工具，也是大脑进一步思维加工的基本工具或原材料。地图是大脑思维经过一系列综合加工处理的产品，它既可以作为独立产品使用，也可以作为人脑进一步思维加工的工具。地理信息系统的大脑思维由人脑预先设计的计算机软件所代替，输出的是集语音、文字、地图于一身的多媒体信息，具有多层次、网络化、数字化全面、形象地反映地理现象的优势，既可以作为终极产物使用，还可以进一步合成或进行思维加工。

科学和技术进步是永无止境的。从远古到今天，人类关于地理现象认知与表达的技术、工具和方法经过了天翻地覆的变化（图 1.30），这种变化还将不断地发展下去。

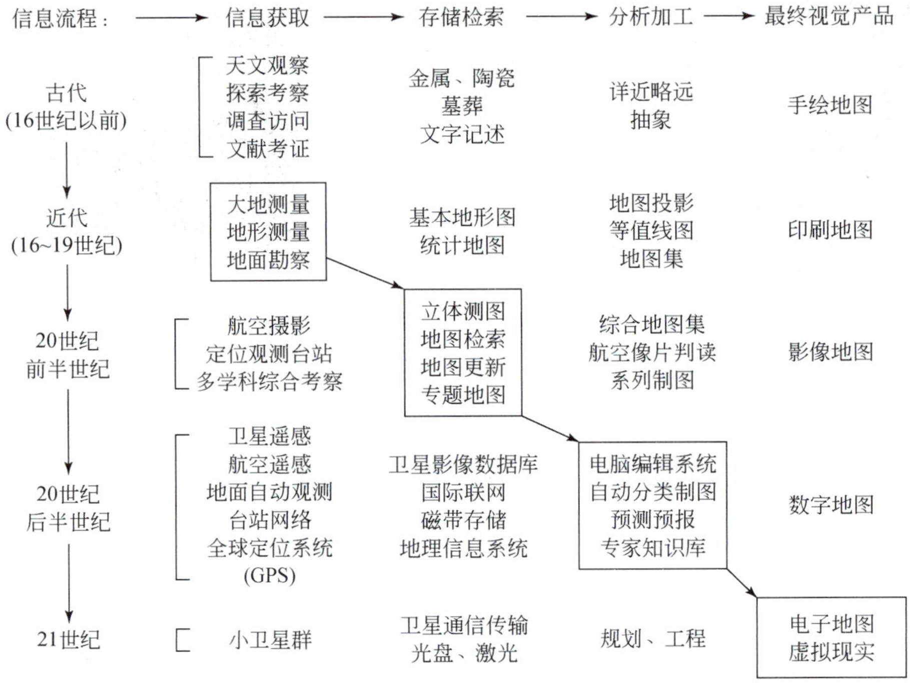

图 1.30　地理信息技术的发展（据陈述彭，1991）

1.2　地理信息科学的兴起

地理信息科学是一门非常年轻的学科，它继承了地理学、地图学、测绘科学等学科发展的成果。随着航空航天等技术的发展，尤其是遥感的出现，不仅拓展了测绘成图、地理信息获取的手段，而且成果可广泛用于国民经济各行各业。最近几十年，随着计算机与通信技术等现代科学技术的迅速发展，地理信息的时代到来了。地理学进入了定量化、模型化时代。这些，最终推动了地理信息科学这门新的学科的诞生与发展。

1.2.1　地理学发展的内在需求

1. 全球化问题的需求

第二次世界大战以后，随着科学技术的进步，全球经济发展促进了工业化和信息化，但同时也带来一系列令人关注的全球性问题，如人口膨胀、资源短缺、环境恶化等（图 1.31）。全球化的格局促使人类必须以全球视角来研究和解决面临的问题。

图 1.31　日益严重的全球性问题

为了应对各种全球性问题、实现可持续发展，就需要观测和研究全球资源环境状况，提出应对策略并对策略实施进行不断监控和修正。而地理学的相关理论和技术为解决这些问题提供了强有力的手段。地理信息分析处理、全球性对地观测等技术被广泛应用（图 1.32）。

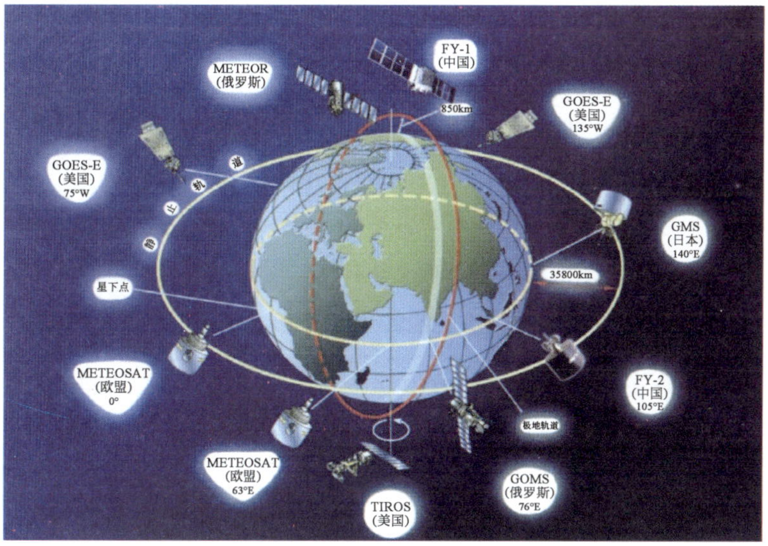

图 1.32　全球各国对地观测卫星

例如，面对日益严峻的全球气候变暖问题，通过对地观测卫星，可以对地球进行监测，根据卫星图像可以反映出全球变暖引起的陆地景观变化情况。

图 1.33 的卫星照片显示了 2014 年 9 月 17 日的北极海冰范围，也是一年当中的最小面积。图片中红线标示的区域是 1981 年至 2010 年间北极海冰平均最小面积范围。与常年同期平均值相比，2014 年 9 月北极海冰面积明显缩减。

2. 现代地理学发展的需求

现代地理学研究的定量化，能够用精确判断来补充定性的文字描述的不足；以抽象的、

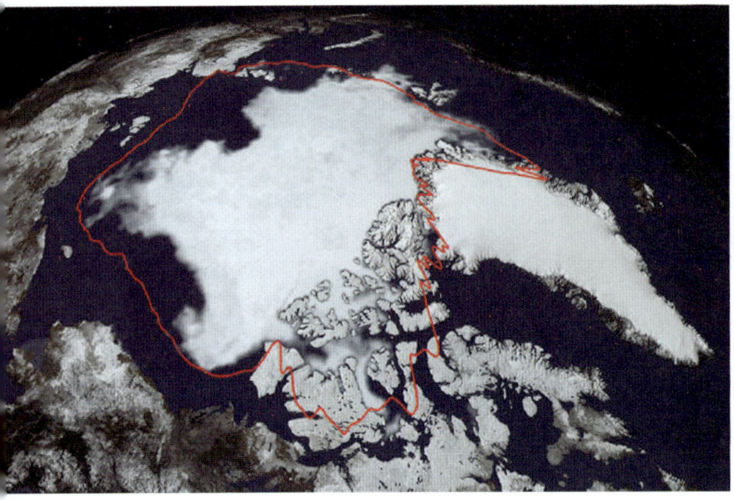

图 1.33　北极海冰范围缩减

反映本质的数学模型去刻画具体的、庞杂的各种地理现象；以对过程的模拟和预测来代替对现状的分析和说明；以合理的趋势推导和反馈机制分析代替简单的因果关系分析；以最新的定量化技术革新地理学的传统研究方法。

现代地理学研究的着眼点不是个别事物的规律，而是现象之间的联系。在全球化的进程下，人类越来越强烈地改变着自然结构和构建着新的社会结构，因此，紧紧把握“人 - 地”关系，显得更加重要。

现代地理学已经形成了空间思维模式和从定性到定量分析的研究范式。20 世纪 60 年代发展的定量研究方法和技术可以对全球地理信息进行空间分析；地球科学的集成化趋势推动了数据的集成、知识的集成、方法和技术的集成，为地球系统科学和地理信息科学的产生和发展奠定了基础。

全球化背景下的现代地理学正面向全球变化和区域可持续发展，以人地相互作用为重点，注重格局与过程的相互作用研究，以地理信息技术和模型模拟方法来表达地理现象的空间分异格局和演化过程，揭示地理要素间相互作用的机制。

1.2.2　计算机科学技术发展带来的机遇

1. 数据库技术

20 世纪 50 年代以前，处于人工管理数据阶段，之后由于各种数据、信息量的大幅度增加，逐渐对处理数据、管理数据有了更大的需求。伴随着计算机应用的深入发展，数据库技术应运而生（图 1.34），出现了统一管理数据的专门软件系统——数据库管理系统（DBMS）（图 1.35）。

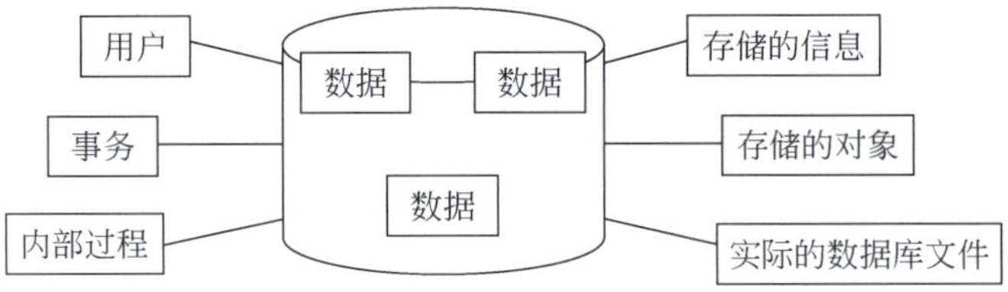

图 1.34　数据库图示

数据库技术是一种计算机辅助管理数据的方法，主要研究如何组织和存储数据，如何高效地获取和处理数据。

数据库技术经历了层次和网状模型数据库系统、关系数据库系统和以面向对象模型为主要特征的三代数据库系统。

层次模型数据库系统是将数据组织成有向有序的树结构，并用“一对多”的关系联结不同层次的数据库（图 1.36）。

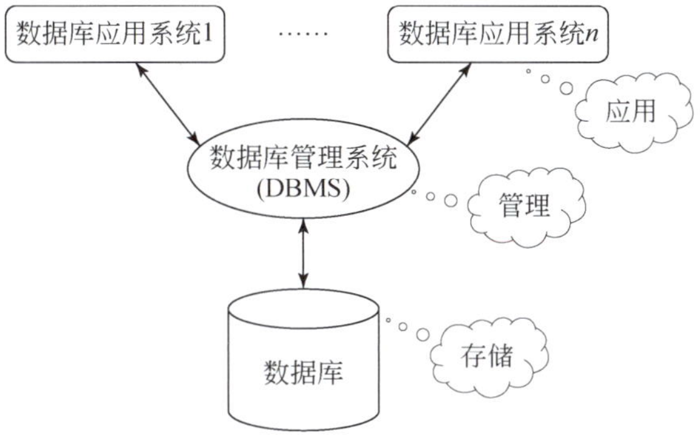

图 1.35　数据库管理系统示意图

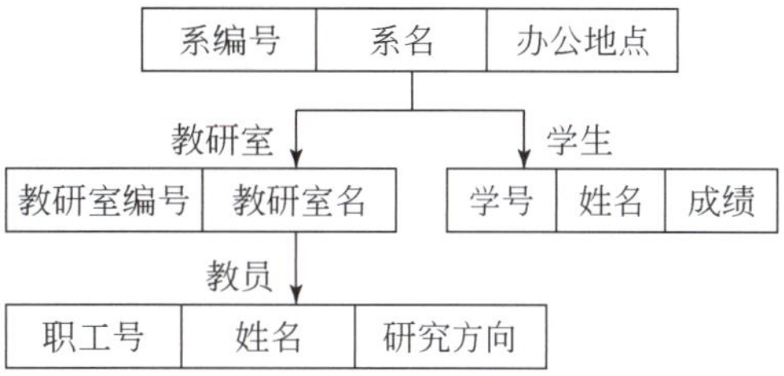

图 1.36　层次模型数据举例

网状模型数据库系统指处理以记录类型为结点的网状数据模型的数据库，处理方法是将网状结构分解成若干棵二级树结构，称为系（图 1.37）。

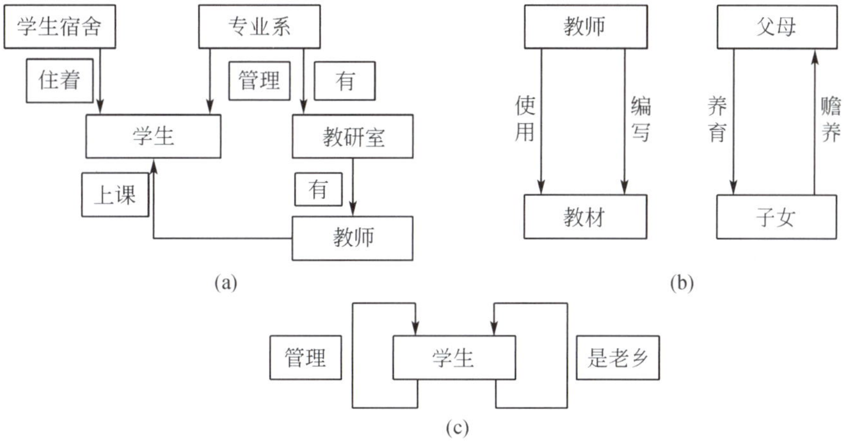

图 1.37　网状模型数据举例

关系模型数据库系统对应于一个关系模型的所有关系的集合称为关系数据库。在关系模型中，实体以及实体间的联系都是用关系来表示的（图 1.38）。

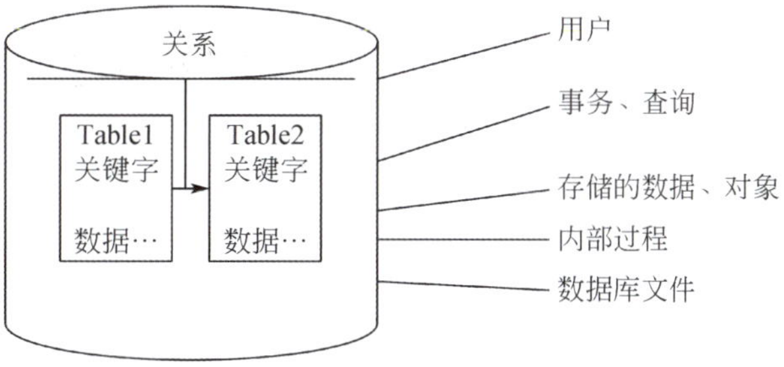

图 1.38　关系模型数据库

面向对象模型数据库系统是面向对象的程序设计技术与数据库技术相结合的产物。面向对象数据库系统的主要特点是具有面向对象技术的封装性和继承性，提高了软件的可重用性。

数据库技术的目的就是处理海量信息和复杂的数据结构，而地理信息数据具有结构复杂、数量巨大的特点。作为高效的数据管理技术，数据库技术能够减少数据冗余，实现数据共享，更好的管理海量地理信息数据。因此，将数据库技术应用到地理信息领域，发展起了用于存储、检索、操作、分析和显示地理数据的地理信息系统数据库。

传统意义上，地理信息数据包括两类。一是关于事物空间位置的数据，称为空间数据，也称地图数据、图形数据、图像数据；二是反映事物某些特性的数据，称为属性数据，也称文字数据、非空间数据。地理信息系统数据库也包括空间数据库和属性数据库。

常用的属性数据模型就是前文提到的层次和网络数据模型和关系数据模型。而空间数据模型，是空间数据库设计的关键。空间数据模型是关于现实世界中空间实体及其相互间联系的概念，主要分为概念模型、逻辑数据模型和物理数据模型。最常见的空间数据模型有矢量数据模型、栅格数据模型和面向对象的数据模型三大类。

2. 图形图像处理技术

图形图像作为人类感知世界的视觉基础，是人类获取信息、表达信息和传递信息的重要手段。而图形图像处理技术就是能够帮助人类更好的认识世界、获取信息的重要技术。

图 1.39 “徘徊者 7 号”传送的第一张月球表面照片

1964 年美国喷气推进实验室利用计算机对“徘徊者 7 号”太空船送回的四千多张月球照片（图 1.39）进行了处理，标志着计算机图形图像处理技术开始得到实际应用。

计算机图形图像处理技术就是用计算机对图形图像进行分析，以达到所需结果的技术，一般指的是数字图形图像处理。数字图像处理技术就是将图像信号转换成数字信号并利用计算机或者某种类型的数字处理硬件进行处理从而提高图像的可使用性的技术（图 1.40）。

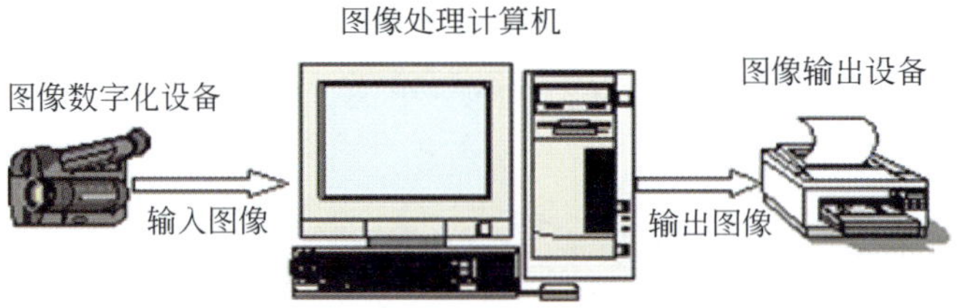

图 1.40 数字图像处理过程

计算机科学技术发展应用另一个重要的内容是计算机图形图像处理技术。其主要作用有：提高图像的视觉感官质量，产生更适合人类视觉观察和识别的图像（图 1.41）；提取图像中所包含的某些特征或特殊信息，为计算机分析图像提供便利；提高信息传输效率，减少图像信息存储容量；信息可视化等。

(a) 原图　　(b) 处理后图像

图 1.41　经过计算机图形图像处理的图像对比图

随着计算机图形图像处理技术和遥感技术的发展、数字化仪和扫描仪的生产和运用以及数学算法的成熟，20 世纪 80 年代末期，人们开始将其应用于地理信息系统，研究海图的自动读入，自动生成方法。

近些年来，计算机图形图像处理技术在地理信息技术领域的应用更加广泛。宇宙探测，需要计算机图形图像处理技术处理大量星体照片；航空遥感和卫星遥感图像需要用数字技术加工处理,并提取有用的信息(图 1.42 和图 1.43)。所有这些图像无论是在成像、存储、传输过程中，还是在判读分析中，都必须采用计算机图形图像处理方法。

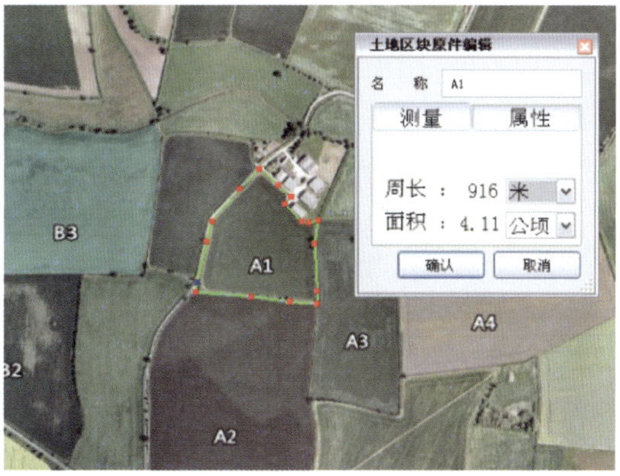

图 1.42　遥感图像信息提取

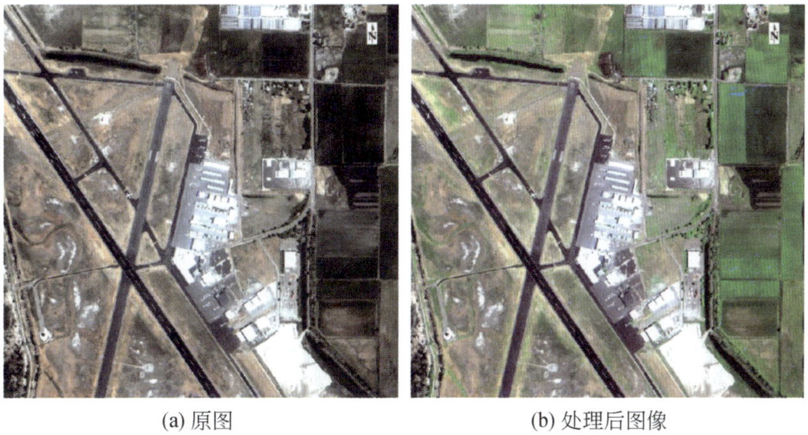

(a) 原图　　(b) 处理后图像

图 1.43　遥感图像处理对比图

3. 数据分析与计算技术

数据分析与计算是一种信息提取过程，是指用适当的方法对收集来的大量数据进行分析与计算，提取有用信息和形成结论而对数据加以详细研究和概括总结的过程。

根据美国国际数据公司（IDC）监测，人类产生的数据量正在呈指数级增长。因此，全球数据量的增加、数据结构的日趋复杂，对人们分析处理数据的能力提出了更高的要求。

随着计算机技术的飞速发展，利用计算机进行数据分析与计算在各个行业中得到了广泛的应用，并取得了非常显著的成效。例如，根据乘客购买车票信息，绘制某一时间的最热交通路线图，就能反映春运期间全国人口迁移与交通繁忙情况。图 1.44 就是腾讯发布的 2018 年 2 月 16 日全国最热交通路线局部示意图。

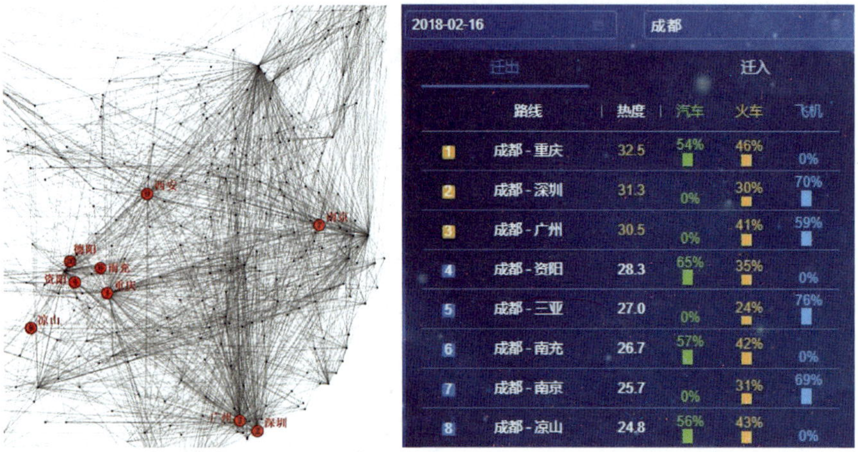

图 1.44　根据数据分析出的春运最热线路图

从 GIS（地理信息系统）诞生开始，地理信息行业的主要业务采集、检查、处理、建库和分发服务无一不是紧紧围绕数据进行的。可以说，数据是地理信息行业的灵魂，而运用数据分析与计算技术能够提升数据处理能力，高效、有针对性的提炼出所需要的信息，因而被广泛应用于地理信息领域，促进了地理信息产业的发展。

例如，路线规划，就是运用数据分析与计算技术，根据车辆定位和路网监控等数据，分析出路线情况，提示用户避开堵车区域并规划最优路径。图 1.45 是某导航系统通过道路数据分析制订的从兰州市区到机场的路线规划。

21 世纪以来，随着数据的爆发式增长，如何存储互联网时代所产生的海量数据，如何有效地利用分析这些数据，对数据分析与计算技术提出了新的挑战，大数据和云计算技术成为一个新的课题内容。

4. 网络通信传输技术

物质的本质是信息和能量，爱因斯坦的相对论将物质和能量统一起来，随着人们对物质能量和信息关系认识的不断深入，信息网络通信传输技术也在不断进步。

工业革命以前人类经过漫长的演化，发展出来语言这种短距离、同时空的信息传播技能，稍后各地区人类在语言和绘画的基础上发明了文字，信息具有了长距离传输与隔代传输的功能；随着电磁理论的技术逐渐成熟，有线电报、传真、有线电话、广播等的出现，信息网络通信传输进入了模拟通信时代。

图 1.45　兰州市区至机场高速行车路线规划

图 1.46　回声 1 号

1960 年，世界上第一颗通信卫星“回声 1 号”（图 1.46）的升空，标志着信息网络通信传输技术翻开了新的一页。这一历史创举完成了卫星通信得以实现、光纤传输得以发明、数字通信开始实现的三大突破。

随着计算机和互联网的发展，网络成为信息传输的主要方式，信息传输进入数字通信时代。第二代移动通信技术（2G）也开始采用数字信号，这使得数字通信取代模拟通信的趋势越发明显。如今，移动通信技术已经发展到了第五代（5G），2020 年后 5G 将大规模投入商用。

目前信息网络通信传输技术已广泛应用于地理信息技术中。移动网络的普及为地理信息技术提供了丰富的用户与数据；光传输的发展保障了海量地理数据进行实时有效的传输；随着遥感观测硬件设备性能的快速提升和信息网络通信传输技术的发展，对地高空间分辨率和高光谱分辨率的卫星图像拍摄以及大容量观测数据的传输不再是难点，对地观测数据的增长也十分迅速。

1.2.3　空间科学技术发展的强劲驱动

1. 空间科学技术

空间科学技术以航天技术为基础，包括空间飞行、空间探测和空间开发等几个方面。它不仅能揭示宇宙奥秘，而且也给人类带来巨大的利益。第二次世界大战以后，随着火箭技术的发展，人类对太空的观测和研究更加活跃，空间科学技术得到了快速发展。

1957 年 10 月 4 日，苏联成功发射了世界上第一颗人造地球卫星（图 1.47），标志着人类终于得以挣脱地球的束缚，进入茫茫太空。

图 1.47 第一颗人造地球卫星

空间科学技术在实际应用方面已取得了很大进展，如通信、导航、测地、气象观测、遥感等方面，尤其是为地理信息科学的发展提供了强有力的工具。随着空间科学技术和来自外层空间的遥感、遥测、定位、通信信息海量的增加以及计算机技术的迅猛发展，进一步推动了地理信息科学的快速发展。

2. 多层次的遥感平台

遥感平台是搭载传感器的工具，可以使传感器从一定高度或距离对地面目标进行探测。随着空间科学技术的发展，具有不同技术性能、工作方式和经济效益的遥感平台，组成一个多层、立体化的现代化遥感信息获取系统。

地面遥感平台：与地面或水面接触，近距离遥感，高度一般在 0 ～ 100m。主要是进行地物波谱测量、摄取实验地物细节的影像，为航空航天遥感服务。常见的地面遥感平台包括遥感车、遥感塔以及舰船等（图 1.48）。

图 1.48 地面遥感平台

航空遥感平台分为低空平台（高度 <5km）、中空平台（高度 5 ～ 10km）和高空平台（高度 10 ～ 20km）。航空遥感平台具有飞行高度低、影像分辨率相对较高，灵活、不受地面条件限制，调查周期短、资料回收方便等特点。常见的航空遥感平台包括各种飞机和气球等。

飞机是应用最广泛的航空遥感平台（图 1.49）。近年来，由于无人机具有机动性较强、方便快捷、相对有人驾驶飞机来说也更加经济的特点，将无人机作为遥感平台进行测量和监测也越来越普遍（图 1.50）。

气球作为主要的航空遥感平台之一，价格低廉、操作简单，在收集地面遥感信息，以及局部大气信息等方面发挥了重要作用（图 1.51）。

航天遥感平台（高度> 150km）主要包括火箭、人造卫星、宇宙飞船、航天飞机、空间轨道站。航天遥感平台一般用于遥感试验（图 1.52）。

航天遥感平台观测范围大，可以发现地面大面积宏观的、整体的特征。航天遥感平台

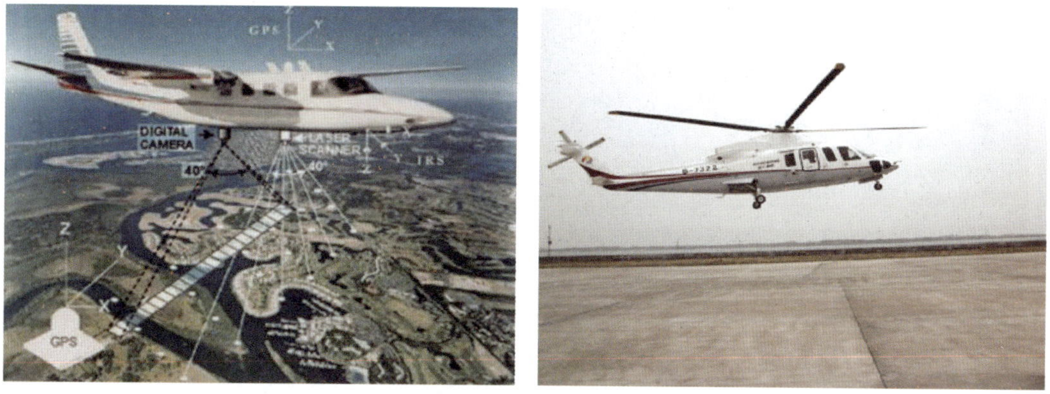

图 1.49　飞机和直升机

图 1.50　无人机

图 1.51　气球和飞艇

的工作效率高，且费用比航空遥感低廉，可以对地球进行周期性的重复观察，有利于对地球资源、环境、灾害进行动态监测。

3. 多样化的传感器

传感器是一种检测装置，能感受到被测量目标的信息，并将感受到的信息输出。

传感器由收集器、探测器、处理器和输出器四部分组成。收集器收集地面目标辐射的电磁波能量；探测器将收集到的电磁辐射能转变为化学能或电能；处理器对转换后的信号

图 1.52　中国“风云二号”气象卫星和“天宫二号”空间站

进行各种处理；输出器是输出信息的装置。

按传感器工作的波段可以将其分为可见光传感器、红外传感器和微波传感器。

可见光传感器是指工作波段限于可见光（波长 0.38 ～ 0.76μm）波段的传感器。可见光传感器将可见光作为被测量对象，并转换成输出信号。利用可见光传感器可得到高空间分辨率的黑白全色或彩色影像，对判读识别地面地物和绘制地图有着重要意义。

专题制图仪（thematic mapper，TM）是美国陆地卫星 4 号和 5 号搭载的传感器，可获取 7 个波段图像，其中 3 个为可见光波段（图 1.53）。陆地成像仪（operational land imager，OLI）是美国陆地卫星 8 号搭载的传感器，可获取 9 个波段图像，包括 TM 传感器所有 7 个波段。

(a)　(b)　(c)

图 1.53　可见光波段的 TM 影像

（a）TM1（0.45 ～ 0.52μm）：可见光中的蓝绿光波段；（b）TM2（0.52 ～ 0.60μm）：可见光中的绿黄光波段；（c）TM3（0.63 ～ 0.69μm）：可见光中的橙红光波段

我国发射的“风云二号”气象卫星，上面搭载了多种传感器，每小时获取一次对地观测的可见光、红外线与水汽云图。图 1.54 是“风云二号”B 星获取的第一幅可见光彩色合成图像。

红外传感器是利用红外线来进行数据处理的一种传感器。红外线又称红外光，波长 760nm ～ 1mm。任何物质，只要它本身具有一定的温度（高于绝对零度），都能辐射红外线。红外传感器具有灵敏度高、反应快等优点。

红外传感器常用于无接触温度测量，在医学、军事，尤其在遥感和空间技术方面得到广泛应用。例如，利用热红外卫星影像图对失火的澳大利亚维多利亚省东南部马瑞马力火场情况进行监测（图1.55）。又如，利用人造卫星上的红外线传感器对地球云层进行监测，即可实现大范围的天气预报（图1.56）。

图 1.54 “风云二号”B星获得的第一幅可见光彩色合成图像

微波传感器是接受地球上各种地物发射或者反射的微波信号，以此识别、分析地物，提取地物信息的传感器。微波波长范围为1mm～1m。

微波传感器可以分为主动微波传感器和被动微波传感器两类。主动微波传感器有真实孔径雷达、合成孔径雷达等；被动微波传感器主要为微波辐射计。微波传感器具有不接触、无损伤、连续、远距离、无毒害、不污染环境、成本较低等一系列优点，因此得到广泛应用。

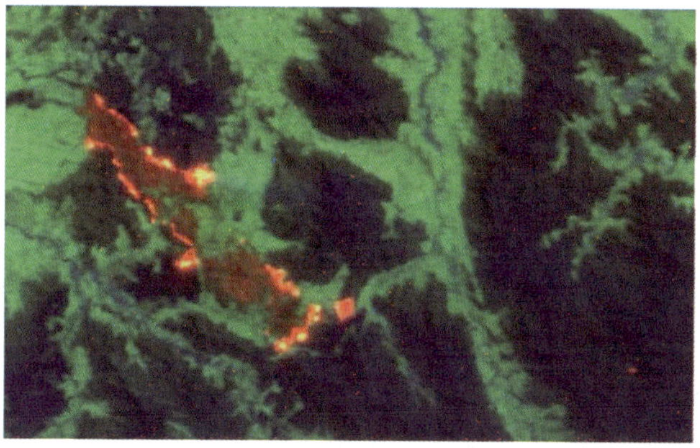

图 1.55 马瑞马力火场热红外影像

图 1.56 2015年10月强台风“彩虹”的红外云图

我国2016年6月发射的“高分三号”合成孔径雷达（SAR）卫星（图1.57）上搭载的主动微波传感器，既可以探地，又可以观海，达到了“一星多用”的效果。

图 1.57 “高分三号”卫星获取的喀什地区影像

4. 快速发展的传感网

传感网的最初定义是由若干具有无线通信能力的传感器节点自身组织构成的网络（图 1.58）。近年来，随着互联网技术的进步、多种接入网络以及智能计算技术的发展，现在的传感网是指以对物理世界的数据采集和信息处理为主要任务，以网络为信息传递载体，实现物与物（物与人、人与物）之间的信息交互，提供信息服务的智能网络信息系统，也可以称为物联网。

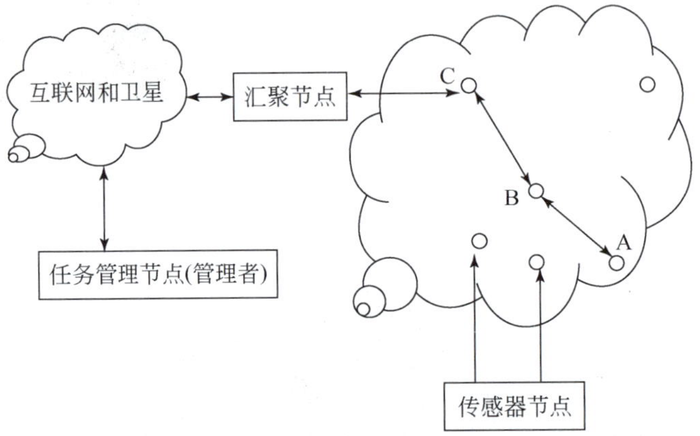

图 1.58　传感网结构图

传感网实现了数据的采集、处理和传输三种功能，可以使人们在任何时间、任何地点和任何环境条件下获取大量翔实、可靠的信息，是融合物理世界和信息世界的重要一环。

传感网的价值在于让物体也拥有了“智慧”，从而实现人与物、物与物之间的沟通。传感网的特征在于感知、互联和智能的叠加。因此，传感网由三个部分组成：感知层，识别物体、采集信息；网络层，信息传递和处理；应用层，与行业需求结合，实现广泛智能化（图 1.59）。

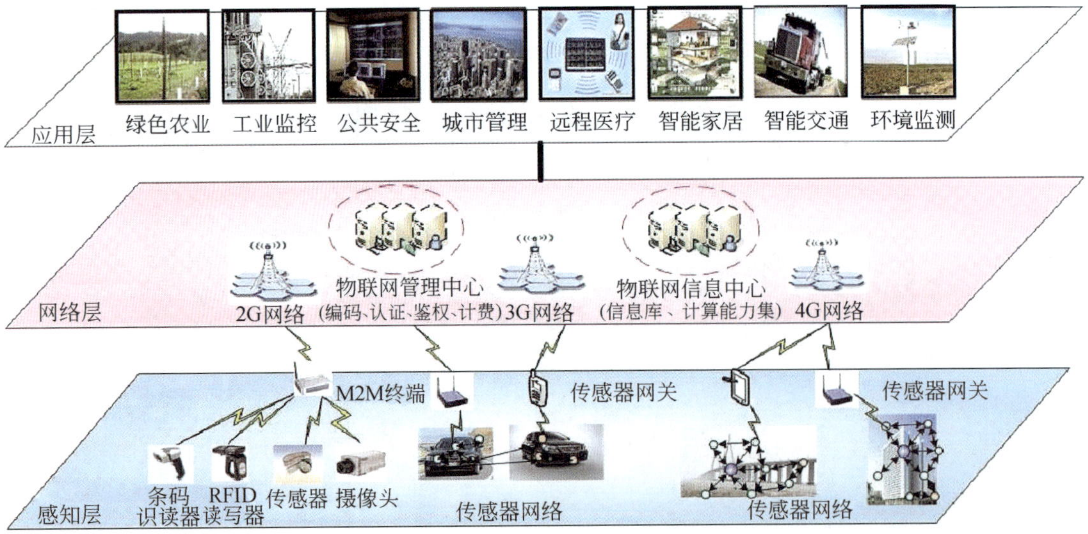

图 1.59　传感网典型体系架构

由传感器、通信网络和信息处理系统为主构成的传感网技术，具有实时数据采集、监督控制和信息共享与存储管理等功能（图 1.60）。它使目前的网络技术的功能得到极大的拓展，使通过网络对各种环境、设施及内部运行等的实时监控成为可能。

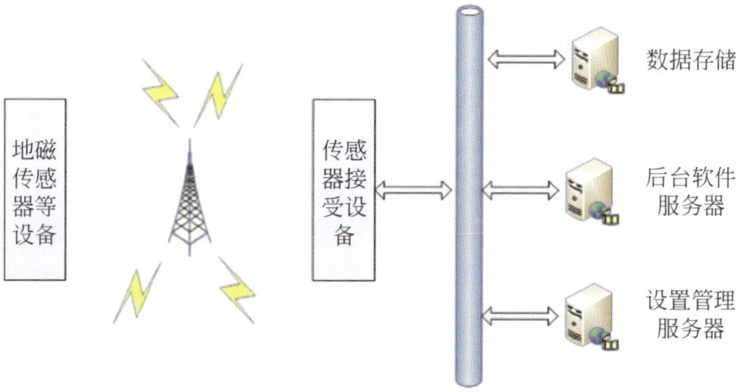

图 1.60　传感网技术

传感网通过感知识别技术，让物品“开口说话、发布信息”是传感网区别于其他网络的最独特的部分。1999 年《商业周刊》将传感网技术列为 21 世纪最具影响的技术之一。

随着传感器、软件、网络等关键技术的迅猛发展，传感网也迅速发展，已广泛应用于国防军事、环境监测、交通管理、地理信息科学等领域，具有巨大的应用价值。

1.2.4　地理信息高新技术的形成

1. 地理信息高新技术的定义、内涵、外延

传统的地理信息技术由 3S 或 3S+C（即地理信息系统 GIS、遥感技术 RS、全球导航卫星系统 GNSS 和卫星通信技术 C）组成，是以从事地理信息资源生产和服务为主要任务的技术。

随着高新科技的发展，地理信息技术的外延更加广泛。地理信息高新技术不仅采用地理信息系统、遥感、卫星定位导航、测量等地理信息技术，更广泛利用了当前高新技术中最前沿、最尖端的技术，如航空航天、空间数据库、软件工程、高速通信、云计算、大数据、虚拟现实（图 1.61）、人工智能等多个领域技术，对地理信息资源进行采集、加工、开发、应用。

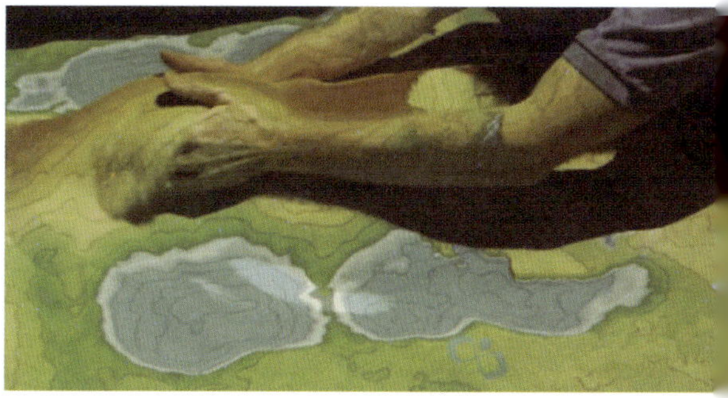

图 1.61　虚拟现实技术实现 3D 立体展示地形图

2. 地理信息高新技术的核心技术

地理信息高新技术的核心技术包括遥感技术、定位导航技术、电子地图技术、地理信息系统技术。

遥感（remote sensing，RS）技术是指根据电磁波的理论，应用各种传感器对远距离目标所辐射和反射的电磁波信息进行收集、处理，并最后成像，从而对各种地物和地理现象进行探测和识别的一种综合技术。它是 20 世纪 60 年代在航空摄影和判读的基础上随航天技术和计算机技术的发展而逐渐形成的综合性感测技术。

定位导航技术，就是对地面、海洋、空中和外空间目标进行定位和导航的技术。定位导航技术涉及多学科，应用于多个领域，如航海、航天、航空，特别是军事领域。我国的北斗、美国的 GPS 都是常见的全球卫星定位导航系统。全球卫星定位导航系统，是具有在海、陆、空进行全方位、实时三维定位与导航功能的系统。在美国，GPS 全球卫星定位技术、“阿波罗”飞船登月和航天飞机升空，共同被列为 20 世纪“三大航天工程”。

电子地图技术是计算机技术与地图学相结合的产物。它是以地图数据库为基础，以数字形式存储于计算机外存储器上，并能在电子屏幕上实时显示地图的技术。电子地图技术是地理信息高新技术的关键技术。电子地图是地理信息系统的主要数据源，是地理信息系统中数据表达的主要方式。在地理信息系统中电子地图是联系用户和地理数据库的桥梁，常见电子地图有导航电子地图、城市电子地图、旅游电子地图等。

地理信息系统（geographical information system，GIS）技术是指用于地理信息采集、加工、处理、存储、分析、表达、传输、分发的各类技术。随着计算机软硬件技术、数据库技术、网络技术、多媒体技术等计算机技术的迅速发展，GIS 的应用领域也迅速扩大。当前，GIS 正在走向完全网络化，逐渐成为以网络为中心的地理信息平台，更加充分地利用网络服务、大数据、云技术、更快的计算能力、各种终端等软硬件优势，并结合影像、GNSS、三维等数据，实现地理信息随时随地的访问、制图和分析等。

随着计算机制图技术、遥感对地观测技术、全球导航卫星系统、地理信息系统与互联网技术等蓬勃兴起，高新技术在地理学研究中的应用已成为一种不可阻挡的潮流，是一种崭新的技术与手段。

1.3 地理信息科学与相关学科的关系

地理信息科学最显著的特征是空间特性，不仅可以有效地管理具有空间特性的各类地理数据，提供地理问题求解的技术支持，还可以对地理环境管理和地理工程实践开展快速和可重复的测试分析和模拟分析，进行辅助规划决策。

地理信息科学是一门前沿学科、交叉学科，是在地理学、测绘学等学科基础上，不断应用现代制图、数据库、图形学等新技术，广泛服务于科学研究、城市管理、资源开发、环境监测、生态保护、国防建设等领域（图 1.62），是当前计算机应用领域与信息产业中最具活力、最有发展前景的学科。

1.3.1 地理信息科学与地理学

1. 地理学学科体系

地理学是研究地理空间与其所容纳事物和现象的学科，关注的是空间分布的现象、区域的空间范围、人们的空间行为、地球表面各个地方之间的空间关系，以及那些行为和关系后面的时空过程。目前，国内外还没有一个公认的地理学体系。传统的地理学可分为自然地理学、人文地理学和地理信息科学三个分支，如图 1.63 所示。

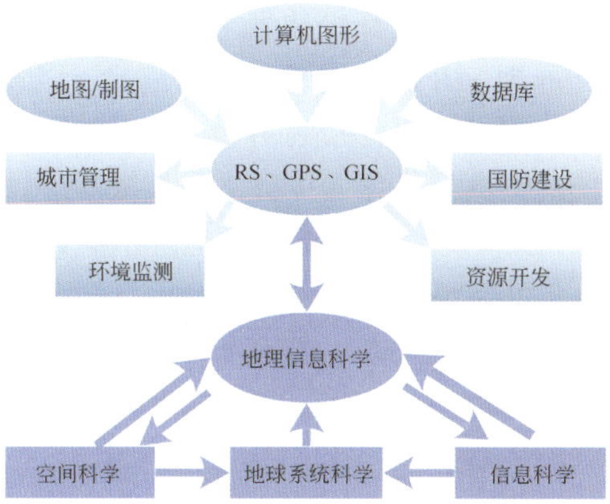

图 1.62 地理信息科学与其他学科的联系

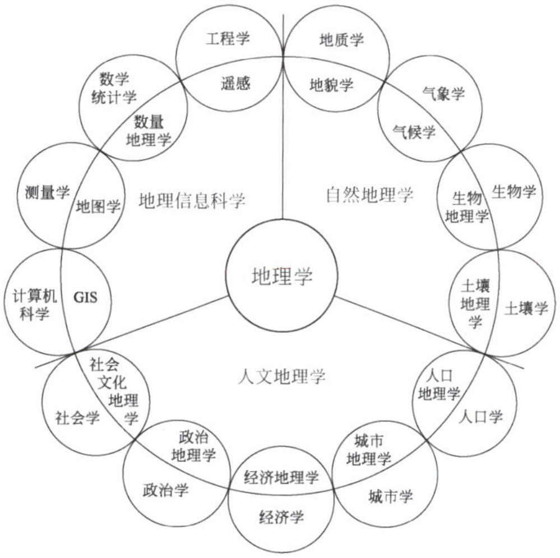

图 1.63 地理学学科划分

自然地理学研究岩石圈、大气圈、水圈和生物圈的空间分布特征与发生发展规律，主要分支学科包括地貌学、气象学与气候学、土壤地理学、生物地理学、综合自然地理学等。

人文地理学研究人文社会地理环境，是地理学一个内容丰富、信息量很大且更新较快的重要分支，主要内容涉及经济地理学、城市地理学、人口地理学、旅游地理学、文化地理学等。

地理信息科学是研究地理信息的产生、传输与转换机制，以及地理信息系统运行规律的学科，包括地理信息采集、处理、存储、加工、分析、制图及利用的技术和方法，主要内容涉及地图学、地理信息系统、定位导航系统和遥感科学技术等。

在我国本科教育阶段，地理学下设了地理科学、自然地理与资源环境、人文地理与城乡规划、地理信息科学四个专业；在研究生教育阶段，地理学下设有自然地理学、人文地理学、地图学与地理信息系统三个二级学科。

2. 地理学其他分支对地理信息科学的影响

地理学其他分支学科的发展推动了地理信息科学的发展。

（1）继承了地理学空间思维模式和从定性到定量分析的研究范式。地球表面的一切地理现象及地理事件发生在地理空间。20 世纪 70 年代后空间的概念开始在地理界提出来（图 1.64），开启了人们对地理空间的深入认识阶段。地理空间是地理学的核心概念，是地理学视角的第三维，包括绝对空间与相对空间。地理空间思维就是通过对地理事物的观察和分析，在头脑中确定它们的空间位置、空间分布以及与其他事物之间的相互关系，从而揭示其地理特征（图 1.65）。

地理学研究同时也经历了从定性描述到定量研究的过程。19 世纪德国地理学家洪堡

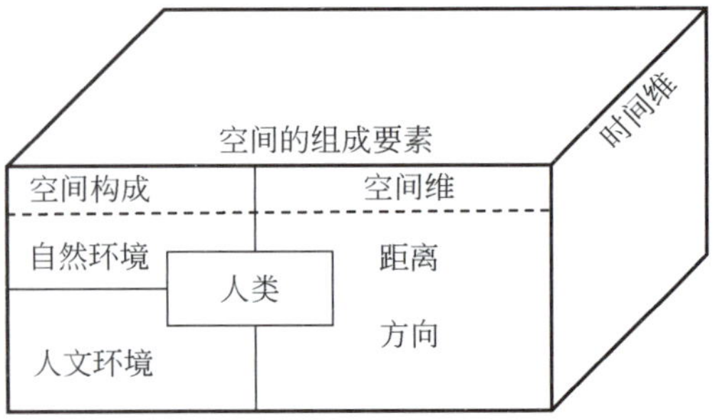

图 1.64　空间的概念（转引自白光润，2006）

把自然界作为互相联系、互相影响的一个整体，对不同地域不同环境的现象进行比较研究，创立地理比较法。早期的地理比较法仅限于直观的地理比较，即通过地理考察搜集大量第一手资料，以定性描述为主的地理考察、地理探险和与之相联系的地图是地理学研究的基本手段和方法（图 1.66）。随着数学、计算机技术与地面观测技术等的不断发展，现代地理学开启了定量化研究范式，以量化或模拟方法揭示地理现象发生、发展的内在机制及运动规律，从而为地理系统的预测及优化调控提供科学依据。

（2）定量方法和技术有力支持了地理信息科学的空间分析。空间分析是 GIS 的核心和灵魂，其源于 20 世纪 60 年代地理学的计量革命。从初始的定量分析（主要是统计）点、线、面的空间分布模式，到后来的强调地理空间本身的特征、空间决策过程和复杂空间系统的时空演化过程分析，这些地理学定量方法与技术有力地支持了空间分析的发展（图 1.67）。

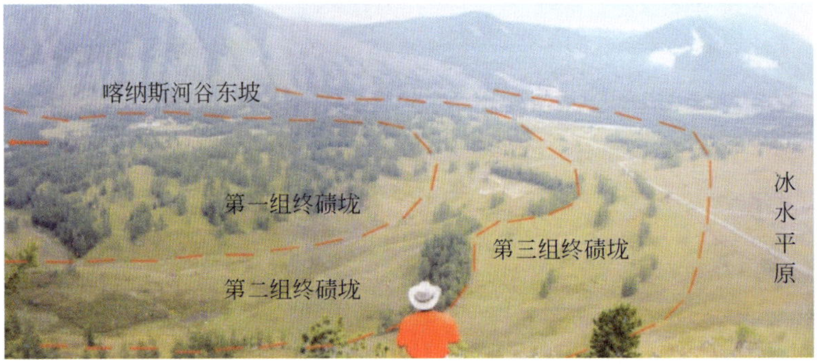

图 1.65　喀纳斯谷地末次冰期的三组终碛垅

图 1.66　地理科学专业学生的野外实习：观察地质剖面

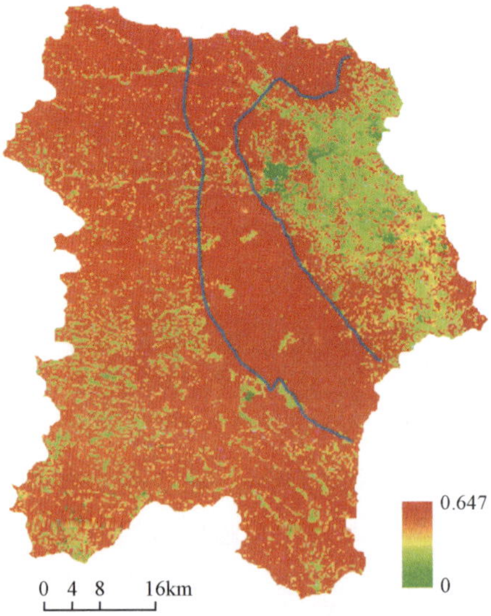

图 1.67　生物多样性综合评价（杨海军等，2015）

同时，地理学是 GIS 的理论依托，为地理信息科学提供了有关空间分析的基本观点与方法。如要回答污染的工业和危险废物处理设施最好配置在何处这一地理问题，需要对污染的空间特征和人类与其环境（作为地点的函数）之间的动力学机制作细致的分析。

3. 地理信息科学的地位和贡献

地理信息科学对现代地理学具有特殊意义，是地理学研究的技术支撑和首要工具。

（1）遥感技术、定位导航技术是地理学研究获取数据的重要手段和途径。随着航空航天遥感成果广泛应用于地理学研究，极大丰富了地理数据来源，有力支持了对各种地理现象的分析模拟，遥感技术已经成为地理学研究的重要手段和方法。图 1.68 所示为北冰洋考察综合观测系统。

图 1.68 北冰洋考察综合观测系统

（2）地理信息系统技术是地理信息管理、分析、传输、可视化和有效利用的不可或缺的工具。

地理学通过采用 GIS 方法，以应对各种现象、过程和事件研究的特殊挑战，已经成为地理学发展新的生长点。例如，四川汶川“5•12”地震后发生的山体滑坡，阻塞河道形成大型堰塞湖，水位不断上升，如遇余震、暴雨可能会发生对上下游百姓造成巨大威胁的溃决。“抗震救灾指挥部”会同水利部等部门，采用福卫 2 号、SPOT5、中巴资源卫星等多种数据积极开展了灾区主要滑坡、堰塞湖动态遥感监测分析，并对具有溃堰型险情的堰塞湖进行了重点跟踪监测，从而为制定堰塞湖工程排险方案与减灾决策提供了科学依据。

地理信息科学侧重多学科的协调和合作。为了有利于学科间的合作，美国成立了一个大学和其他科研机构的非营利性组织——大学地理信息联合会（UCGIS），该联合会致力于通过对理论、方法、技术和资料的改进，推动对地理过程和空间关系的了解。由美国国家研究院地学、环境与资源委员会，地球科学与资源局重新发现地理学委员会共同编写的《重新发现地理学》指出：GIS 对美国地理学复兴做出了重要贡献。

1.3.2 地理信息科学与测绘学

1. 测绘学学科体系

测绘学包括大地测量、摄影测量、地图制图、工程测量、海洋测量等二级学科。我国本科教育阶段，测绘类下设有测绘工程、遥感科学与技术、导航工程、地理国情监测、地理空间信息工程五个专业。

大地测量学是研究建立和维护高精度测绘基准与测绘系统而进行的确定空间点位置、

图 1.69　大地三角测量标志

地球形状、重力场及其随时间和空间变化的理论和技术的学科（图 1.69）。

摄影测量学是一门通过摄影手段，利用摄影测量系统对影像进行处理，在重建地表三维立体模型基础上进行测量（图 1.70 和图 1.71），从而获得被测物体的位置、形状大小、属性等信息的学科。根据摄影平台的不同，可分为航空摄影测量、航天摄影测量和地面（或近景）摄影测量。

地图制图是研究地图及其编制和应用的一门学科。主要任务是研究如何利用地图图形反映自然界和人类社会各种现象的空间分布、相互联系及其动态变化，包括地图投影、地图编制、地图整饰、地图制印等。

工程测量学主要研究在工程建设的各个阶段所进行的与地形及工程有关的信息采集、工程施工放样及设备安装（图 1.72）、变形监测分析和预报等的理论、技术与方法，以及与测量和工程相关的信息管理、信

图 1.70　地表三维立体模型（兰州碑林）

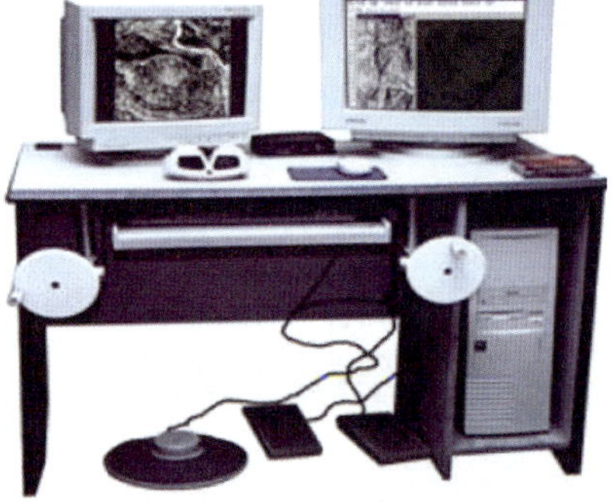

图 1.71　数字摄影测量系统

图 1.72　京沪高铁轨道测量

息使用的技术与方法。

海洋测量学是专门研究海洋水体和海底测量及制图技术、方法和理论的科学。因为海上测站点是不断运动的，所以要采用与陆地上不同的方法和仪器设备。图 1.73 是利用机载激光雷达（Airborne LiDAR）探测海水深度的示意图。机载激光雷达向水面同时发射两束不同波长的激光脉冲，一束激光脉冲（图中红色）在水面被直接反射回来，另一束激光脉冲（图中绿色）则在到达水底后被反射回来，利用接收两束激光脉冲的时间差计算得到水的深度。

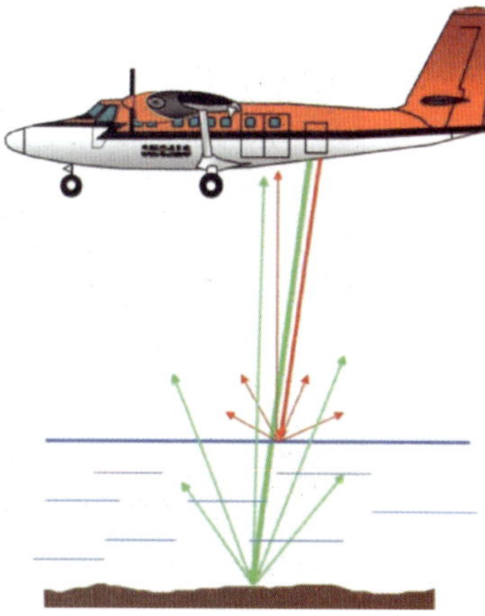

图 1.73　机载激光探测水深

2. 测绘学对地理信息科学的影响

近代测绘学在现代科学技术背景下的变革驱动了地理信息科学的产生和发展。

（1）航空摄影测量和航天技术结合产生了遥感科学与技术。20 世纪 60 年代初，随着航空摄影测量与航天技术的迅速发展，美国地理学家首先提出了“遥感”的概念，并得到广泛应用。例如，随着城市化的发展，出现了独特的城市气候特征“城市热岛”：在热红外遥感图像上（图 1.74），城市中的气温（红色和黄色）明显高于郊区（绿色和蓝色），就像突出海面的岛屿。

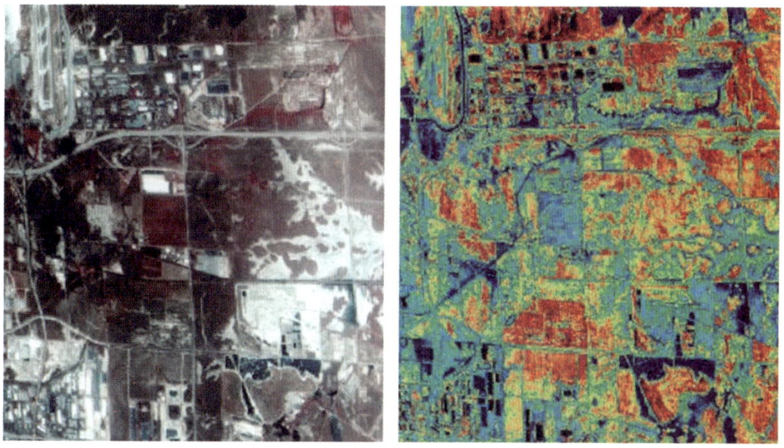

图 1.74　“城市热岛”遥感影像

（2）地面定位导航技术和航天技术结合产生了卫星定位导航技术。卫星定位导航技术的本质是无线电定位技术的一种，是地面定位导航技术与航天技术结合的产物。

地面无线电导航是通过装有无线电接收机的物体接收来自地面导航台发射的无线电信号，从而获得物体的方向、位置等有关参数。利用人造卫星搭载无线电导航信号发射装置，可以实现全球定位导航。目前国际上投入使用的卫星定位导航系统有我国的北斗系统（图 1.75）、美国的 GPS、俄罗斯的 GLONASS 和欧盟的伽利略系统。

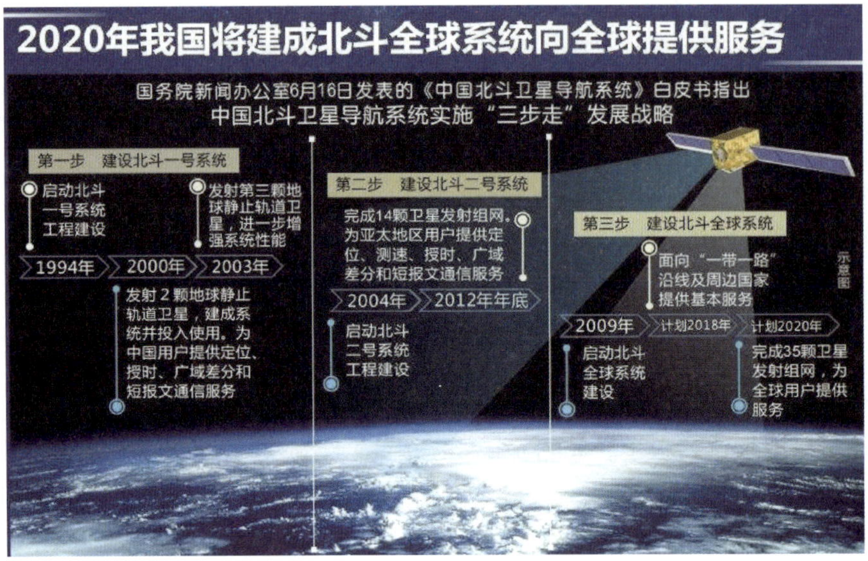

图 1.75　中国北斗定位导航系统于 2012 年正式提供亚太区服务

（3）地图制图技术和计算机制图、数据库、网络等技术结合产生了地理信息系统。地理信息系统的核心技术是利用计算机表达和管理地理空间对象及其属性，是地图制图技术和计算机制图、数据库、网络等技术发展的结合体（图 1.76）。

图 1.76　某市警用地理信息系统界面

3. 地理信息科学对测绘学的影响

测绘学是一门技术性较强的学科，它的形成与发展在很大程度上依赖于测绘技术方法、仪器工具和制图技术的创造和变革。随着计算机、卫星遥感等技术的发展，传统的测绘学科正从关注定位几何向完备的地理信息研究发展，即地理信息科学的发展推动了现代测绘学理论和技术的革命。

第一，地理信息科学为解决传统测绘技术面临的若干问题提供了理论和方法基础。例如，随着我国城镇化进程的不断深入，传统的城市地下管线测量与管理模式已根本无法满足当今人们对地下管网、管线大数据信息分析、表达、应用的实际需要。因此，采用虚拟仿真技术，融合地理信息、业务办公和辅助决策等地上、地下建筑规划管理模块于一体，提高管线工程规划设计、施工与管理的准确性和科学性，解决了地下管网测量数据的有效管理和应用的难题（图 1.77）。

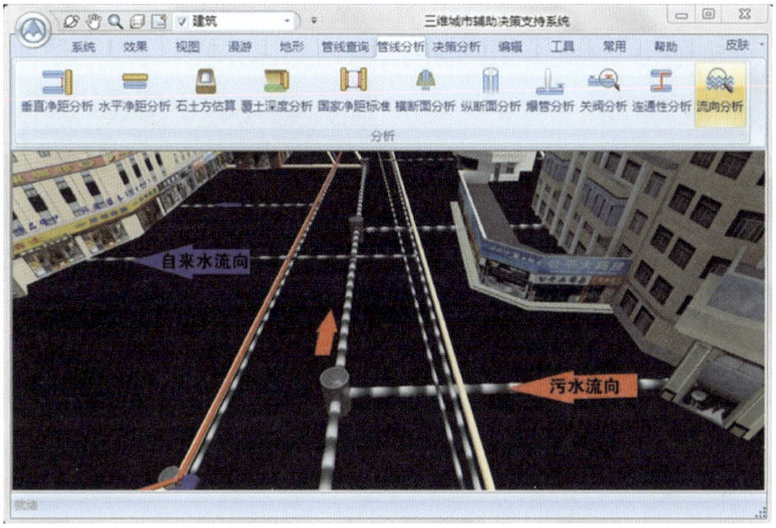

图 1.77　三维城市辅助决策支持系统

第二，地理信息科学为现代测绘技术及其集成化应用提供科学支持。例如，生态环境监测系统以 GIS 为框架（图 1.78），综合利用遥感技术、GNSS 等技术及各时期已有测绘

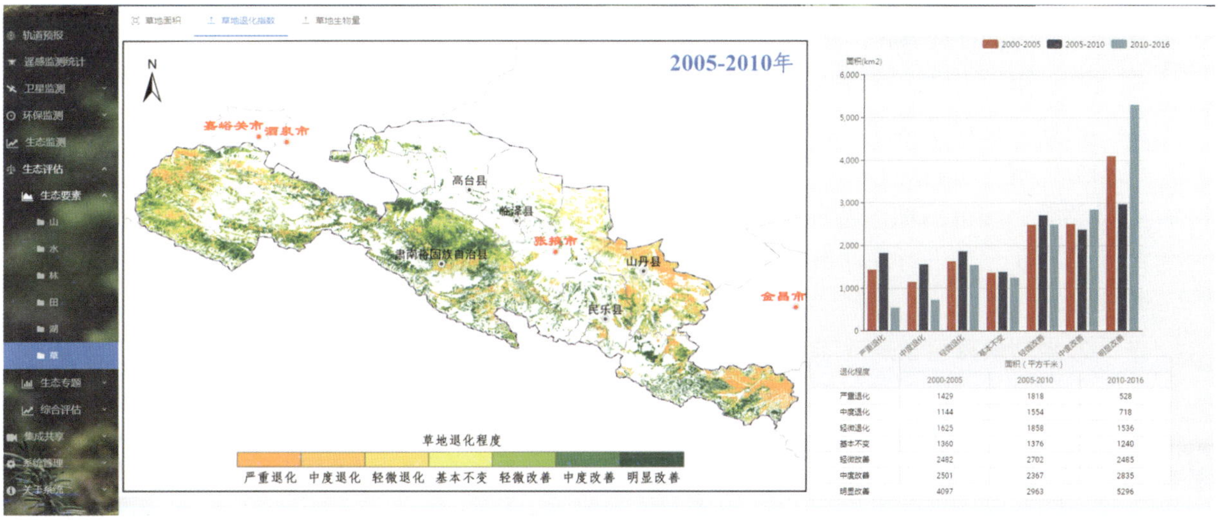

图 1.78　生态环境监测系统

成果档案，对各类资源、环境、生态、经济等要素进行动态监测，形成反映其空间分布及发展变化规律的监测数据，为政府、企业和社会各行业提供真实可靠和准确权威的信息。又如，为了达到灾后 2 小时内应急启动遥感监测，3 小时内开始获取区域遥感数据，高分甘肃中心、航天泰坦等单位研发了空天地一体化对地观测资源数据库软件，形成了面向灾害应急任务的空天地异构对地观测资源协同规划、遥感影像辐射校正、无人机 / 框幅式影像 / 航空三线阵影像快速生成镶嵌正射影像、滑坡灾害信息提取等技术与方法（图 1.79）。

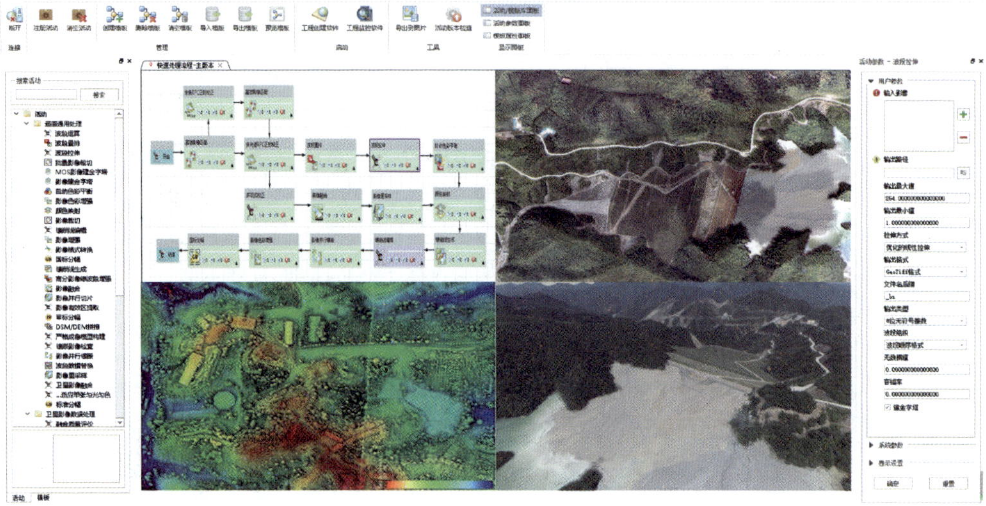

图 1.79 空天地一体化对地观测系统

1.3.3 地理信息科学与地球系统科学

1. 地球系统科学的任务和研究方法

地球系统科学诞生于 20 世纪 80 年代。它是从行星角度出发，将地球大气圈、水圈、生物圈和固体地球看作一个相互联系的有机整体——地球系统，综合研究该系统形成机制和变化规律，为区域可持续发展和全球变化研究提供理论依据和调控方法的学科。

地球系统科学的研究方法由四部分构成：地理现象观测、信息采集和数据积累；对观测数据资料进行分析和解释，从物理、化学和生物学规律出发，建立有关地球过程的定量关系；在前两项的基础上，建立概念模型和数值模型；对模型进行验证，并用它对未来的变化趋势进行统计预测和预报。地球系统科学的信息表达方式主要有可视化和虚拟现实技术。

2. 地理信息科学是地球系统科学的技术支撑

遥感、卫星定位导航和地理信息系统等地理信息技术，是地理现象观测、信息采集和地理建模不可或缺的方法和技术。地球系统科学是在人类面临生存环境危机、全球变化等严峻挑战的背景下产生和发展起来的，其研究对象具有多时空尺度、多学科领域以及复杂性和综合性强的特点，实现对资源环境变化的有效监测和预测，所采集、存储、处理的数据量都将极其巨大，因此，需要高新技术尤其是遥感技术、GNSS、电子地图技术、GIS 等技术的支持。

同时，地球是一个复杂的巨系统，地球上发生的许多事件及其变化过程十分复杂且呈非线性特征，时间和空间的跨度变化大小不等，差别很大。只有利用地理信息科学，才能突破实验和理论科学的限制，通过建模和模拟更加深入地探索地球现象的空间分异、演化过程、成因机制等规律。

1.3.4 地理信息科学在其他学科领域的作用

1. 对地球科学未来发展的作用

地球科学的范围很广，涵盖地质学、海洋学、气象学和天文学等领域。地理信息科学能够实现空间数据与非空间数据的集成，实现不同来源、不同格式的数据集成，不同时间、不同边界的空间数据集成，为多领域海量数据综合分析提供技术平台，因此成为“未来地球战略”的核心技术。

“未来地球计划”（Future Earth）（2014—2023）是由国际科学理事会和国际社会科学理事会发起，联合国教科文组织、联合国环境署等共同牵头组建的为期十年的大型科学计划，目的是为应对全球环境变化给各区域、国家和社会带来的挑战，加强自然科学与社会科学的沟通与合作，为全球可持续发展提供必要的理论知识、研究手段和方法。

2. 对人文社会科学发展的作用

人文社会科学是相对于自然科学而言的知识体系，是人文科学与社会科学的统称，其任务是研究并阐述人类活动、社会现象及其发展规律。

传统的人文学科研究以定性研究或调查研究为主，大多基于时间序列数据，忽视了空间观测值之间的相互联系和影响。近年来人文社会科学研究尤其是应用社会科学的定量化和空间化需要越来越突出，涉及多源的和大数据量的区域性比较研究和空间统计分析。

地理信息科学理论与技术为人文社会科学研究提供了有力的技术支持。通过建立人文社会科学空间化研究平台，将各类人文社会信息进行综合和多方位展示，更有利于认识人文社会现象。随着地理信息科学应用的普及化，将会促进其他许多学科的发展及应用，包括房地产、旅游、公共卫生、预防犯罪、区域可持续发展、景观建筑、社区规划、运输和物流管理等。

3. 对数字地球与数字城市发展的作用

美国前副总统戈尔 1998 年在加利福尼亚科学中心开幕典礼上提出了“数字地球”的概念。其核心思想是用数字化的手段来处理整个地球的自然和社会活动的诸方面的问题，其中最基础的技术是“3S”技术以及相关集成。基于 GIS 系统可以实现对整个地球的无缝拼接，任意漫游和放大，同时利用三维数据通过人造视差，可以构造虚拟立体地球模型。“数字城市”（图 1.80）源于数字地球的战略构想，是数字地球技术体系的集中体现，也是建设数字地球的关键和难点。

4. 对智慧地球与智慧城市发展的作用

智慧地球也称为智能地球，就是把传感器嵌入和装备到电网、铁路、桥梁、隧道、公路等各种构筑物中，并利用泛在网普遍连接，形成所谓“物联网”，通过“物联网”和互

图 1.80 数字城市

联网，将数字地球与人类社会和物理系统进行整合。在智慧地球上，人们将会看到智慧的医疗、智慧的电网、智慧的油田、智慧的城市、智慧的企业等。

数字地球、数字城市是智慧地球、智慧城市建设的基础平台。地理信息科学在智慧地球和智慧城市建设中，同样起着重要的基础支撑作用。

思 考 题

1. 在文明早期，人类发明了哪些确定和表达地理位置的方法？
2. 生活在公元 3 世纪的裴秀和公元 2 世纪的托勒密，分别代表了中西方古代地图制图的最高水平。试比较两位大师在地图制图理论和方法方面的贡献。
3. 为什么地理学者把地图称为地理学的第二语言？
4. 地理信息系统主要是在哪些科学理论支撑下兴起的？
5. 计算机科学技术在地理信息科学发展过程中起到了重要的推动作用，试述对地理信息科学技术具有重大影响的计算机科学技术领域有哪些。
6. 试阐述地理信息科学与地理学的关系。
7. 试阐述地理信息科学与测绘学的关系。
8. 地理信息科学对地球系统科学的产生和发展有什么影响？

延 伸 阅 读

宁津生，陈俊勇，李德仁，等 .2016. 测绘学概论 .3 版 . 武汉：武汉大学出版社

苏珊 · 汉森 .1997. 改变世界的十大地理思想 . 肖平，王方雄，李平译 . 北京：商务印书馆

第二章　地理信息科学内涵

地理信息科学是研究地理信息如何产生、传输与转换，地理信息系统运行规律的学科，是空间科学与航天技术、计算机科学与网络技术、地球系统科学与信息技术相结合的产物，是信息科学的重要组成部分，也是地理学中信息地理学的重要组成部分。地理信息科学的形成与发展是生产实践的需要，是由技术工具的进步和科学本身的发展所驱动的。本章重点介绍地理信息科学的基本概念、科学内涵、学科体系等若干基本问题。

2.1　地理信息科学基本概念

2.1.1　地理与地理学

1. 地理

对地理现象的观察和描述源于人类生存的需要和好奇心的驱使。即使是原始人类，仍然需要观察和了解自己生活领地内的山川草木，同样对领地外远方的情况充满好奇。地理的概念就是在这些观察和描述不断积累的过程中产生的。

地理，顾名思义是关于地球的道理。

“地理”一词最早出现在公元前 4 世纪成文的《易经 • 系辞》（图 2.1），里面有“仰以观于天文，俯以察于地理”的文句。东汉思想家王充（图 2.2）在《论衡》中对地理的解释是：“天有日月星辰谓之文，地有山川陵谷谓之理”。这时的地理就是关于地表道理的意思。

图 2.1　《易经 • 系辞》

图 2.2　王充

古希腊学者埃拉托色尼（Eratosthenes，约公元前 275—前 193 年，图 2.3），首先使用了“geographein”一词。在希腊文里，“geographein”的意思是“对地球的描述”，由 geo 和 graphein 组成。英文的“geography”（地理学）即由此演化而来。

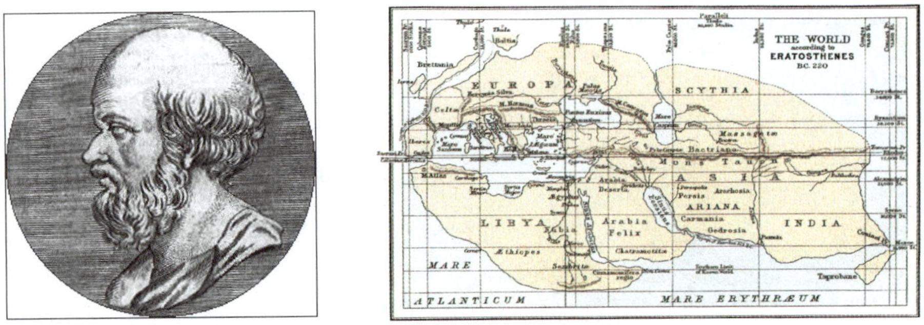

图 2.3 埃拉托色尼和他绘制的世界地图（据保罗·克拉瓦尔，2015）

埃拉托色尼出生于希腊在非洲北部的殖民地昔勒尼（cyrene，在今利比亚）。由于他在测量学和地理学方面的杰出贡献，被西方地理学家推崇为“地理学之父”。他第一个创用了西文“地理学”这个词汇，并用它作为《地理学概论》的书名。

据《辞海》地理词条，地理有三层含义：①山川土地之形势；②地址或位置；③地球表面各种自然现象和人文现象以及它们之间的相互联系和区域分异。可见第三层含义与现代地理学内涵相同。

2. 地理学

地球是人类的家，人类一直都十分关心自己赖以生存和发展的地球表面的状况，从而萌生出各种地理概念。随着人类社会的发展，地理知识的积累，逐步形成了一门研究自然界和人与自然界关系的科学，即地理学。简而言之，地理学就是研究人与地理环境关系的学科，目的是为了更好地开发和保护地球表面的自然资源，协调自然与人类的关系。

地理学是一门研究地球表层自然要素、人文要素、信息要素相互作用、关系及其时空规律的科学，具有跨越自然科学、社会科学和工程技术科学的性质，以综合性和区域性为其特色（图 2.4）。

地理学具有自然科学传统，不断提出新的科学问题，遵循从观测、度量、实验、假设、证实（或证伪）到理论概括、逻辑推导和实践检验，并不断反馈、往复的科学方法链；注重实地调查和直接的现实经历；依赖精确观测、实验分析、制图、遥感技术和地理信息系统等科学手段。

地理学紧密联系社会科学，关注社会和人类活动，力图揭示不断变化着的经济、社会和政治关系，特别注重这些关系的空间组织、空间结构和演化过程，采用多样的社会科学理论和方法。

地理学充满人文关怀，在历史和现实的背景中，在物质和精神的领域内，关注人对地理环境的感觉、情感、经验、体验、信仰、价值、思想和创造性。

地理学是一门既古老又年轻的学科。自远古至 18 世纪末，是古代地理学时期，主要以描述性记载地理知识为主。从 19 世纪初到 20 世纪 50 年代，是近代地理学时期，其标志是德国洪堡的《宇宙》和李特尔的《地学通论》两书的问世。从 20 世纪 60 年代至今是现代地理学时期，其标志是地理数量方法、理论地理学的诞生和计算机制图、地理信息系统、卫星遥感等应用的出现。

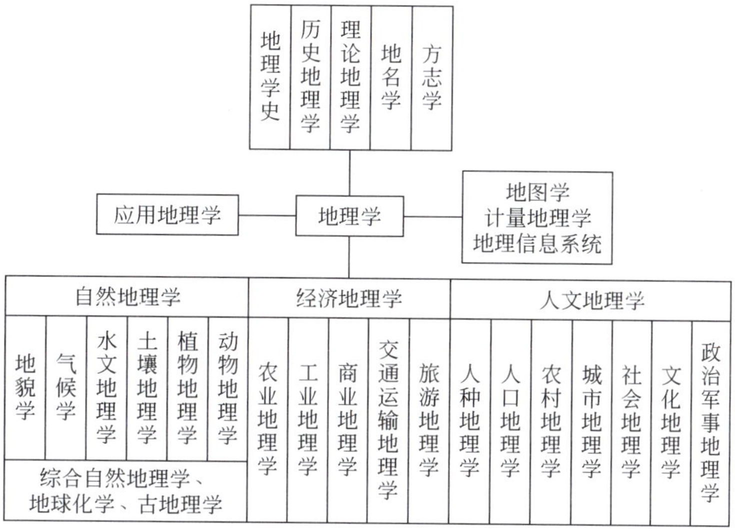

图 2.4 地理学的学科体系

现代地理学正面向地球系统科学、全球变化和区域可持续发展，以人地相互作用为重点，以综合的观点和学科交叉的方式研究不同尺度地域综合体的形成演变规律，以地理信息技术、地理模拟技术、泛在大数据分析方法来揭示和表达地理现象的时空分异格局、演化规律及地理要素间相互作用的机制（图 2.5）。不断发展的空间定位系统、遥感遥测技术和地理信息系统已贯穿解决地理学问题的各个环节，已经融入地理学研究的重要内容中，实现了地理现象的可表达、可观测、可计算、可服务。

图 2.5 第 33 届国际地理大会论文关键词

2.1.2 地理科学、地球系统科学与未来地理学

1. 地理科学

始于 20 世纪 50 年代的计量革命是西方地理学的一次地理学研究方法的革新。地理学家们把数学统计方法应用在人文地理学研究中，其他学科的定律、规律也用来研究人文地理问题，使人文地理从定性分析走向定量分析，揭示了人文现象的相互关系、相互作用的空间规律性。

1953 年 Schaefer 发表的《地理学中的例外论：一个方法论的检视》是地理学扬弃传统区域学派向科学化发展的肇始性文献，揭开了“计量革命”的序幕。计量地理学的发展历程大致经历了：计量 / 数学革命（20 世纪 60 ～ 70 年代）→行为革命（70 年代）→ GIS 革命（80 年代）→地理计算（90 年代初）。计量革命导致了地理信息技术革命的到来，而随着信息通信技术（ICT）的快速发展，以海量数据、大数据、泛在数据为标志的数据时代、信息时代到来了，又催生了信息地理学的发展。

由于资源的掠夺性开发、生态环境急剧恶化，人类社会的可持续发展面临巨大挑战，造成地理综合与区域协调发展的需求日益旺盛，加之地理信息技术使得其他学科的科学家，包括考古学家、经济学家、天体物理学家、流行病学家、生物学家、地质学家、景观建筑师和计算机科学家越来越多地在他们的工作中应用地理学的概念和工具，这些概念和工具的集合又产生了跨学科的地理科学（geographical sciences）（表 2.1）。

表 2.1 地理科学学科分类

自然地理学	部门自然地理学	地质学
		地貌学
		水文地理学
		土壤地理学
		气候气象学
		生物地理学
	综合自然地理学	自然环境
		自然资源
		自然事件
		自然灾害
		历史自然地理学
		自然地理综合
	区域自然地理学	世界自然地理
		海洋地理
		大洲自然地理
		国家自然地理
		区域自然地理
人文地理学	部门人文地理学	经济地理学
		社会地理学
		文化地理学
		政治地理学
		旅游地理学
		人口地理学
	综合人文地理学	人文资源
		人文环境
		人文事件
		历史人文地理
		土地资源
		人文地理综合
	区域人文地理学	世界地理
		区域地理
		城市地理
		乡村地理

续表

信息地理学	部门信息地理学	时间信息地理学
		空间信息地理学
		对象信息地理学
		现象信息地理学
	综合信息地理学	事件信息地理学
		场景信息地理学
		信息基础设施地理学
		信息地理综合
	区域信息地理学	海洋信息地理学
		陆地信息地理学
		天空信息地理学
		网络空间地理学
		虚拟空间地理学

我国著名科学家钱学森在 1986 提出了“地理科学”的概念。他认为地理科学应当是与自然科学、社会科学、数学科学等并列的大科学。当代一些地理学者认为地理学正在发展成为地理科学。地理科学与地理学的区别在于地理科学超出了传统地理学的范畴，成为一门跨学科的科学，有自然科学、人文科学与技术科学的特征。

2. 地球系统科学

地球系统科学（earth system science）的概念最早是由美国国家航空航天局（NASA）于 1983 年提出的。地球系统科学理论构建主要源于地球科学、科学技术与可持续发展三大背景和挑战。20 世纪 80 年代中期以来，地球科学发展迅猛，科学家明确提出地球物理过程与生物过程相互作用的观点，进而形成了地球系统的思想。

地球系统指由大气圈、水圈、陆圈（岩石圈、地幔、地核）和生物圈（包括人类）组成的有机整体（图 2.6）。地球系统科学就是研究组成地球系统的子系统及其之间的相互联系、相互作用的运转机制，地球系统变化的规律和控制这些变化的机理，从而为全球环境变化预测建立科学基础，并为地球系统的科学管理提供依据。地球系统科学研究的空间范围从地心到地球外层空间，时间尺度从几天到数亿年。

地球系统科学是以全球性、统一性的整体观、系统观和多时空尺度，来研究地球系统的整体行为，使得人类能更好地认识自身赖以生存的环境，更有效地防治和控制可能突发的灾害对人类所造成的损害。地球系统科学在现代技术，尤其是空间技术和计算机发展后出现，致力于对地球的整体探索。它以地球科学许多分支学科的大跨度交叉渗透，与生命科学、化学、物理学、数学、信息科学以及社会科学的紧密结合为特征。其特点是时空尺度大，综合性强，涉及范围广，可以支持地球生态环境的动态监测和有效预测。

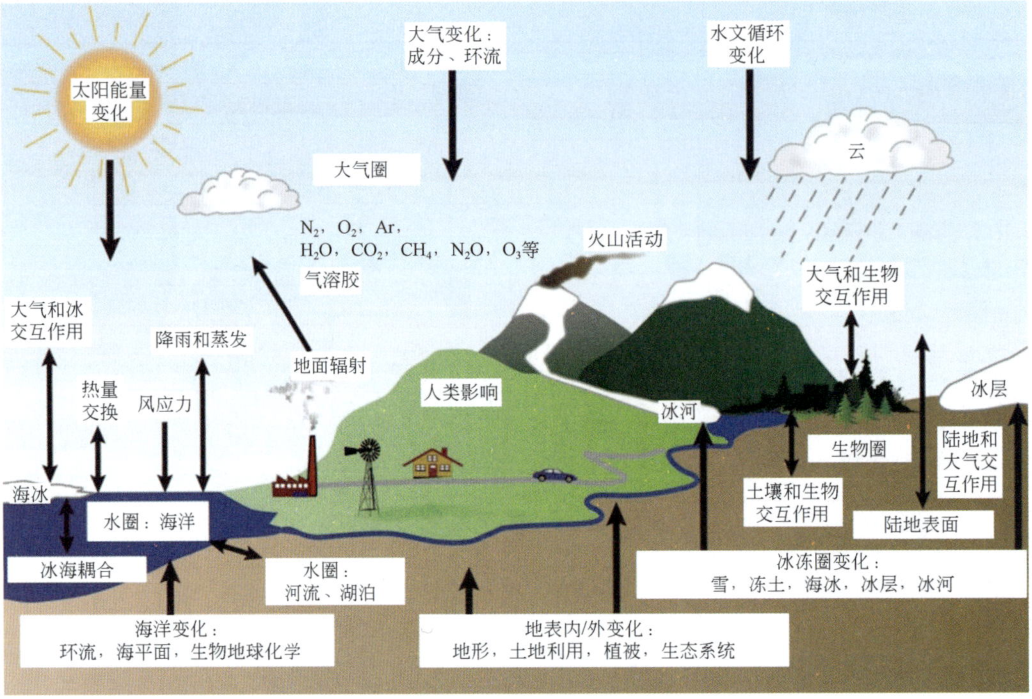

图 2.6　地球系统各圈层的相互作用

3. 未来地理学

地球系统是一个由物理、化学、生物、人文、社会、经济等互相作用，过程叠加的复杂系统，对其研究必须从系统科学的视角，采用地理综合的方法进行。2012 年 6 月在里约热内卢联合国可持续发展大会上，由国际科学理事会和国际社会科学理事会发起，正式启动被称为“未来地球”（Future Earth）的大型科学计划。该计划旨在打破学科壁垒，加强自然科学与社会科学的联系与融合，为全球、区域和各国应对全球环境变化提供必要的科学知识、技术方法和手段，支撑全球和区域可持续发展。未来地球科学计划（2014—2023）以“可持续性路线图”为宗旨，重点关注全球环境变化，以及其中的自然和社会驱动等方面相互作用的关系，打破目前的学科壁垒，重组现有的国际科研项目与资助体制，填补全球变化研究和实践的鸿沟，使自然科学与社会科学研究成果更积极地服务于可持续发展。

未来地球将要回答的关键科学问题是：全球环境变化的原因和机制，如何预测未来环境变化，如何评价人类发展对物种多样性的影响，如何降低环境变化风险，如何增强环境恢复力，探讨保障未来地球繁荣发展的思路。该计划围绕三个主题展开研究，即动态星球、全球发展、可持续性转变。

2.1.3　地理空间、地球空间与空间科学

1. 空间

空间是一切我们所观察的事物和一切正在发生的事物在人类头脑中出现的形象，即三

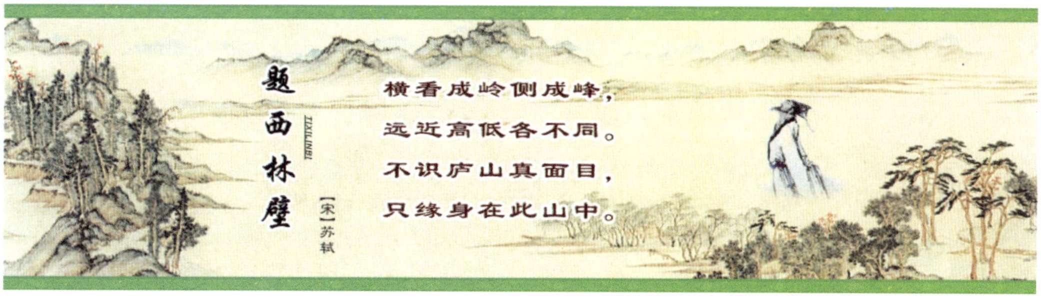

图 2.7　题西林壁

维表象。在三维表象里，各种事物之间具有前后、左右、上下的相对位置和沿某方向的长度，这些是人们定位和行动的基础。

“空间”的概念涉及物理学、天文学、哲学、数学和地理学等领域。空间范畴既可以广阔到宇宙空间，也可以微观到分子原子空间。

北宋文学家苏轼《题西林壁》“横看成岭侧成峰，远近高低各不同。不识庐山真面目，只缘身在此山中。”描述的就是在不同空间位置所看到的不同三维表象（图 2.7）。

刻舟求剑是《吕氏春秋·察今》中记述的一则寓言，说的是楚国有人坐船渡河时，不慎把剑掉入江中，他在舟上刻下记号，说：“这是我把剑掉下的地方。”当舟停驶时，他才从有记号的地方跳入河中找剑，遍寻不获。这则寓言形象地描述了哲学意义上的空间（图 2.8）。

图 2.8　刻舟求剑

2. 地球空间

地球空间如果作为专有名词，是指靠近地球的、受太阳辐射变化直接影响的空间区域，位于大气层中平流层顶以上的空间。它不同于紧靠地面、产生各种天气过程的低层大气，因为地球空间的气体是部分或完全电离的；也不同于行星际空间，因为地球空间的物质主要源于地球，是地球大气的一部分，是空间大气科学研究的空间范围。

而泛指的地球空间是指固体球体及其包围它的水体和大气，可分为内部空间和外部空间。地球内部空间为一同心状圈层构造，从地心到地表依次为地核、地幔和地壳，它们之间的分界面分别是古登堡面和莫霍面（图 2.9）。

地球外部空间由大气圈、水圈、生物圈、岩石圈四个圈层构成，也有大气圈、水圈、生物圈、土壤圈、冰冻圈、岩石圈六个圈层的分类。

大气圈是地球外圈中最外部的气体圈层，它包围着海洋和陆地。大气圈没有确切的上界，在 2000 ～ 160000 千米的高空仍有稀薄的气体和基本粒子。在地下，土壤和某些岩石中也会有少量空气，它们也是大气圈的组成部分。

大气圈由对流层、平流层、中间层、高层大气层组成。此外，大气圈还有两个特殊的层，即臭氧层和电离层（图 2.10）。

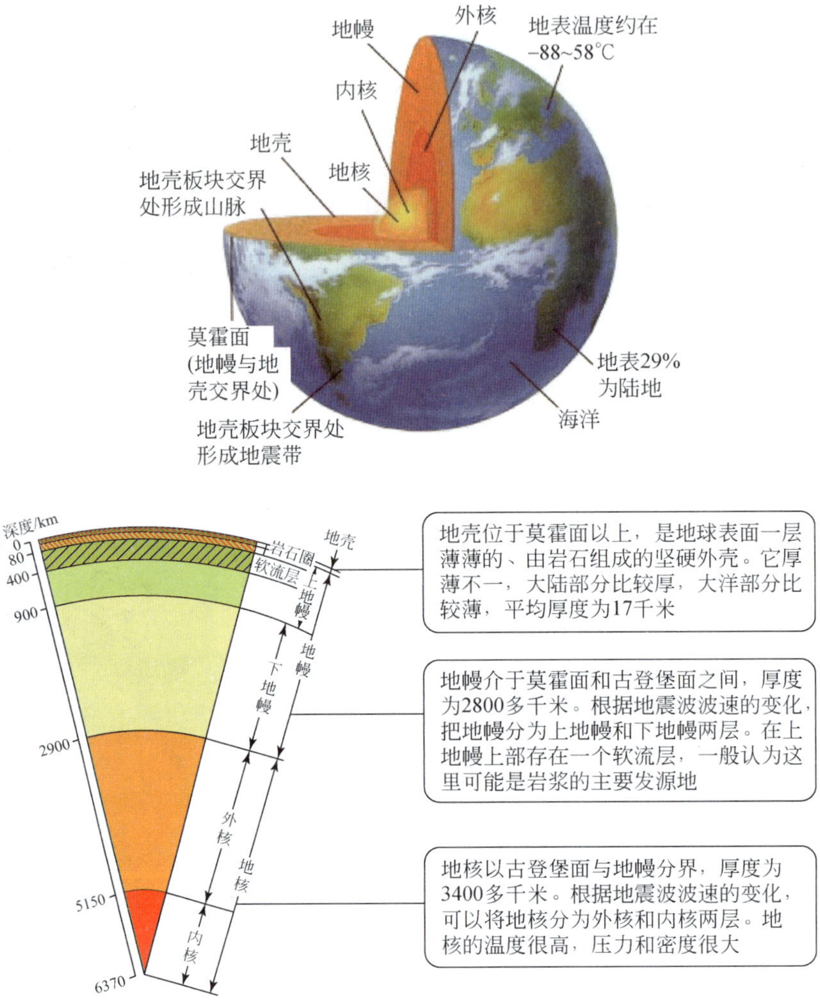

图 2.9　地球内部的圈层结构

水圈包括海洋、江河、湖泊、沼泽、冰川和地下水等，是一个连续但不很规则的圈层。在大气圈、水圈、岩石圈的相互作用下，形成了地表径流系统。

生物圈是指地球上有生物生活的岩石圈的上层部分、大气圈的下层部分和水圈的全部，构成了地球上一个独特的圈层。生物构成了生物圈的主体，而生物圈则渗透于其他圈层之中，形成了一个特殊的结构。

土壤圈处于地球大气圈、水圈、生物圈和岩石圈之间的界面上，是地球各圈层中最活跃、最富生命力的圈层之一。土壤圈是一个运动的、开放的物质与能量系统，与地理环境不断地进行物质和能量的交换和转化。土壤圈是非生物的无机界与生物有机界联系的中心环节，在对人类的生存发展、自然环境的影响等方面都有重要的地位和功能。

冰冻圈处于地球大气圈、水圈、生物圈和岩石圈之间的界面上，由冰雪和冻土组成，分布在海洋上的是海冰和积雪，分布在陆地上是冰盖、冰川、积雪和冻土。它是地球环境的重要组成部分，对全球气候变化十分敏感，又一定程度上影响地球环境的变化。

岩石圈主要由地壳和中上地幔的顶部组成，从固体地球表面向下一直延伸到软流圈。岩石圈厚度不均，平均厚度约为100千米。岩石圈跨越了地球内部和外部空间。因为岩石圈及其表面形态与现代地球物理学、地球动力学有着密切的关系，所以，岩石圈是现代地球科学中研究得最多、最详细、最彻底的固体地球部分。

因此，地球空间并不能简单地等同于地球外部空间和地球内部空间之和。

在地理学中，还经常出现地球表层空间这个名词，它是指是由岩石圈、大气圈、水圈、生物圈和人类圈所构成的地表自然社会综合体，是人类圈与地球相互作用的复合物质系统，是地球圈层结构中的特定部分，是地球表层系统科学研究的空间范围。

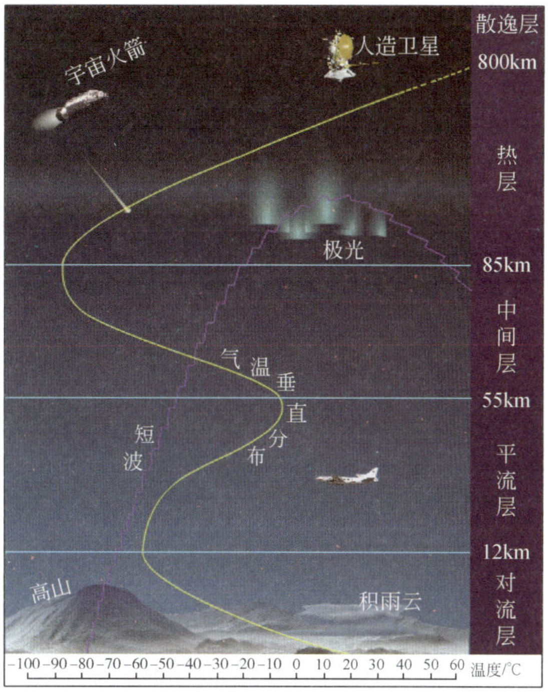

图2.10　大气圈的垂直结构

3. 地理空间

狭义的地理空间（geographical space）是指人类赖以生存的地球表层具有一定厚度的连续空间域，又称地理圈（人地关系系统），是地理学研究的空间范围。

广义的地理空间是物质、能量、信息的数量及行为在地理范畴中的广延性存在形式，特指地理现象的形态、结构、过程、关系与功能的分布方式和分布格局，同时在“暂时”时间的延续（抽象意义上的静止态），是“快照场景”或“断片图景”。地理空间的研究是地理学的基本核心之一。

4. 空间科学

空间科学（space science）是指利用航天器研究发生在日地空间、行星际空间乃至整个宇宙空间的物理、天文、化学及生命等自然现象及其规律的科学。空间科学以航天技术为基础，包括空间飞行、空间探测和空间开发等几个方面。空间科学研究旨在揭示宇宙奥秘及其给人类生活带来的影响。空间科学在通信、导航、对地观测、气象观测、遥感等方面的应用已取得了丰硕成果。

2.1.4　信息、地理信息与信息科学

1. 信息

信息指音信、消息、通信系统传输和处理的对象，泛指人类社会传播的一切内容。信

息是一个高度概括的抽象概念，因其表现形式的多样性而定义有所不同。

可以认为信息是现实世界的虚体，是物质存在方式、运动状态、属性特征和能量转换的反映。人通过获得、识别自然界和社会的不同信息来区别不同事物，得以认识和改造世界。

信息论创始人香农于 1948 年和 1949 年分别发表了《通信的数学理论》和《在噪声中的通信》两篇著名论文，提出了信息熵的数学公式，量化描述了信息的传输和提取问题，创立了信息论，认为“信息是用来消除随机不确定性的东西”。

控制论创始人维纳于 1948 年出版了《控制论》一书，明确提出控制论的两个基本概念——信息和反馈，揭示了信息与控制规律，创立了控制论，认为“信息是人们在适应外部世界，并使这种适应反作用于外部世界的过程中，同外部世界进行互相交换的内容和名称”。

图 2.11 比利时物理化学家和理论物理学家普利高津

2. 信息科学

信息科学（information science）是研究信息运动规律和应用方法的科学，是由信息论、控制论、计算机理论、人工智能理论和系统论相互渗透、相互结合而成的一门新兴综合性科学。其支柱为信息论、系统论和控制论。

普利高津（1917—2003 年，图 2.11）在 20 世纪 40 年代热力学研究中，证明了著名的最小熵定理。经过 20 多年远离平衡态的热力学研究，他认为一个远离平衡态的非线性的开放系统通过不断地与外界交换物质和能量，在系统内部某个参量的变化达到一定的阈值时，通过涨落，系统可能发生突变，由原来的混沌无序状态转变为一种在时间上、空间上或功能上的有序状态。这种在远离平衡的非线性区形成的新的稳定的宏观有序结构，由于需要不断与外界交换物质或能量才能维持，因此称为“耗散结构”（dissipative structure）。

图 2.12 德国物理学家哈肯

20 世纪 70 年代德国物理学家哈肯（1927—，图 2.12）提出了协同的概念，发表了《协同学导论》，认为远离平衡态的开放系统在与外界有物质或能量交换的情况下，需要通过自己内部协同作用，自发地出现时间、空间和功能上的有序结构，建立了协同论。

图 2.13 突变论创始人——法国数学家托姆

20 世纪 60 年代末法国数学家托姆（1923—2002 年，图 2.13）发表了《形态发生动力学》一文，阐述突变论的基本思想。他在 1969 年发表的《生物学中的拓扑模型》为突变论奠定了基础。1972 年他又出版专著《结构稳定与形态发生》系统地阐述了突变论，用形象而精确的数学模型来描述和预测事物的连续性中断的质变过程。

信息科学研究内容包括：阐明信息的概念和本质（哲学信息论），探讨信息的度量和变换（基本信息论），研究信息的提取方法（识别信息论），澄清信息的传递规律（通信理论），探明信息的处理机制（智能理论），探究信息的再生理论（决策理论），阐明信息的调节原则（控制理论），完善信息的组织理论（系统理论）。

3. 空间信息与地理信息

空间信息（spatial information）是反映实体与现象空间分布特征、空间结构、变化过程及空间信息形成演变过程中不同要素相互作用机制的信息。空间信息借助于空间信息载体进行传递。图形图像是表示空间信息的主要形式，点、线、面、体、像元、体素等是基本的图形图像元素。这些具有空间位置和几何形态的空间信息只有在特定的时空框架下，与语义、过程、关系、属性等信息结合起来才能完整地描述实体和现象。

地理信息（geographic information）是具有地理空间和地理时间特性的信息，是一类空间信息。地理信息是指与地理空间位置及时间过程相关的信息，是对地理对象和地理现象进行描述的信息，是描述地理对象和地理现象的数量、质量、性质、分布特征、联系和规律的数字、文字、图像和图形等的总称。地理信息与其他类型信息的根本区别，就在于它总是与某一地理区位及其区位的特定参考基准相联系。

地理信息可以用于描述地球系统内所有自然、人文要素，涉及人口、资源、环境、社会、经济、军事等诸多领域。地理信息不仅可以用于描述人地关系，而且可以用于表达人类认识自然和社会的知识，对地理对象与地理现象的时空分布、时空结构、演化过程和地理要素间相互作用机制进行形式化表达。

地理信息除具备信息的一般特性外，还具有以下独特特性。

1）区域性

地理信息属于空间信息，是通过地理空间位置进行标识的。这是地理信息系统区别于其他类型信息最显著的标志，是地理信息的空间定位特征。区域性是指按照特定的经纬网、公里网或其他网格建立起来的空间框架，能够实现空间位置的识别，并可以按照指定的区域进行信息的合并或分解。

2）动态性

任何地理对象或地理现象都是随时间而变化的，具有时序特征，可以用随时间变化的函数加以表达。动态性不仅表示各种时间坐标及其转换关系，而且描述地理事物或地理现象在某一个时刻点的状态，或某一个时间片段、全生命周期的行为。

3）多维性

在统一的时间和空间框架下表达的自然地理要素，包括地质、地貌、土壤、水文、大气、生物等；人文地理要素，包括政治、经济、人口、社会、文化、语言、历史、城市、乡村等；以及描述各种社会现象的时间、地点、人物、事物、事件、现象和场景；这些不同层次等级的各类要素在统一时空框架下构成了多维和高维空间。对地理信息的处理就是通过降维、升维以及分析不同维度要素之间的关系来揭示地理规律。

4）相似性与异质性

空间距离造成了相邻的地理事物与地理现象相似，远离的相异，这是国际著名地理学家瓦尔多·托布勒提出的地理学第一定律，即空间相似性定律。同时空间也造成隔离，这种隔离促成了个性的形成和发展，由此繁衍出自然和人文景观的多样性和区域差异，这是国际著名 GIS 学者 Michael Frank Goodchild 提出的地理学第二定律，即空间异质性。地理学第一定律强调了地理同一性，地理学第二定律强调的是地理差异性，两种观点把矛盾对立统一根源归结为“空间距离”。

相似性与异质性是地理数据分析的地理学基础。利用空间变异函数、空间插值与地统计分析等理论和方法，有助于人们去揭示地理现象的时空分布特征和时空结构。

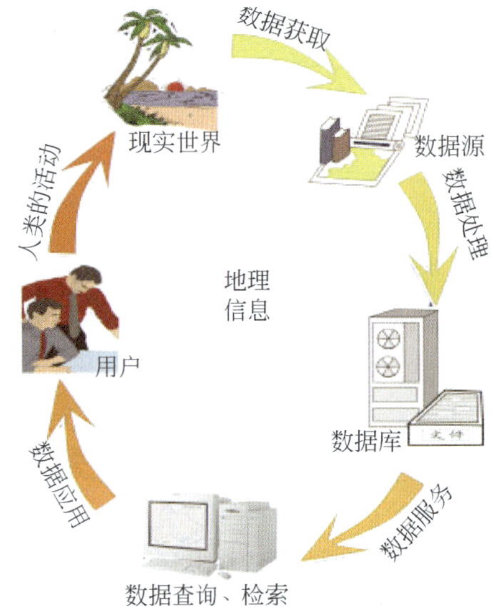

图 2.14 地理信息的应用过程

5）不确定性

不确定性是普遍存在的客观现象。地理信息的不确定性表现在很多方面，包括地理数据空间位置、几何形态的测量误差，也包括地理对象在语义特征和概念模型（如概念界定与分类）、变化过程、相互关系、作用类型、分析方法等方面存在的不确定因素。

6）尺度特征

人类对地理对象和地理现象的抽象表达具有时空尺度特征。尺度描述与地理对象和地理现象时空分布及演化过程密切相关的地理范围、单元大小、边界划分、变化周期等内容。

人类生存和社会活动所需的信息几乎全部与地理时空相关，地理信息是连接各种信息、形成时间和空间上连续分布的综合信息的基础。它既具有社会公益性，又具有市场价值，是解决人口、资源、环境和灾害等全球性问题，促进人类可持续发展的基本信息手段（图 2.14）。

2.1.5 地理信息科学、地球信息科学与地球空间信息科学

1. 地理信息科学

地理信息科学（geographic information science，GIScience）是国际著名 GIS 学者 Michael Frank Goodchild（图 2.15）在 1992 年首次提出的，他认为地理信息科学是“信息科学有关地理信息的一个分支学科”。地理信息科学主要研究地理

图 2.15 地理信息科学奠基人 Michael Frank Goodchild

学在应用计算机技术对其信息进行处理、存储、提取以及管理和分析过程中所提出的一系列基本理论问题和技术问题。与地理信息系统（geographic information system）相比，它更加侧重于将地理信息系统看作一门科学，而不仅仅是一个技术实现。

美国国家科学基金委员会（NSF）的一个工作组认为地理信息科学是一门描述和表达地理概念，并将其应用于地理信息系统的学科。地理信息科学主要研究地理信息系统对于社会和公众的影响，研究社会对于地理信息系统的影响。

闾国年等认为地理信息科学是研究地理信息产生、传输与转换规律，地理信息系统运行规律的一门学科，是自然科学、技术科学、思维科学、经济学、社会科学的交叉学科，是在地理信息系统技术的基础上发展起来的高新技术学科。地理信息科学是信息科学的重要组成部分，也是信息地理学的重要组成部分。

地理信息系统本质上是个技术系统，而地理信息科学的基本原理和应用实践中既隐含有特定的科学问题，又具有组织与社会属性。地理信息科学主要关注地理信息内涵、机制、过程及其数据模型的抽象描述，按照地理学定律、规律对地理数据结构及表达模型的设计和构建；地理信息系统主要关注技术及其在不同领域的应用；地理信息工程则关注特定应用领域、方向上地理信息解决方案的设计和工程实施。

地理信息科学是地理信息系统发展到一定阶段的必然产物，它关注地理信息的基本和普遍的科学问题，重视地理信息系统应用所涉及的社会、经济、组织和管理问题，并从信息科学的普遍规律出发，深化地理信息系统的研究，推动地理信息系统向科学、工程方向不断发展。

2. 地球信息科学

我国遥感与地理信息科学开创者陈述彭院士（1920—2008 年，图 2.16）认为，地球信息科学（geo-information science，或 geoinformatics）是一门交叉学科，是地球科学、系统科学、信息科学等的交叉和融合，是地球科学的一门新兴的重要分支科学，也是一门应用科学，它以信息流为手段研究地球系统的物质流、能量流和人流的运动状态和方式。它由三部分组成：地球信息机理，是其理论研究的主体；地球信息技术，是其研究手段；全球变化与区域可持续发展，是其主要应用研究领域。

图 2.16　我国遥感与地理信息科学开创者陈述彭院士

人们通过对地球圈层间信息传输过程与物理机制的研究来揭示地球信息机理，它是形成地球信息科学的重要理论支撑（图 2.17）；而以对地观测系统、地理信息系统、电子地图与信息高速公路所构成的以地理信息系统为核心的集成化技术体系，可以实现对地球信息的获取、分析与传播；全球变化与区域可持续发展则是地球信息科学的重要应用领域。

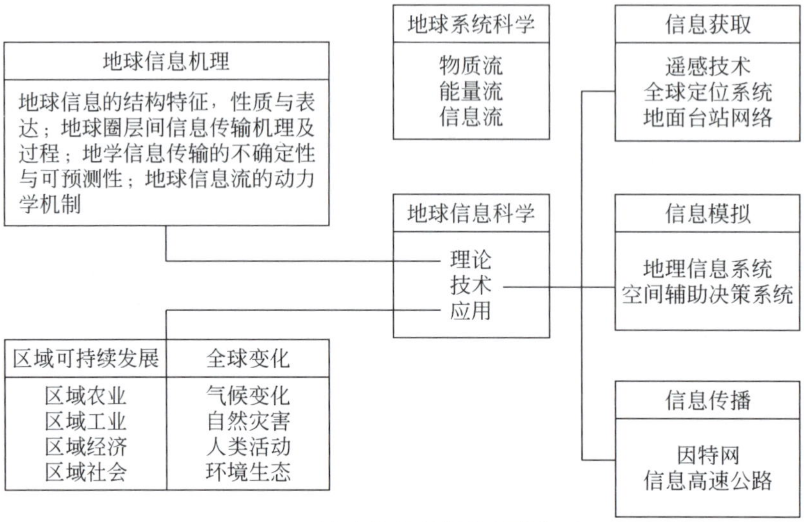

图 2.17 地球信息科学的科学体系

3. 地球空间信息科学

图 2.18 我国著名测绘、遥感、地理信息学家李德仁院士

我国著名测绘、遥感、地理信息学家李德仁院士（图 2.18）认为：地球空间信息科学（geo-spatial information science，geomatics）是测绘遥感科学与信息科学技术的交叉、渗透与融合，强调的是用各种手段、集成各种方法对地球及地球上的实体目标和人类活动进行时空数据采集、信息提取、网络管理、知识发现、空间感知认知和智能位置服务，是地球信息科学的一个重要分支学科，可为地球科学问题的研究提供空间信息框架、数学基础和信息处理的技术方法。地球空间信息科学通过多平台、多尺度、多分辨率、多时相的空、天、地对地观测、感知和认知手段改善和提高人们观察地球的能力，为人们全面精确判断与决策提供大量可靠的时空信息。

综上所述，地理信息科学、地球信息科学、地球空间信息科学是从信息科学、地理科学、地球系统科学的视角来研究地理信息的机理、规律及应用模式，它们之间的关系正如陈述彭院士所指出的那样——“大同小异，殊途同归”。

2.2 地理信息科学的性质与研究对象

2.2.1 地理信息科学的性质

地理信息科学是自然科学、工程技术、社会科学等多学科、多手段联合而形成的前沿学科、交叉学科、高新技术学科。“地理信息科学”是其理论研究的主体，“地理信息技术”是研究手段，“全球变化和区域可持续发展”是地理信息科学与技术的主要应用领域，而“大众与普适应用”是地理信息科学发展的重要推手。地理信息科学的兴起和发展是地理科学信息革命的一把钥匙，为地理科学的发展和提升开辟了一个崭新的天地。

1. 地理信息科学是前沿学科

地理学是研究地球表层自然要素与人文要素相互作用及其形成演化的特征、结构、格局、过程、地域分异与人地关系等的学科，是地理信息科学研究和解决的主体对象，也是地理信息科学的主体学科之一。从技术的视角，地理信息科学则是信息技术与现代地理学相结合的产物，采用计算机建模和模拟技术实现地理环境与过程的虚拟，以便对地理现象进行直观科学的分析，并提供决策依据。

案例 1：利用地理信息技术和方法监测干旱区绿洲土地覆盖变化（图 2.19）。生态环境管理和研究人员可利用遥感卫星，借助地理信息系统技术将绿洲不同时期的土地覆盖数据叠合在一起，实现不同时期土地覆盖类型边界的叠加，进而对比分析绿洲土地覆盖变化的过程、规模、方向等，为绿洲生态保护和建设提供决策服务。

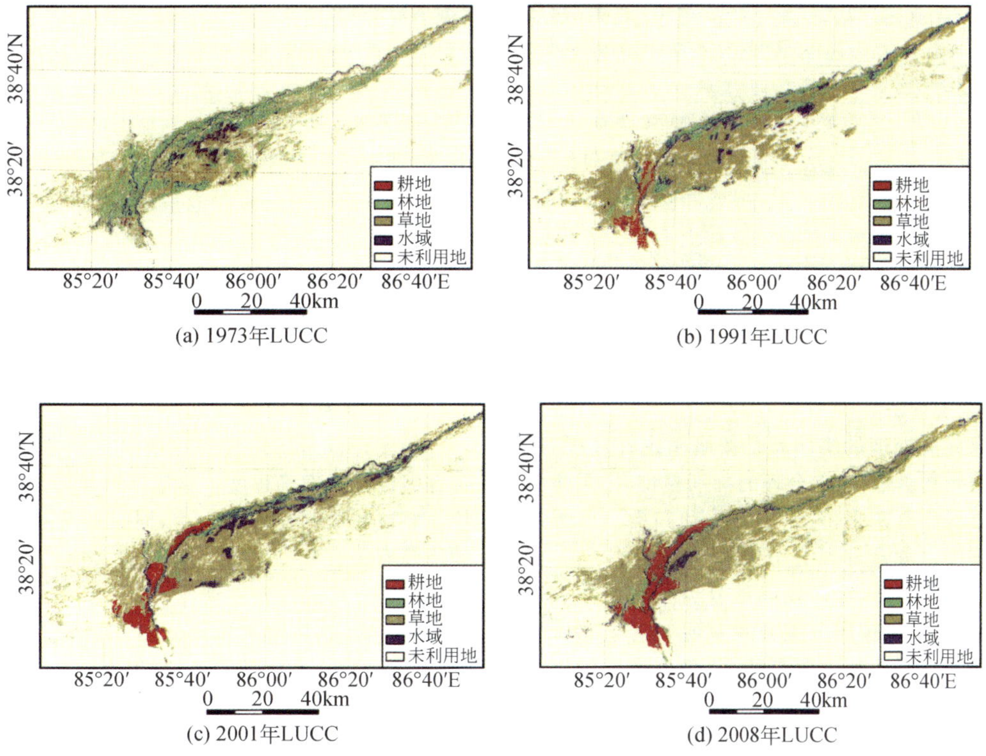

图 2.19　新疆且末绿洲土地覆盖变化（努尔比娅·乌斯曼等，2011）

案例 2：一张电子地图解读四千年陨石足迹（图 2.20）。2013 年 2 月 15 日中午 12 时 30 分左右，俄罗斯车里雅宾斯克州发生天体坠落事件。陨石从天而降，坠落在俄罗斯车里雅宾斯克州，这一自然现象引发了全世界对陨石的关注。于是，专门做地理软件的 Vizzuality 及 CartoDB 创始人德拉托雷（Javierde la Torre）在其网站上发布了一张电子地图。这张电子地图记录了从公元前 2300 年到现在 4000 多年中的陨石光临地球的足迹。

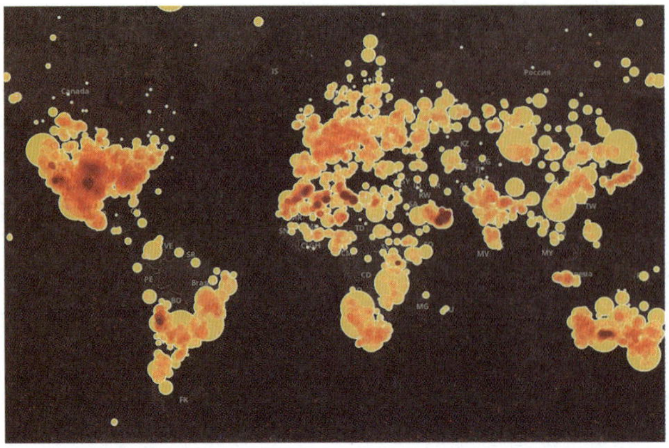

图 2.20 陨石光临地球足迹图

案例 3：物流订单轨迹（图 2.21）。爱网购的你，想知道订单到哪了吗？距离虽然不远，但是前进的路线很曲折啊！

图 2.21 物流订单轨迹

2. 地理信息科学是交叉学科

地理信息科学是在信息科学与技术、空间科学与技术和地球系统科学的基础上，借助测绘技术、计算机技术、通信技术、互联网技术等对地理信息进行采集、存储、分析和显示的交叉性、综合型学科。

随着工业生产飞速发展和人口不断增加，人类对于各种自然资源的需求量越来越大。然而，由于自然条件的限制，极其丰富的自然资源到现在还“沉睡”在人迹未至的深山密林、茫茫沙漠和浩瀚大洋之中，这就要求我们采用有效的方法去勘测那些资源。借助空间科学技术，用人造卫星去勘测地球资源就是一种有效的方法。

案例 4：如果要对人类生活的地球表层系统，如水资源、植被、土壤等开展评估和长时序、大范围监测，就离不开遥感卫星数据的支持。遥感数据的获取离不开各种人造卫星（图 2.22）和传感器。图 2.23 是利用人造卫星对地探测的示意图。

图 2.22 人造卫星

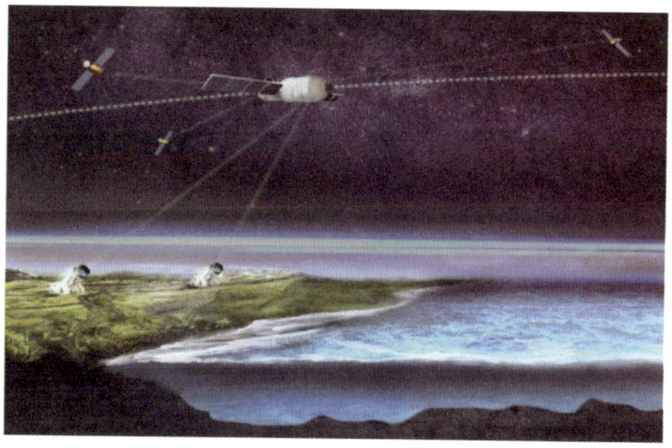

图 2.23 利用人造卫星对地探测

由于地球的空间广域性，形成时间的悠久性和组成要素的复杂性，分门别类的研究尽管有的学科已达定量、半定量化的研究水平，但仍不能完整地认识地球，传统地学面临着挑战。用系统的、多要素相互联系、相互作用的观点去研究、认识地球，显得十分重要，于是产生了地球系统科学。它要求对人类生活的地球以综合、系统的视角来认识和研究。

案例 5：地理信息科学离不开地球系统科学（图 2.24）。长江是我国第一大河流，长江流域旱情、洪涝等灾情的监测涉及气象学、水文学、海洋学、地理学、地质学、生态学

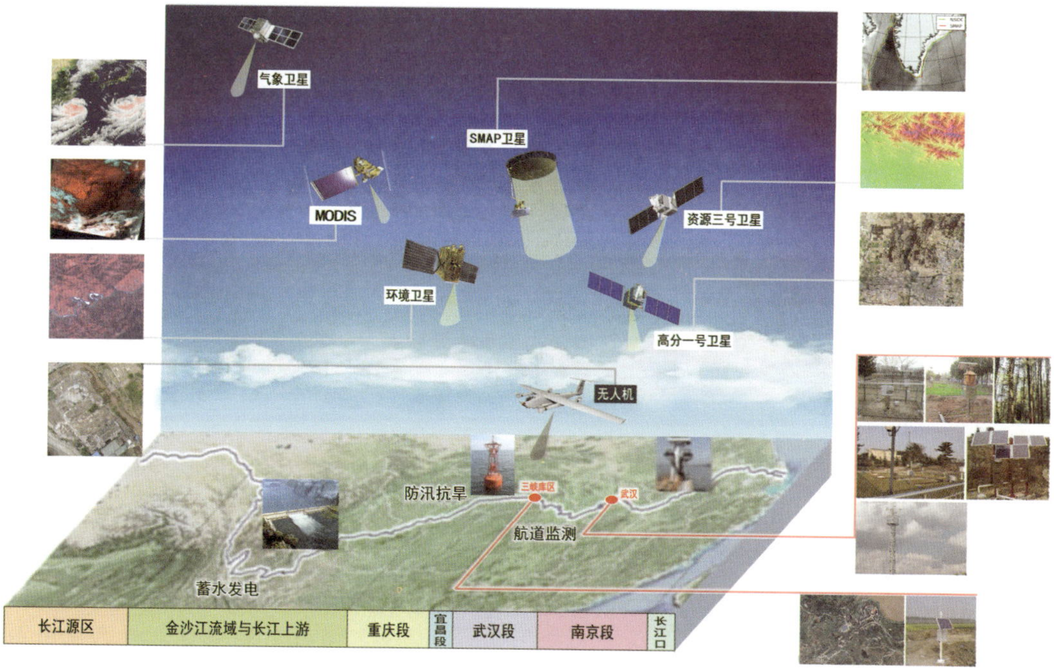

图 2.24 利用地球系统科学对长江流域进行综合观测

等众多学科，因此需要利用系统的、综合的思想对其进行监测研究，而地球系统科学和地理信息科学在理论、技术和方法上符合这一要求，已经得到关注和应用。

地理信息科学可利用现代网络和计算机技术，通过现代化通信手段获取、存储、分析、发布各类地理信息，提供查找、交换、分发以及加工、处理等增值服务。总之，它类似于一个由信息用户、信息生产者、信息营销者共同组成的网络化地理信息“超级市场”。

案例 6：防洪管理系统。通过网络和通信，可以实时监测某区域内洪水数据，并将其通过网络发布；公众通过网络可进行数据上传、下载，查看最新洪水预警等信息，还可对不同洪水量的地表淹没情况进行模型显示。

案例 7：水土流失监测与管理。通过建立水土流失指标与土壤、坡度、植被、降水等因子的函数关系，计算水土流失量、发生的空间位置，进而做出预测与预警。

3. 地理信息科学是高新技术学科

地理信息科学以地球系统信息流为主要研究对象，融合了地理信息系统、全球定位系统、遥感技术、物联网技术等学科的理论与技术，这些技术系统都是基于当代高新技术学科的代表，并随着科学技术和社会进步而快速更新。

案例 8：地理信息科学与大数据（图 2.25）。对大数据挖掘、分拣到最后，应该得到的信息内容不外乎时间、地点、人物、事物、事件、现象、场景等 7 类，而这 7 类信息又可利用地理信息的语义、位置、几何、过程、关系、数据加以描述。

图 2.25　大数据及其关键词

案例 9：航空运输大数据分析（图 2.26）。截至 2012 年 1 月，开源网站 OPENFLIGHTS.ORG 上记载了大约 6 万条直飞航班信息，这些航班穿梭在 3000 多个机场间，覆盖了 500 多条航线。通过数据分析技术，采用可视化方式展现世界各航空公司及其之间的联系，生成的图形看上去就像一个美丽的星云。这张基于数据可视化的 Sigma 图显示了服务城市相似的不同航空公司。图中的圆点或圆圈代表航空公司，连线的粗细和远近则反映两个航空公司之间的相似性；连线越粗或越短则代表两家航空公司服务的城市越相似。不同航空公司采用不同颜色的符号表示，图上色彩的分布直观地表现出了各航空公司所服务的主要地理区域。

案例 10：电话使用者的通话模式分析（图 2.27）。现代社会，人们普遍使用手机并产生巨量数据，这些数据反映了我们每天的行为及活动。我们与其他人的每通电话及简讯都对应到我们的社会关系、商业活动以及更广泛的社群互动，并形成了许多复杂联结的通话圈。图 2.27 是根据移动电话使用者的通话模式资料制作的，每个点都代表一个使用者拨出的手机号码，越大的点就代表这个号码对外联系次数越多。每条两点之间的线都代表着从一个号码拨打到另一个号码。每个移动电话使用者都会有一种独特的通话模式，这种模式可以用来发展适合的话费方案并且可以用来定义或预测他 / 她的行为。举例来说，当一个使用者正要从现在的移动电话服务商转换到另一个服务商时，我们可以从网内及网外发现两个类似的通话模式。

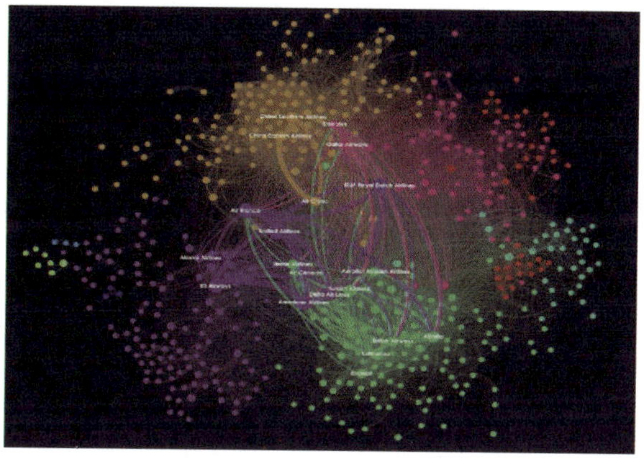

图 2.26　航线星云图

图 2.27　电话通话模式可视化图

案例 11：利用实时互联网数据与地理信息技术确定快递最优配送路线（图 2.28）。快递已经成为信息化时代物流发展的标志，方便快捷。其重要的支撑技术就是地理信息系统的优化路径选择。

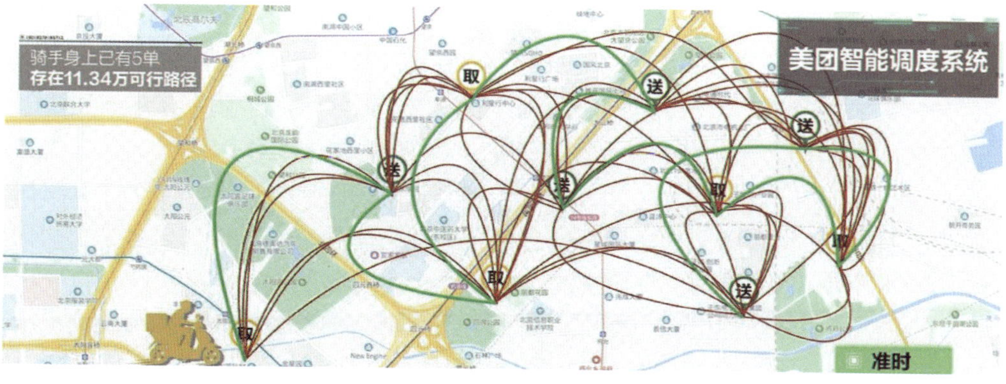

图 2.28　外卖配送路线图

案例 12：大气污染时空变化。利用实时采集的大气污染数据快速生成区域 PM_{10} 浓度空间分布图（图 2.29），引导人们进行自我防护。

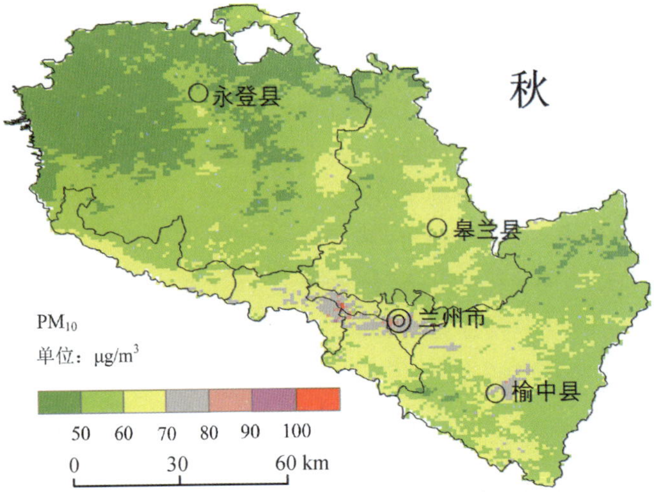

图 2.29 兰州市大气可吸入颗粒物 PM_{10} 分布图

2.2.2 地理信息科学研究对象

1. 地理信息科学研究对象

地理信息科学的研究对象是地理信息。地理信息（geographic information）是地理数据所蕴含和表达的地理含义，是与地理环境要素有关的物质的数量、质量、性质、分布特征、联系和规律的数字、文字、图像和图形等的总称；是关于地球表面或地理空间中地理对象或地理现象的描述，即对地理对象或现象的语义、位置、形状、过程、关系、属性等方面的表达（图 2.30）。

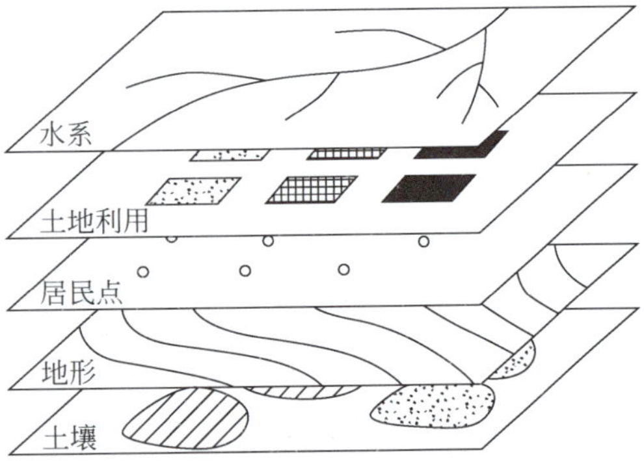

图 2.30 地理信息示意图

由于地理信息的内容涉及人口、资源、环境、社会、经济、军事等诸领域的各种地理要素及其变化，不仅是对广义人地关系的描述，也凝结着人类认识自然和社会的知识，是对地理空间各类要素的可视化表达。

2. 地理信息科学研究内容

地理信息科学的研究内容主要包括三个方面（图 2.31）：①基础理论研究；②技术系统研究；③应用方法研究。

基础理论研究包括地理信息科学的概念，确定地理信息的定义和内涵；建立地理信息科学的理论体系；研究地理信息系统的构成、功能、特点和任务；总结地理信息科学的发展历史，探讨地理信息科学发展方向等。

技术系统研究包括硬件设计与配置；地理空间数据结构及表示；输入与输出系统；空间数据库管理系统；用户界面与用户工具设计；工具型软件研制；三维可视化及动态显示；网络地理信息技术实现等。

应用方法研究包括应用系统设计与实现方法；数据采集与校验；地理分析方法与专题分析模型；地理信息系统、空间定位系统、遥感技术、物联网技术的集成方法；地学领域专家系统与人工智能研究等内容。

美国大学地理信息科学联盟（University Consortium of Geographical Information Science，UCGIS）于1996年提出了地理信息科学中的10个优先研究主题，包括空间数据获取与集成、分布式计算、地理表达扩展、地理信息认知、地理信息互操作、尺度、GIS环境下的空间分析、空间信息基础设施的未来、地理数据不确定性与基于GIS的分析、GIS与社会；后来在上述基础上又扩展了4个主题：地学空间数据挖掘与知识发现，地理信息科学的本体论基础，地理可视化，以及地理信息科学中远程获取的数据与信息。

图 2.31　地理信息科学研究内容

地理信息系统、空间分析和地理建模与模拟是地理信息科学研究的重要内容(图2.32)。

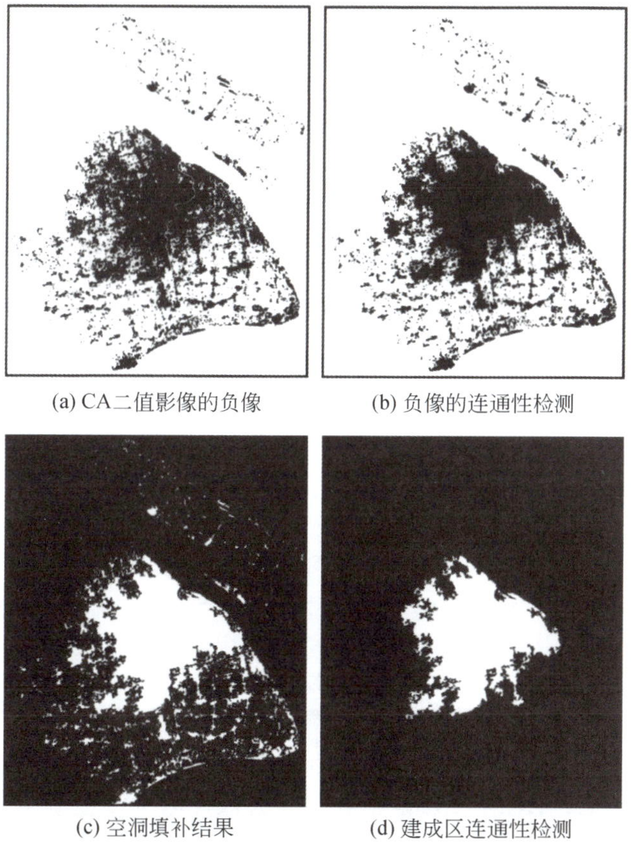

图 2.32　基于建筑指数（IBI）和元胞自动机（CA）模型识别城市建成区（王帅等，2017）

3. 地理信息科学研究目标

地理信息科学研究目标主要有三个方面：①深化地理信息理论基础研究；②推进技术系统发展；③加强综合应用和服务能力。

目前，地理信息科学的研究目标主要体现在以下重点应用领域。

（1）地理信息内涵的地理学解读。从当前地理信息的空间和属性内涵解读，发展到以地理学视角的语义、位置、几何、过程、关系和属性内涵定义。

（2）地理信息本质与形成转化机制。以地理要素及其相互间的物理、化学、生物、人文、社会、经济等作用机制，揭示地理信息的形成、演化、特征，发展新的地理现象的观测方法、实验手段和数据采集技术，特别是遥感、遥测方法和数据处理技术，满足不同领域需求和特定地理数据的采集。

（3）新型地理信息系统的数据模型。在时空框架的基础上，以刻画语义、位置、几何、过程、关系和属性地理信息 6 要素为目标，发展以几何与代数统一、时间与空间统一、表达与计算统一、高维统一的地理信息系统数据模型，替代现有地理信息系统的地图数据模型。

（4）新型地理信息系统的数据结构。利用地理学第一、第二定律和地理学时空分异规律、地理要素相互作用机制，发展地理信息系统的数据结构，实现地理数据存储与索引的统一，既保证对地理对象和地理现象在时空中突变、渐变和不变的表达，又提升地理信息系统的运行效率。

（5）地理场景的地理信息表达形式。地图是当前人们熟知的地理信息表达形式，但是随着地理信息的表现主体、表达技术、呈现内容、应用方式的变化，地理信息的表达正在向二维与三维、现实与虚拟、分级与连续、写真与写意、预制与实时、静态与动态相结合地理场景方向发展。

（6）大数据挖掘和分析本质的界定。以多学科视角，从时间、地点、人物、事物、事件、现象、场景 7 要素界定大数据挖掘和分析的多层级目标体系，以及以不同目标为核心的信息聚合方法。

（7）地理信息技术在地球科学中的应用。地球系统科学以及“未来地球”都将地理信息技术作为其数据获取、分析的重要支撑技术，通过地理信息新技术的引领和驱动，实现人类对地球的更深入的认识，达到资源开发、环境保护、经济社会发展的可持续。

（8）地理信息技术的大众化和普适性应用。地理信息技术已经成为当下新技术的重要组成部分，在人类的生产生活中起到了不可或缺的作用。地理场景因其由时间、地点、人物、事物、现象、事件等要素构成，决定其可以承载各种各样的信息，必将成为新媒体和人类交流的普适语言。

2.3 地理信息科学体系

地理信息科学整合了地理学、地球系统科学、计算机科学、认知学和制图学，从而成为一门崭新的、多学科的、关注时空表达概念和计算的交叉学科。但是，诸如“什么是现实世界”、“某尺度下物体是怎样的”以及“如何对地理推断进行论证”这些问题都对地理信息科学提出了巨大挑战。

由于不同的学术背景以及对地理信息科学本质的不同认识，目前存在着对地理信息科学体系以及地理信息科学与地理科学体系相互关系的不同观点。一种从地理信息科学的技术驱动和应用驱动出发，强调围绕地理信息技术系统来定义和把握地理信息科学。如 Goodchild 认为地理信息科学是地理信息系统技术背后的科学，它所要解决的是蕴涵在地理信息系统之中的一整套科学问题。另一种观点则更多地强调地球信息机理的研究。如 Bernard 提出地理信息科学研究“包括地球信息的结构和性质，获取方法、分类、表达、定位和使用，以及服务于其最佳应用的基础”。还有一种观点则仅把地理信息工程的建设与应用，即应用地理信息科学当作地理信息科学的全部内容。

2.3.1　地理信息科学与技术知识体系

自 Goodchild 于 1992 年提出“地理信息科学”概念以来，国际学术组织对地理信息科学开展了大量研究，其中美国大学地理信息科学联盟（UCGIS）于 2006 年提出的地理信息科学与技术知识体系（GIS&T body of knowledge）影响最为广泛。该知识体系（图 2.33）

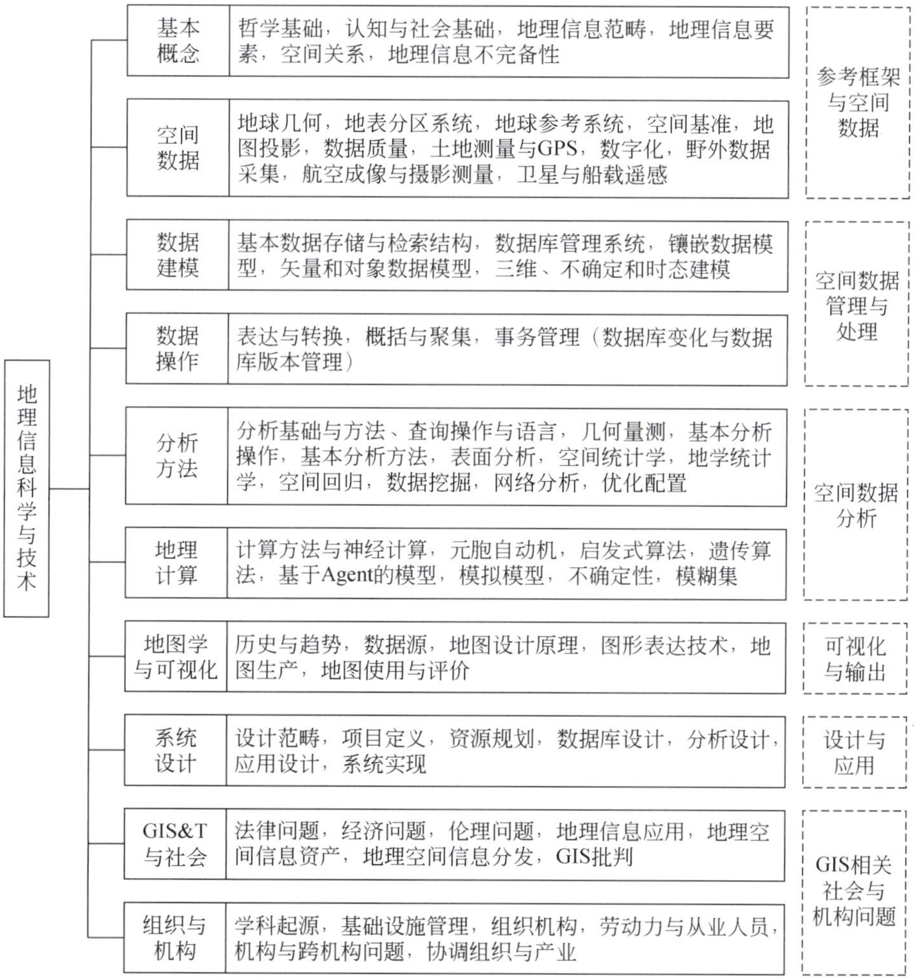

图 2.33　地理信息科学与技术知识体系内容及其关系

既涵盖了传统 GIS 研究的基本内容，同时密切关注相关方向的最新研究发展，并面向地理信息产业化发展与社会化应用，强调 GIS 与社会的联系，以及与 GIS 相关联的组织机构问题。

2016 年，UCGIS 在原地理信息科学与技术知识体系基础上对研究内容进行了重新编排，划分为分析与建模（analytics and modeling，AM）、计算平台（computing platforms，CP）、地图学与可视化（cartography and visualization，CV）、应用领域（domain applications，DA）、数据采集（data capture，DC）、数据管理（data management，DM）、基本概念（foundational concepts，FC）、地理信息科学技术与社会（GIS&T and society，GS）、知识经济（knowledge economy，KE）、编程与开发（programming and development，PD）十大模块（http://gistbok.ucgis.org）。在新的地理信息科学与技术知识体系中，除保留了原知识体系框架中的部分内容外，更加强调新知识与技术的引入和关注地理信息科学的应用与社会问题。

2.3.2 地理信息科学的内容框架

地理信息科学不仅涉及地理科学哲学、基础理论、应用方法和技术系统，还与地理信息产业发展和制度创新等各个层面的内容息息相关。学者杨开忠等将地理信息科学体系划分为理论地理信息科学、技术地理信息科学和应用地理信息科学三个层次。

1. 理论地理信息科学

地理信息科学的本质是揭示和模拟地理信息运动过程的内在机理，为区域可持续发展决策服务。其基础理论和核心内容包括：

（1）地理信息的本质、结构、描述、分类和表达。

（2）地理信息的发生、抽取、传输、重构和作用机制。

（3）地理信息运动过程中的熵增、熵减、误差和不确定性问题。

（4）地理信息运动过程中人的感应与行为机制。

（5）地理信息运动机器模拟的一般性问题等。

2. 技术地理信息科学

研究地理信息技术系统的开发、集成与使用，主要包括遥感、空间定位系统、地理信息系统和空间信息基础设施等支撑技术的研究。技术系统是地理思维的物化和地理知识的载体，是地理信息运动机理研究的新语言和手段，也是地理信息应用的现代工具。

3. 应用地理信息科学

研究人口、资源、环境、经济和社会的区域规划与管理；地理信息基础设施的建设，即地理信息工程。其根本目的在于将地理信息和地理信息技术应用于人类科学决策，实现区域可持续发展。

思 考 题

1. 如何理解空间、地球空间和地理空间的概念？

2. 信息科学研究的主要内容是什么？

3. 如何理解地理信息的概念？地理信息具有哪些特性？
4. 地理信息科学、地球信息科学与地球空间信息科学的内涵有什么不同？
5. 为什么说地理信息科学是一门自然科学、工程技术、社会科学等多学科、多手段联合而形成的前沿学科、交叉学科、高新技术学科？
6. 试述地理信息科学的研究对象和主要研究内容。
7. 地理信息科学的研究目标是什么？这些目标目前主要体现在哪些应用领域？
8. 试简要阐述地理信息科学的学科体系。

延伸阅读

林珲，施迅 . 2017. 地理信息科学前沿 . 北京：高等教育出版社

Paul A Longley, et al.2015. Geographic Information System and Science. 4th ed. Hoboken：John Wiley & Sons

第三章　地理抽象与地图表达

人们在生产、生活实践过程中逐步形成了对地球上各种地理事物和现象的感性认知。对于各种现象的地理位置及其空间特征描述的地图被看作是地理学的第二语言，是人们将地球表面的各类地物和地理现象按照一定的数学法则，通过科学的概括，并运用符号系统表示在一定载体上的图形，以传递它们的数量和质量在空间和时间上的分布规律和发展变化。随着人类社会的不断发展和科技进步，地图的形式也在发生变化，经历了从静态地图到交互式地图，从传统地图到电子地图，从平面地图到多维地图的发展历程。一直以来，地图在科技、教育、文化、军事、经济及社会等众多领域都有着广泛的应用。电子地图、移动地图的出现，使得地图的应用更加灵活，其本身的文化、艺术和科学价值也得到了更加充分的展现。人们在使用地图的交互和分析等功能的过程中，对各种地理事物和现象也有了更加深入的认识。

3.1　人类地理空间思维与地图出现

3.1.1　空间思维与地理空间思维

人类所具有的高度抽象的空间思维是人类思维重要的组成部分，空间思维即人们通过对空间事物和现象的观察、分析、综合、比较、概括、抽象，从而在大脑中形成它们的空间形象。以此为基础，可以进行空间位置判定，确定空间分布状态，并分析

图 3.1　从生产、生活中抽象出地理空间思维

它们在空间上进行的物质、能量、信息的传递与交换，比较它们的异同点，同时也可以对它们的空间属性进行多个维度的思考。人类生产、生活所面对的空间大多为地理空间，如果这种思维分析的对象是地理对象或现象，则所形成特有的空间思维即为地理空间思维（图 3.1）。

3.1.2　地图的出现

人类自远古以来的发展进化中，已经形成了对地理空间思维有效表达的自然语言体系。无疑，自然语言是表达地理空间思维的第一代语言。随着地图的出现与发展，人类对地理空间思维的表达形式抽象上升到一个新的高度。地图依靠特定表达规则展示的图例符号，使人们通过肉眼观察便感知到地理场景中地理对象、现象的几何形态、空间位置、空间关系、属性特征、要素关系及演化过程。

地图有着悠久的历史，它的内容描述的是现实的生活场景。古代的壁画、石刻、布帛地图以及山水画都是地图不同的表现形式，这些图不仅能够在一定程度上反映出当时的地理概况，还在相当程度上反映出制图人对世界的认识程度，即当时主流的世界观。

公元前 6 世纪的古巴比伦地图是目前已知最古老的地图。地图刻制在泥板上，北方朝上，巴比伦位于地图中心。古巴比伦地图由两个同心圆构成，其中的内圆代表世界的中心区域，地图上使用一定的符号展现了几座城镇和一些河流。先秦时期的《山海经》是我国早期最有价值的地理著作之一，是古人杂录典籍所成的山河地理志。《山海经》中的地图元素也反映了古人意识中对地理位置与特征的认识（图 3.2）。

出土于湖南长沙马王堆三号汉墓的《地形图》，地图的主区包括西汉初所封长沙国的南部，即今湘江上游潇水流域、南岭、九嶷山及附近地区。图中已有统一的图例，表示的内容有山脉、河流、道路、居民点等。《禹迹图》采用“计里画方”的制图规则，每方折地百里，按方网格绘出，比例尺大约相当于 1∶150 万。绘制比较精密，标注有政区名、河流、山脉和湖泊，海岸轮廓、河流位置和形状都比较符合实际。以上古地图都显示了古人的地理认知与制图水平。

(a) 古巴比伦地图

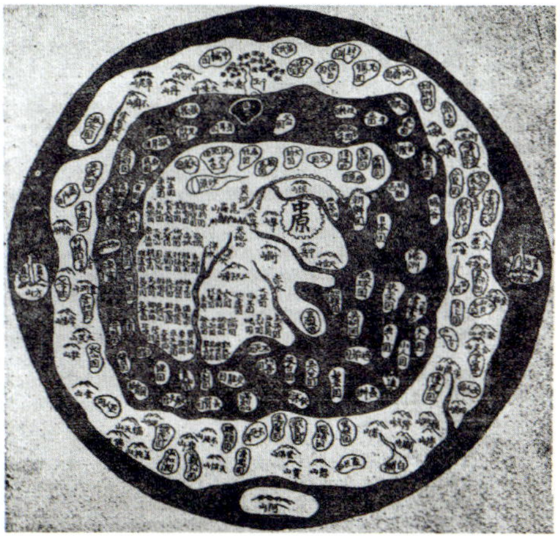

(b)《山海经》中的地图

图 3.2　部分古代地图

(c) 马王堆三号汉墓的《地形图》

(d) 宋代的《禹迹图》

图 3.2 （续）

地图既是制图人员对空间认知的结果，也是地图用户认知空间的工具。不同时期、不同学者从不同角度给地图下了定义，认为地图是地理现实世界的表现或抽象，是以视觉的、数字的或触觉的方式表现地理信息的工具；是人类所关注周围环境的图形表达；是地理空间信息的图形表达；是自然和社会现象的形象符号模型；是信息传输的通道；是空间信息抽象的符号化模型等（图 3.3）。

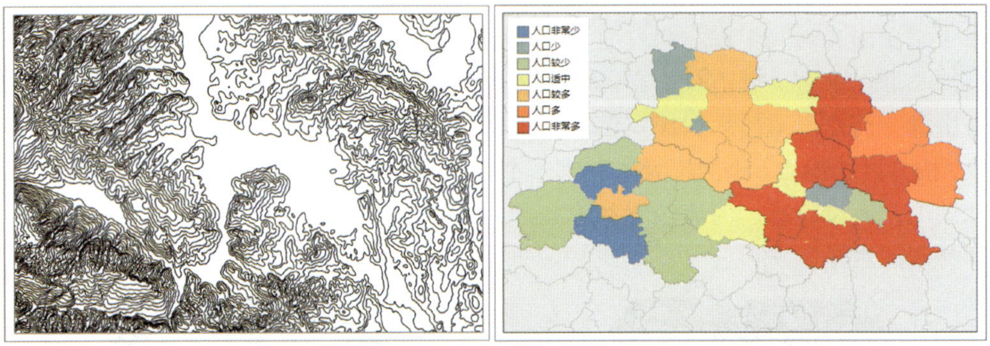

图 3.3 地图的表达

总之，地图是根据特定需求，采用一定的数学框架，以图形符号、二维或三维模型、图像或数据形式，抽象概括表达或记录地球空间内各种自然和社会现象的时空分布、空间分异格局、演化过程规律，以及不同地理要素相互作用机制的工具。

正是由于地图具有定性描述与定量可量算的有机统一、直观易读与抽象概括的有机统一、描述空间分布与揭示地学规律的有机统一这些重要的属性，地图成为表达地理空间思维的第二代语言。

经过科学训练的地理空间思维对自然语言与地图语言具有有机融合的能力，这也成为地理空间思维有别于一般空间思维的主要特征。地理空间思维集中表现为三种形式的思辨。第一，是自然语言与图形语言的转换思辨。即能够把用文字陈述的地理内容在大脑中正确而迅速地转换为地图。这里所指的图形是广义的，包含地图、几何图形、模式图、景观图等。第二，是空间图形的对应思辨。指将同一地理问题置于不同的维度空间图形下比照、辩证思维的能力。这就使隐含信息变得清晰，思维过程更趋理性，不仅可以避免片面，也可以化难为易地解决问题。第三，是空间动态的联系思辨。即在大脑中以动态的图形表达地理原理、地理规律，或把静态图与动态图联系思考。它是对地理客观事物的高度抽象过程，是地理空间思维的较高级形式。

3.2　地图的特征与类型

3.2.1　地图原理

地图是如何将海量的地理信息表达在有限的二维平面上的呢？人们不可能将地理空间中的各种信息都绘制在地图上，也并不是所有的信息都需要被绘制在地图上。因此，必须根据特定目的对地理场景进行抽象和简化，在一定的规则与约束体系下，将地理对象、现象通过特定的符号在纸质平面上进行缩小表达。

首先，地图符号是地图表达的基本语言。在地图设计与制作的过程中，按照系统性、概括性、逻辑性、可定位性、易感受性等基本原则，设计出方便人们阅读、理解的地图符号系统，这是地图制图的重要环节。常见的地图符号有点状符号、线状符号、面状符号以及体符号（图 3.4），还有用来表示动态过程的动态符号等。

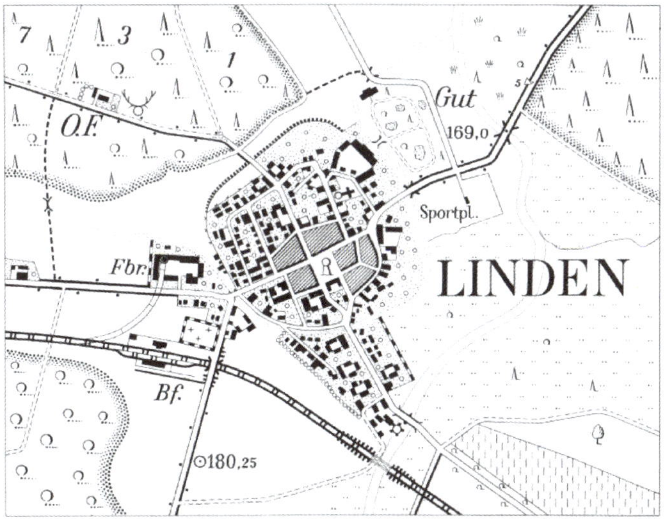

图 3.4　点、线、面状符号组合表达的地图

其次，地球是一个十分接近椭球的球形体，其平均半径达到 6371 千米。那么它的表面展开到二维平面上，势必会产生形变，如何才能根据人们特定的应用需求达到确保变形误差最小，如何能够得到正确的距离、面积和角度值？因此必须定义一组由现实世界投影到平面地图上的数学规则，以保证有限的形变和准确的测量精度，这样的数学规则，我们称为地图投影。以最初的圆柱投影、圆锥投影、方位投影为基本投影方法，根据使用目的

的不同，目前已经发展出相当完整的地图投影方法体系（图 3.5）。

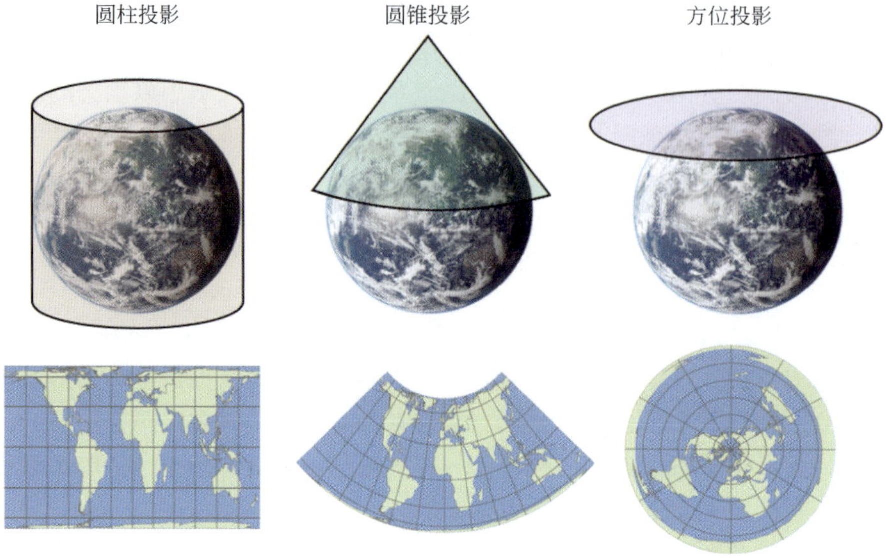

(a) 三种基本的投影方式

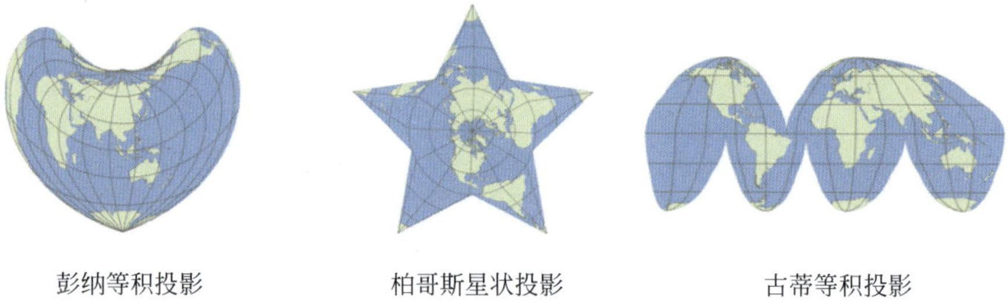

(b) 地图投影及其示意图

图 3.5 地图投影及结果示意图

类型	样式
图示法	0 5 10 15 km
数字法	1：500000或 $\frac{1}{500000}$
文字法	五十万分之一，或图上1厘米代表实地距离5千米

图 3.6 不同地图比例尺表达法

再次，要在方寸之间绘制出广阔的地理空间，就要将现实空间进行一定程度的缩小，以实现能够用纸质地图上的二维空间完整地表达目标空间区域。在图幅上实际地表被缩小的程度就是地图比例尺，也就是图上距离和实际距离的比值，其表示方法有图示法、数字法和文字法（图 3.6）。不同比例尺的地图，显示地表的精细程度有很大的差异。

最后，在一幅地图中，我们不可能将所有的地理要素按照其实际大小标绘。根据绘图的目的和要求，选取部分较为重要的要素进行标绘；也需要将部分地物信息不按照实际比例绘在图上。因此，必须要对地图内容进行抽象和概括，保留主要特征，使其更加明确直观、形象生动，易于理解。以上过程称为地图制图综合（图 3.7 和图 3.8）。

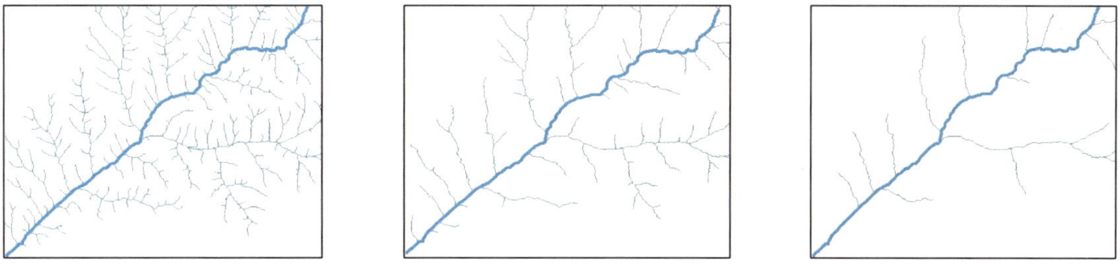

图 3.7 地图上河网水系的简化

图 3.8 不同比例尺城市地图的制图综合效果（街道及建筑的形状概括）

3.2.2 地图类型

地图的类型一般以地图的呈现形式来划分。

1）按照地图表达的内容

普通地图：是综合、全面地反映一定制图区域内的自然要素和社会经济现象一般特征的地图。地图内包含地形、水系、土壤、植被、居民点、交通网、境界线等内容（图 3.9）。

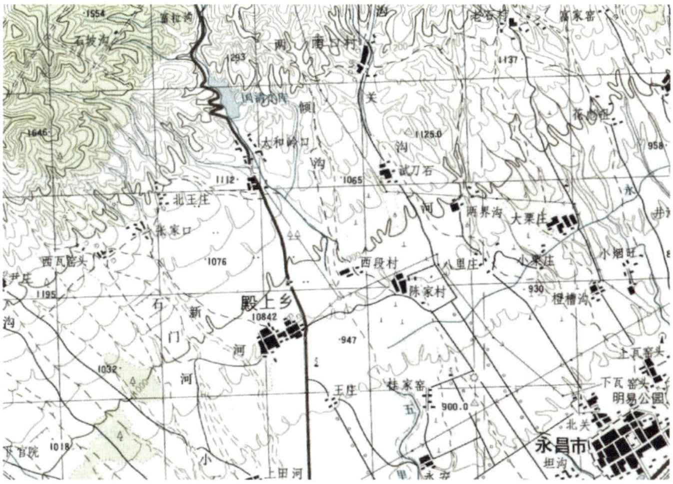

图 3.9 普通地图示例（1∶10 万比例尺地形图）

专题地图：又称特种地图，是在地理底图上按照地图主题的要求，突出并完善地表示与主题相关的一种或几种要素，使地图内容专题化、用途专门化的地图（图 3.10）。

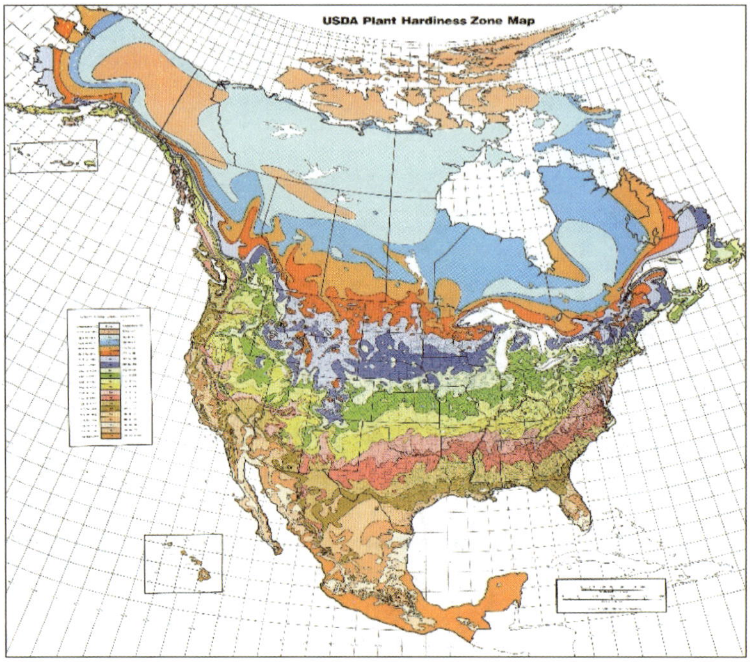

图 3.10　北美植物耐寒性类型图

2）按照地图维数

2 维地图：一般的平面地图［图 3.11（a）］。

2.5 维地图：一般的立体地图，如立体模型地图、塑料压膜立体地图、光栅立体地图、互补色立体地图等［图 3.11（b）］。

3 维地图：是真正的三维立体显示，能任意方向和角度显示三维图像。在三维地图基础上利用虚拟现实技术，形成“可进入”地图，使用者有身临其境的感觉［图 3.11（c）］。

4 维地图：是除三维立体以外，再增加一维属性值（一般是时间维）。利用四维地图可反映地理现象的动态变化［图 3.11（d）］。

3）按照时间状态

静态地图：指记录某一瞬间地理信息的地图，纸质地图就是典型的静态地图。

动态地图：是指以动画、交互、虚拟现实等方式反映自然和人文现象变迁和运动的地图，往往在电子屏幕上可以展现。

4）按照地图幅数

单幅图：是指表达单一地图要素的单张地图，如城市旅游地图等。

多幅图：是指由几张不同地图组成的，反映某地区不同地理要素的地图。

系列图：是统一设计编制的反映区域或部门基本概况的一组地图，是综合制图的形式之一。一般由数幅或更多幅地图组成，如水资源系列图、环境地质系列图等。

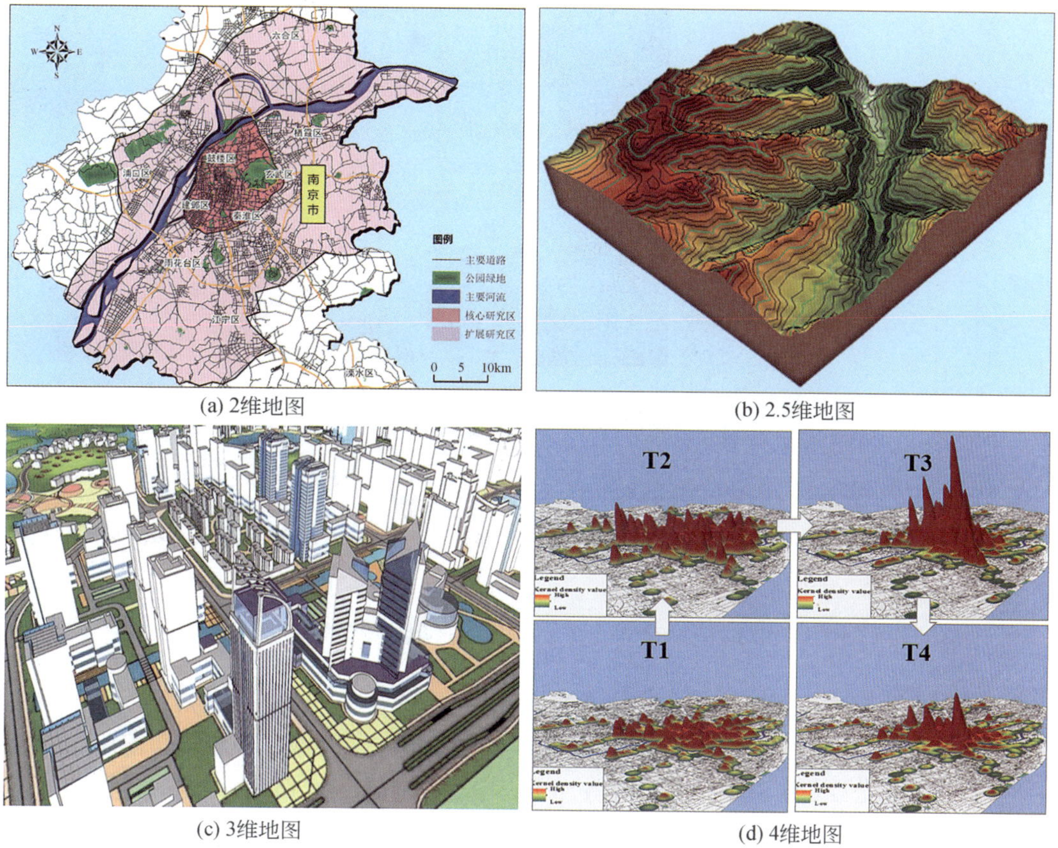

(a) 2维地图　(b) 2.5维地图　(c) 3维地图　(d) 4维地图

图 3.11　不同维度的地图

地图集：是根据一定的主题和要求，将一定数量的、有机联系的、完整的地图系统，经统一设计，汇编成册的地图作品。如《中华人民共和国国家自然地图集》《中国历史地图集》《江苏省水利地图集》等。

5）按照地图视觉化状况

实地图：是指将地图信息经过抽象和符号化以后在指定的载体上形成的地图，包括纸质地图和屏幕地图等。

虚地图：指存储于人脑或电脑中的地图，前者即为“心象地图”（图 3.12），后者即为“数字地图”。实地图和虚地图可相互转换，如屏幕地图与存储在磁带上的数字地图。

6）按照感受方法

可分为视觉地图（线划地图、影像地图、屏幕地图）、触觉地图[盲人地图（图 3.13）]、多感觉地图（多媒体地图、多维动态地图）等。

7）按照基本图形

有等值线图、点值图、分层设色图、网格图等表示方法不同的地图；还有综合图、组合图、合成图等基本图形综合程度不同的地图。

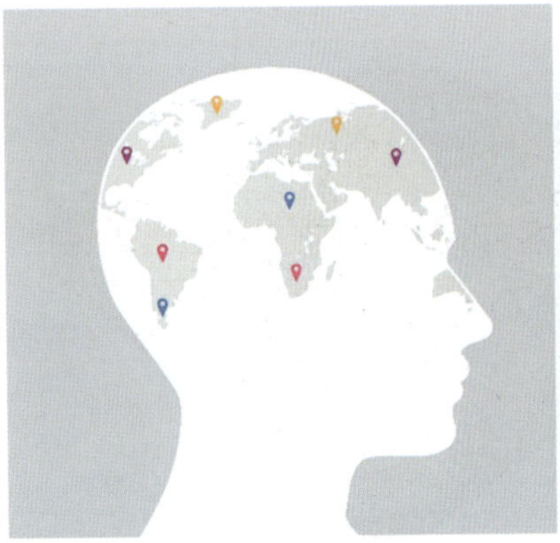

图 3.12 “心象地图”

图 3.13 盲人使用的触觉地图

8）按照地图印刷色数

可分为单色图、多色图、黑白图、彩色图。

9）按照地图存储介质

可分为纸质地图、丝绸地图、电子地图、数字地图等。

3.2.3 地图学

地图学是探索以地图作为空间信息的载体与传输工具，依据数学法则，按照比例建立空间模型，运用符号系统和最佳感受效果表达人类对地理环境的科学认识；研究以地图图形反映与揭示各种自然和社会现象空间分布、相互联系及动态变化；发展地图编制工艺、技术与地图应用方法的学科。地图学以地理信息可视化为核心，具有科学与艺术相结合的显著特征。

地图学的研究对象是地球上各种自然与人文现象及其规律，包括宏观与微观、具体与抽象、现实与历史的所有地理信息。涉及地球科学的各个领域，而且随着人类认识范围的扩大，地图学的研究对象正向外层空间和地下深部延伸。

在地图学的发展历程中，逐步形成了地图学史、地图投影学、地图美学以及地图制图学等若干分支学科，出现了影像地图、有声地图、情绪地图等新的图种，发展了地图可视化、可视分析等新的技术方法。

随着信息论、传输论、模式论、感受论等理论的引进，地图学理论，包括地图模型理论、地图信息理论、地图传输理论、数学地图学、地图符号学、地图感受理论、综合制图理论、制图综合理论也在不断深化与进步。大数据时代的到来更给地图学的理论与技术方法带来深刻的变革。

当然，地图学的任务不仅需要满足对各种地理现象及其规律的表达，而且需要设计出高层次的知识密集型的地图产品，为规划决策与工程设计、施工和效益评价提供预测图或预报图。

3.3　现代地图的发展

地图是现实世界的抽象，它能够表达真实的世界，也能够构造一个新的世界，表达各地图要素之间的空间关系，由现实世界到二维地图的抽象过程代表着人类思维能力的巨大进步。随着现代信息技术的不断发展，地图在基本数据来源、生产方式、表达形式及应用模式等方面都发生了根本的变化。地理可视化、可视分析、叙事地图、泛地图、类地图、全息地图等理论，以及大众制图、增强现实/混合现实等技术方法引领了当代地图的发展方向，地图进入了数字化表达、网络化传输、虚拟化感知、智能化分析、大众化应用的新时代。

3.3.1　电子地图

电子地图是指以地图数据库为基础，在适当尺寸的屏幕上显示的地图（图 3.14）。随着计算机和互联网的日渐普及，电子地图作为新一代地图产品，在空间信息可视化和传播方面的作用越来越受到重视，其形式和范畴随着技术的发展也在不断延伸。

图 3.14　在屏幕上显示的电子地图

较之传统地图，电子地图具有以下新特征。

1）数据与软件集成

地图介质的改变使地图相关行业产生了巨大变革，出现了多种基于地图数据的应用软件，而电子地图则是地图数据与软件系统的集成。电子地图的应用软件又可称为电子地图浏览或者阅读系统，它是地图由数据形式到模拟表达形式的翻译器和转换器，负责将地图数据库中的内容显示在屏幕上，并具有一系列对地图浏览的操作功能，如缩放、拖动、漫游、定位等。

2）操作过程人机交互

传统纸质地图是静态地图，制作完成之后，表达区域和内容就不会发生改变。电子地图可通过地图应用软件，实现对地图数据的实时快速访问，并通过缩放、漫游对地图表达区域和内容进行调整，经过用户的交互操作在屏幕上形成一张新的地图。

3）信息表达方式多样

传统纸质地图只能负载文字和图形图像信息，有限的地图幅面能够通过地图符号表达的信息也是有限的。而电子地图数据不仅存储了空间数据的空间位置、几何形状等空间信息，还存储了相关的属性信息，其能够通过缩放功能来调整地图信息负载量，同时，将地图数据库与其他多媒体数据库进行关联，能够极大地丰富电子地图的显示内容（图 3.15）。

图 3.15　关联图片数据库的电子地图

4）无级缩放与多尺度数据

每一幅纸质地图都有固定的比例尺，但电子地图由于显示屏幕的灵活性，可以通过一定限度的无级缩放和多尺度数据显示（图 3.16），实现对电子地图内容任意区域和全局的显示，查看和分析宏观和微观区域特征。

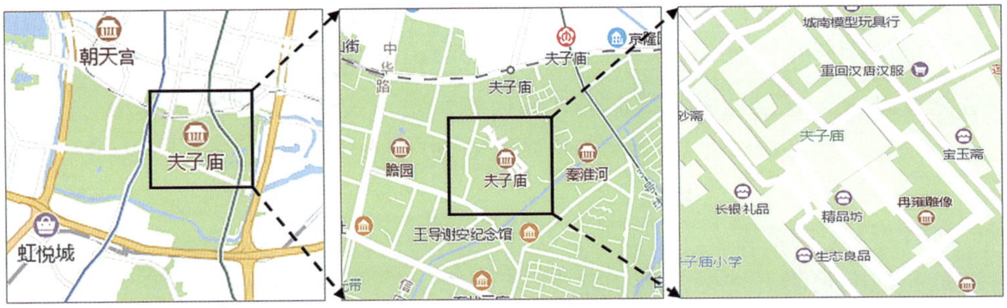

图 3.16　电子地图的缩放显示

5）快速高效的检索与地图分析

在传统纸质地图上搜索地图目标需要人工完成，并且只能进行一些比较简单的量算和分析，费时费力，而且精度难以保证。而电子地图的数据存储在地理空间数据库中，地理位置信息包含在数据之中，利用数据库的查询、检索功能和 GIS 的空间分析功能，很容易实现对地图目标的高精度空间查询和分析。

6）数据共享

存储在地理空间数据库中的地图数据，可以很方便地实现数据拷贝，能够借助飞速发展的信息技术迅速传播，较传统纸质地图共享更加方便。目前网络上有众多提供地图服务的网站，可以很方便地查询和获取城市交通、旅游景点、商业服务等信息，极大地提高了电子地图的使用效率。

随着计算机和网络技术的不断发展，电子地图的概念也不断发展。将电子地图服务发布到网络上，供用户信息查询检索，使得地图服务范围获得极大地延伸。这种新形式的地图就是网络地图。基本上网络能够覆盖到的地方，就能使用地图服务，极大地方便了应用。我国比较著名的在线地图有天地图、百度地图和高德地图等（图 3.17），E 都市等则提供了在线的三维地图服务。国外的有 Google Map 和 Google Earth 以及开源的地图服务 OpenStreetMap 等（图 3.18）。

随着全球导航定位技术的发展与手机等移动智能设备的普及，基于位置的服务移动地图也开始取代传统的车载导航地图，进入人们的视野。移动地图结合智能终端的定位技术，能够提供精准的位置服务，开辟了基于位置服务的商业应用，发展前景广阔。随着地图服务商提供的地图数据不断丰富，数据更新频率不断提高，目前已经能够实现实时路况显示，并且能够根据实时路况规划最优路径、搜索附近的商店以及记录并分享运动轨迹等（图 3.19）。

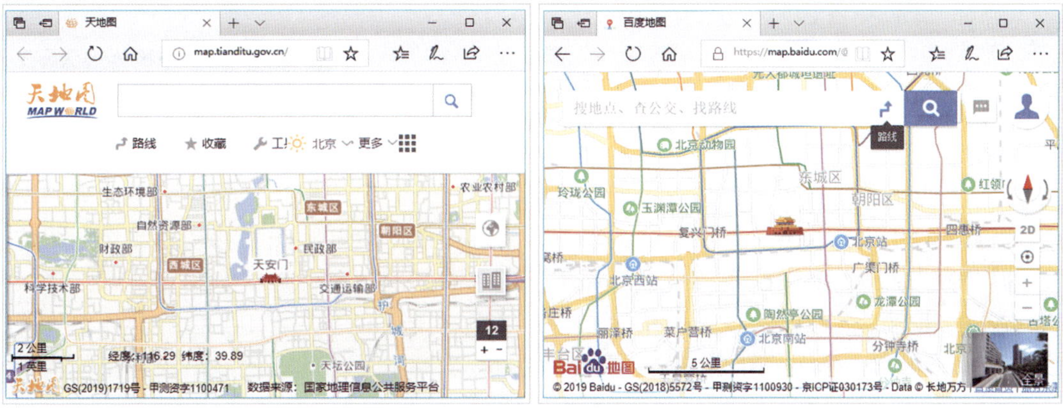

图 3.17　天地图与百度地图

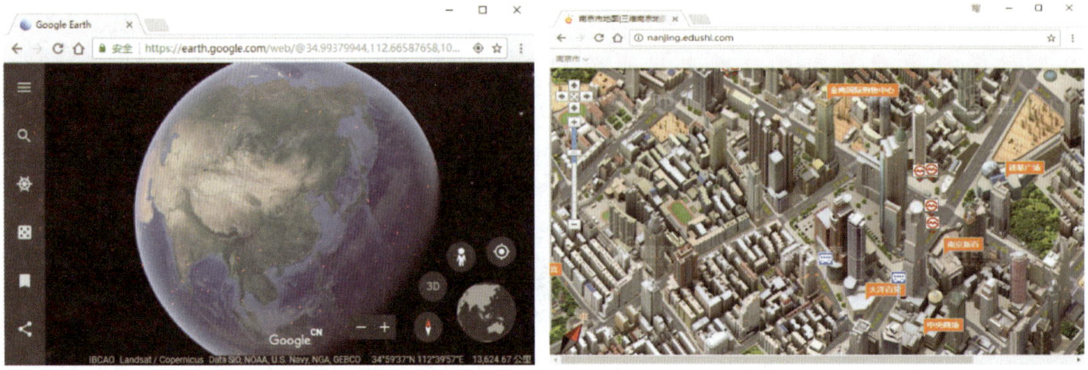

图 3.18　Google Earth 与 E 都市

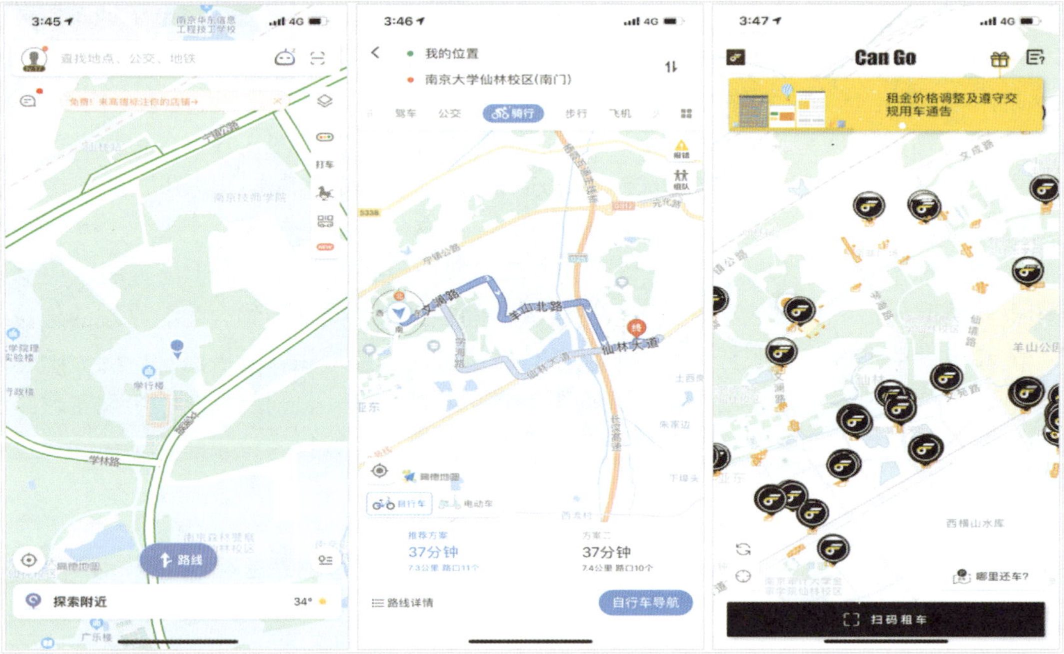

图 3.19　基于位置服务的移动地图

虽然移动地图具备了实时高效、便携快捷、动态更新等优点，但针对海量地理数据的高效传输与实时显示也还是存在着制约因素，而瓦片技术恰好解决了移动地图在地图数据的快速获取与显示、多样性服务需求的动态匹配、海量地图服务数据的缓存下载与高效传输等方面的瓶颈。瓦片地图技术的出发点是“以空间换时间”，采用数据分层分块格式，依据金字塔模型定制地图图层数据，存储在地图数据库中，将动态的地图服务用已经生成的瓦片快速代替，以达到快速显示的效果。

3.3.2　地理场景

1. 地图学发展的新要求

传统地图学采用地理空间信息分层表达的方式，以科学的符号系统、地图投影和综合方法来表达复杂地理世界的空间结构和空间关系，成为人类文明史上的伟大创想，也是永恒的地理表达形式。然而，随着数字时代的到来和新信息通信技术（information communications technology，ICT）的发展，原先地图平面载体与物理空间的约束，在电子载体和数字空间中部分得以解除，地图的表达形式正在悄悄地发生着深刻的变化。具体表现为：①表达的主题场景更为丰富，包括人文的、自然的、社会的；②表达的几何场景从二维的，发展到一维、三维、多维、高维；③表达的尺度从宏观、中观到微观；④表达过程从静态的时刻点状态，到动态的时间片段和生命周期的行为；⑤表达的关系从空间，到时间的、时空的，到多要素的；⑥表现的现实性从现实场景，到虚拟的、虚实融合的；⑦表达的要素作用机制包括物理的、化学的、生物的、人文的、社会的和经济的。

为了适应这种变化，我国科学家提出要发展全息地图学、泛地图学，以及地理场景学等新构想。其目的是发展一个可以对地理现象时空分布、地理规律进行集成表达的载体，发展一个对现实世界可视化表达的平台，满足“制图者”、“读图者”、“讲图者”和“用图者”等不同角色需求，实现多视角、多模式、“地图”内外的可视化表达，支撑“地图”的社会化应用与服务（图 3.20）。

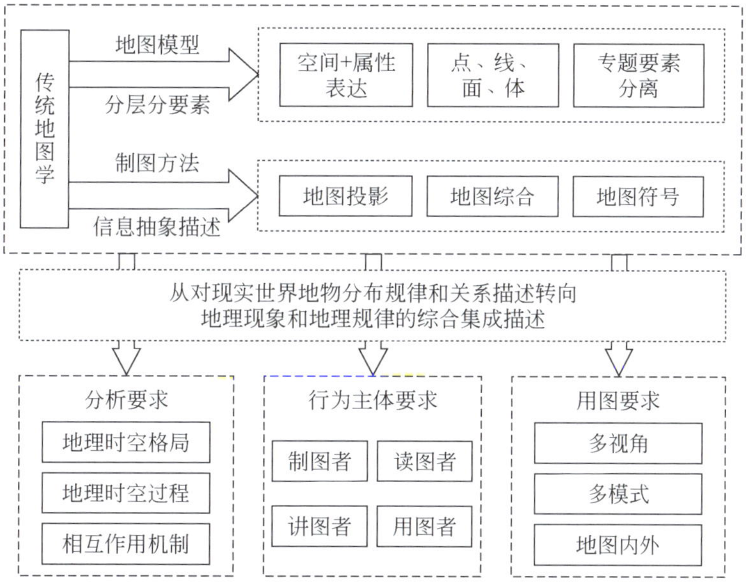

图 3.20　地图学发展新要求

随着大数据时代的到来，地理信息统一表达的需求日渐强烈，地理信息的内涵从以空间位置、几何形态、空间关系等为基础，转变为综合人类社会世界、多媒体信息世界和现实地理世界的人、机、物三元世界。这就要求以地理信息的语义描述、空间位置、几何形态、演化过程、要素关系和属性特征 6 要素为基础，建立统一的场景数据模型，为现实世界的时间、地点、人物、事物、事件、现象、场景 7 要素的描述和分析提供基础，实现从地图到地理场景的变革。

2. 地理场景概念

地理场景是一定地域、不同时空范围内各种自然要素、人文要素相互联系、相互作用所构成的具有特定结构和功能的地域综合体。人类对现实世界的抽象认识和理解，或者不同学科，如文学、新闻、历史、经济等对其内容的概括，几乎都可以用时间、地点、人物、事物、事件、现象、场景这现实世界 7 个要素加以表达。在这 7 个要素中，时间、地点（空间）是框架；场景是人类空间认知核心，这是因为所有地理事物和地理现象都是在特定的地理场景中存在和发生的；在场景中描述的重点是人物、事物、事件和现象（图 3.21）。

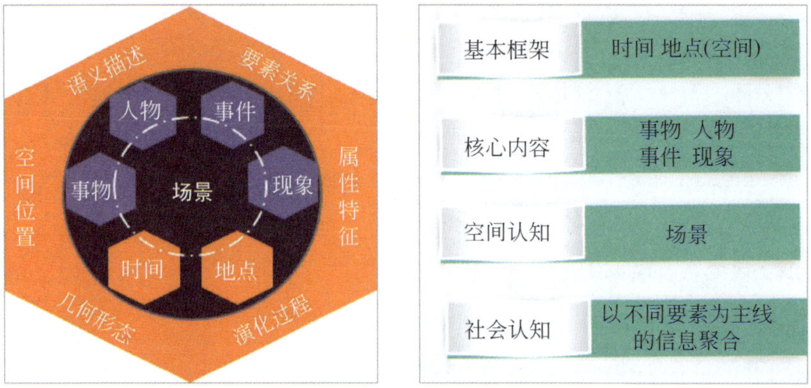

图 3.21 现实世界 7 要素与地理信息 6 要素的关系

地理场景不仅由时间、地点、人物、事物、事件 6 要素组成，而且也是时间、地点、人物、事物、事件、现象、场景要素的承载体。现实世界的 7 要素之间有着极其密切的关系，可以以某个要素为核心进行信息的聚合，形成不同主线的现实世界的描述体系。同时因为现实世界 7 要素又都可以采用地理信息的 6 要素加以表达，所以利用现实世界 7 要素和地理信息 6 要素之间的关系可以综合表达地理事物和地理现象的时空分布、空间分异、演化过程和相互作用关系（图 3.22）。

3. 地理场景学

地理场景学是研究地理场景的理论、构建方法与应用技术的科学，是一门研究以场景来反映与揭示地球空间内的各种自然与人文现象的时空间分布状况、分异格局和演化过程，以及各种要素相互联系、相互作用构成具有特定结构和功能的地域综合体的科学、技术与艺术相结合的学科。

地理场景学将围绕新信息通信技术环境下，物理空间、人文社会空间和信息空间的三元空间地理认知、地理空间信息传输理论、地理场景信息表达等基础理论，重点突破地图符号信息传递、地理场景语义学、三元空间映射与关联和多维度地理场景可视化等技术难题。在信息传递过程中，利用空间量化与可视化、地理场景数据用户化、地理场景制作终端化等方法，将物理世界的地理现象和社会人文世界的特征现象映射到信息世界，解决新时期地理场景在新信息通信技术环境下的信息传递和增强问题，为将地理场景语言发展为人类通用语言提供理论和技术支持。

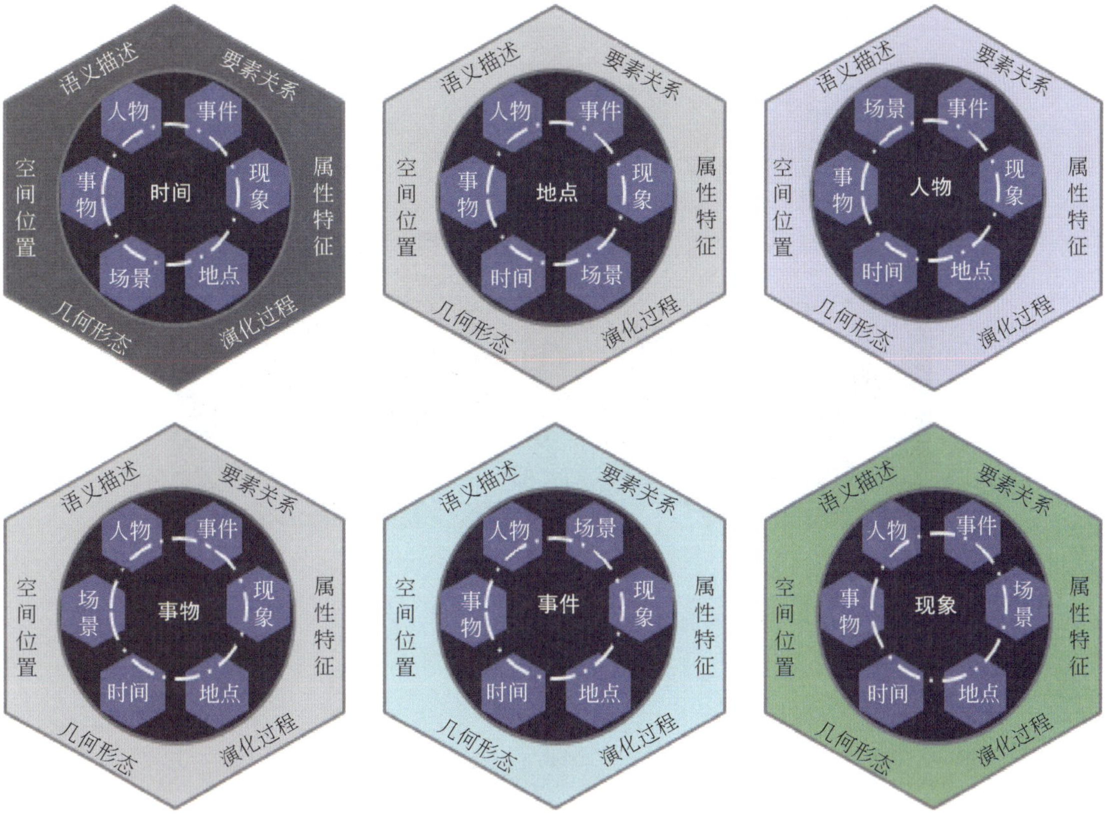

图 3.22　现实世界 7 要素的聚合关系

3.4　地图的应用

3.4.1　科学研究

1. 板块构造与地震分布

1968 年勒皮雄在大量研究的基础上完成了全球地壳板块制图。他将全球地壳划分为六大板块：太平洋板块、亚欧板块、非洲板块、美洲板块、印度洋板块和南极洲板块。其中除太平洋板块几乎全为海洋外，其余五个板块既包括大陆又包括海洋。

从空间上看，地震的分布呈一定的带状，称为地震带，主要集中在环太平洋和地中海－喜马拉雅两大区域，世界上的地震多发生在这两大地震带上。结合全球板块构造图与地震分布图可以发现，板块的划分与全球地震的分布是基本一致的（图 3.23）。

2. 全球气候变化

自 1980 年以来，随着全球气候变暖日益明显，全球变化研究成为地学研究热点。地理学家充分利用各类专题地图分析方法研究各种大气要素在全球的空间分异格局及发展演变态势，成为全球变化研究不可或缺的重要手段（图 3.24）。

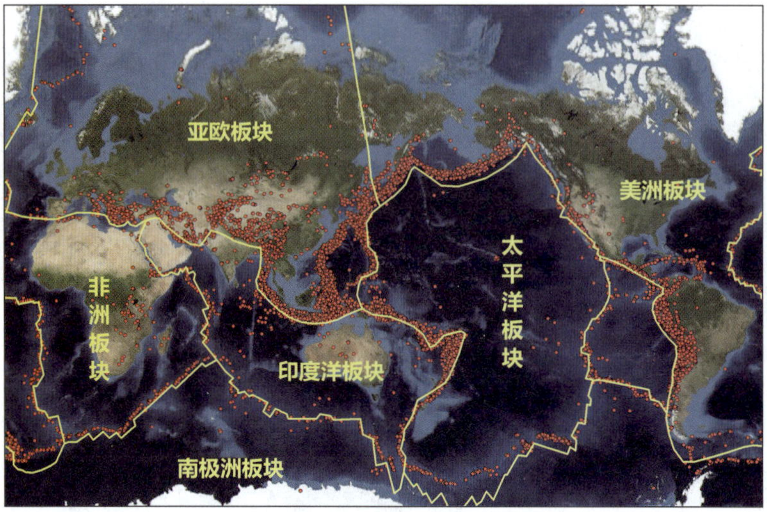

图 3.23　板块构造与地震的分布

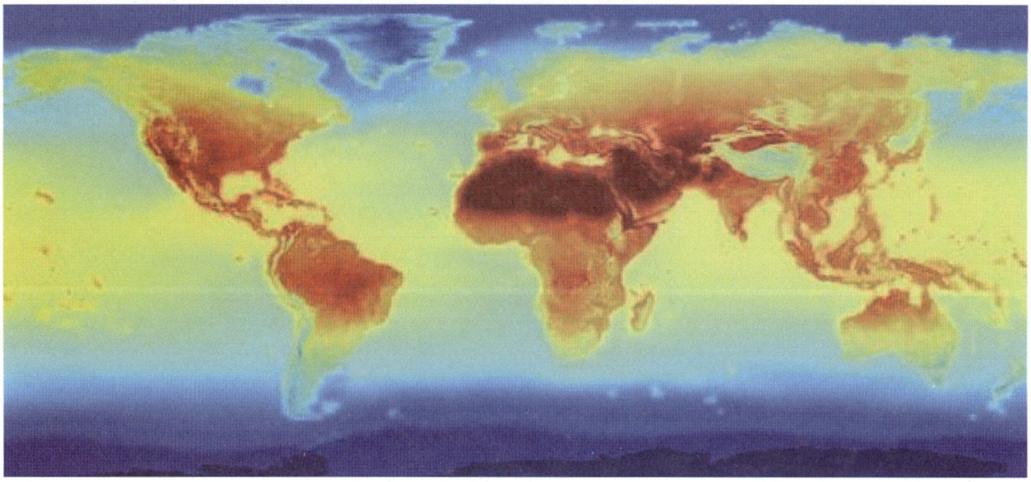

图 3.24　全球气温模拟

3. 区域地理研究

基于地理特征要素的区域地理研究是揭示局部空间格局与动态变化、阐明区域人地关系的重要内容，而地图是区域地理研究的重要工具，它为探索区域空间分异规律提供了有效手段。

“胡焕庸线”是中国地理学家胡焕庸（1901—1998 年）在 1935 年提出的划分我国人口密度的对比线。通过各类专题地图（图 3.25），可以看出“胡焕庸线”不仅是我国人口密度分界线，也是我国经济发展、农业生产、气候分布等的重要分界线，甚至在移动通信大数据分析中也能应用到（图 3.26）。该界线不但揭示了我国社会经济状况的基本空间格局，而且对国家区域规划等战略决策具有指导意义。

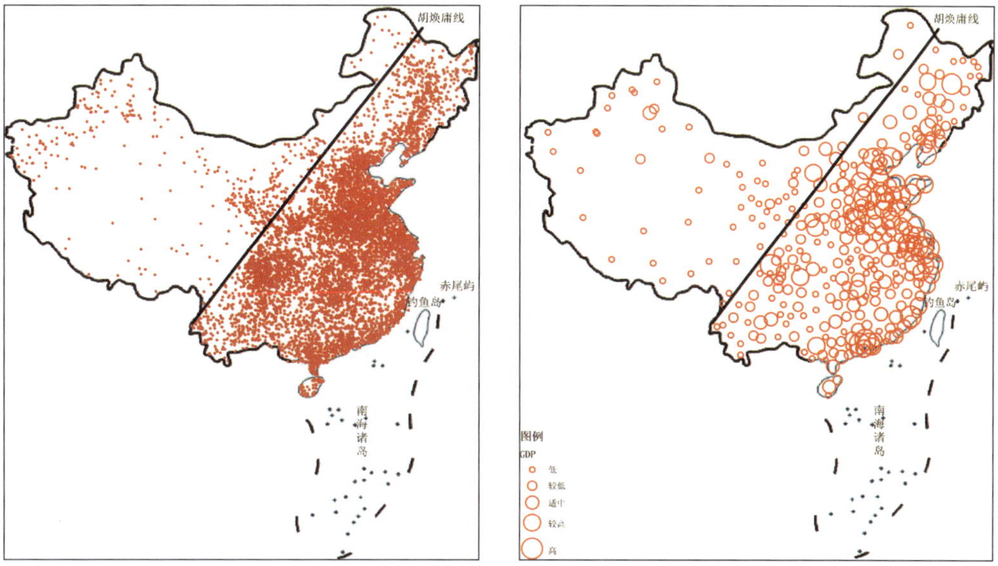

(a) 我国2010年人口密度图(台湾数据暂缺)　　(b) GDP统计图(台湾数据暂缺)

图 3.25　我国人口密度和 GDP 统计中的胡焕庸线

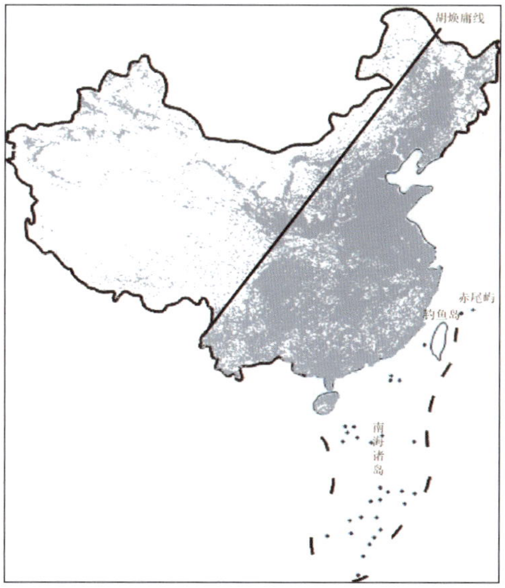

图 3.26　胡焕庸线在移动通信大数据分析中的应用（台湾数据暂缺）

3.4.2 决策支持

雄安新区是实施京津冀协同发展战略的重要中长期重大规划，核心目标是重点打造北京非首都功能疏解集中承载地，在河北适合地段规划建设的一座以新发展理念引领的现代新型城区。图 3.27 所示为 2018—2035 年河北雄安新区的城乡空间布局结构规划示意图，是指导雄安新区规划建设的基本依据。

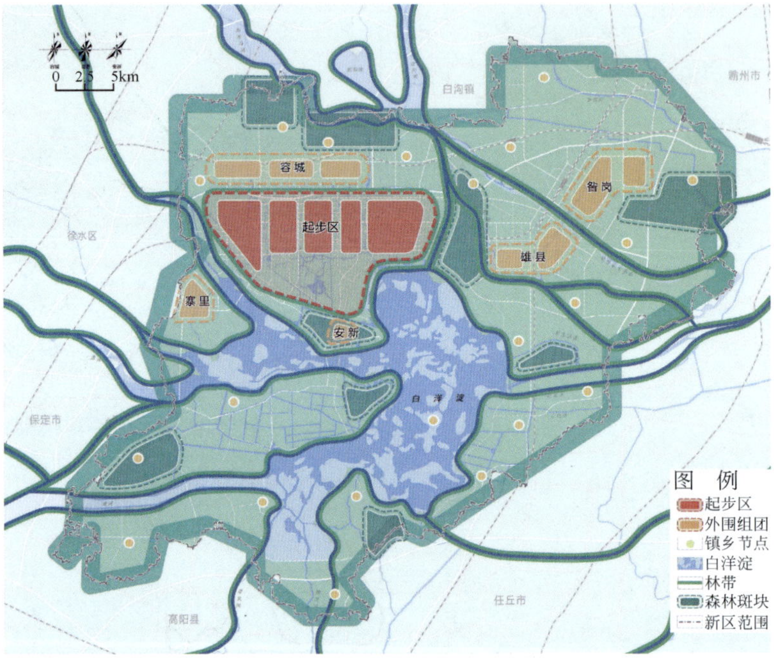

图 3.27 雄安新区城乡空间布局结构规划示意图

3.4.3 人民生活

1. 交通出行图

随着科技的进步，人们的出行越来越方便，出行方式也日趋多样化，出租车、公交、地铁、火车、飞机等交通工具极大地满足了人们的出行需求，各式各样的交通路线图给人们的生活带来了极大的便捷。

地铁线路图（图 3.28）提供了地铁站点信息，为了便于人们理解，往往在位置上有一定偏移，但保持了各个站点之间的拓扑关系，这使得人们对地铁线路有更加直观的感受。

2. 美食地图

地图不但给人们出行提供方便，还为人们的饮食提供更多选择，各城市的美食地图（图 3.29）使旅游者的“美食出行”更加便捷。

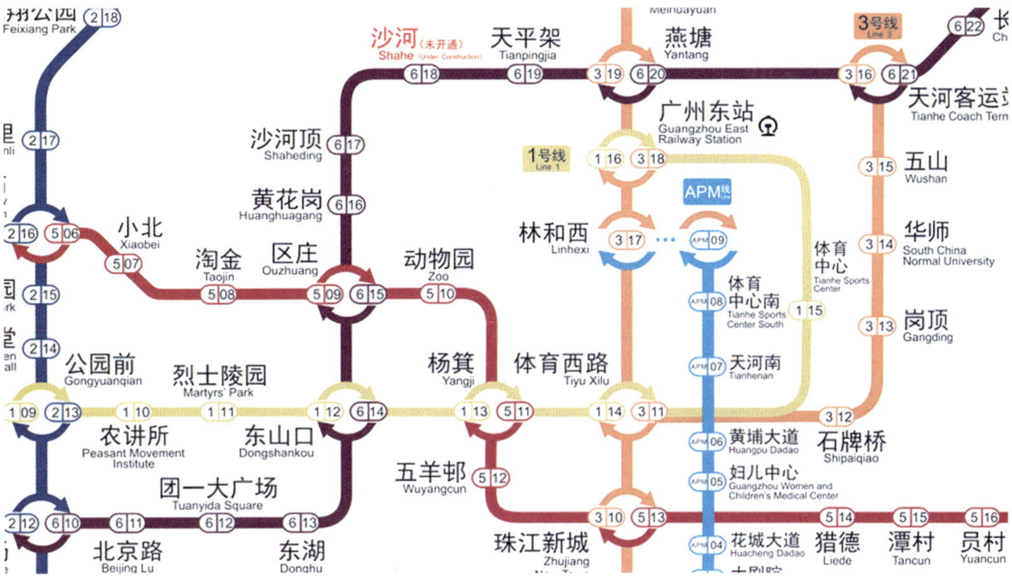

图 3.28 广州地铁交通线路图（局部）

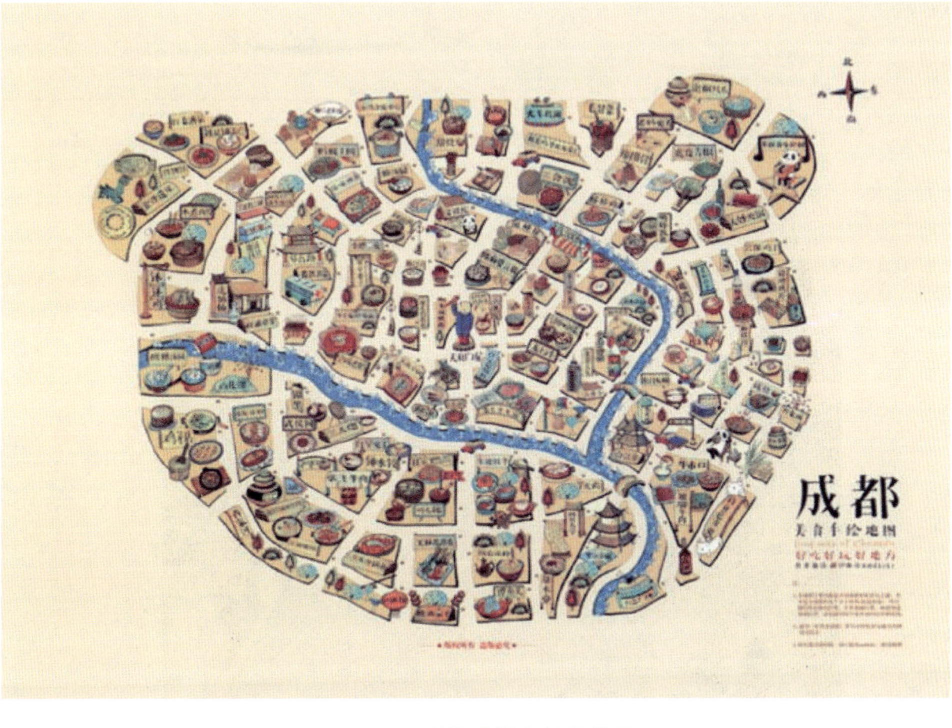

图 3.29 手绘成都市美食地图

3.4.4 军事国防

军队行军、打仗都是在一定时间和一定地区特有的地理环境中进行的。军事地图（图 3.30 和图 3.31）是这种地理环境的抽象概括，是一切战争和军事活动赖以存在的物质基础，也是影响战争胜负和军事活动能否顺利进行的重要条件。在国防中，地形图、规划图等各类地图对军事决策均具有重要的指导作用。

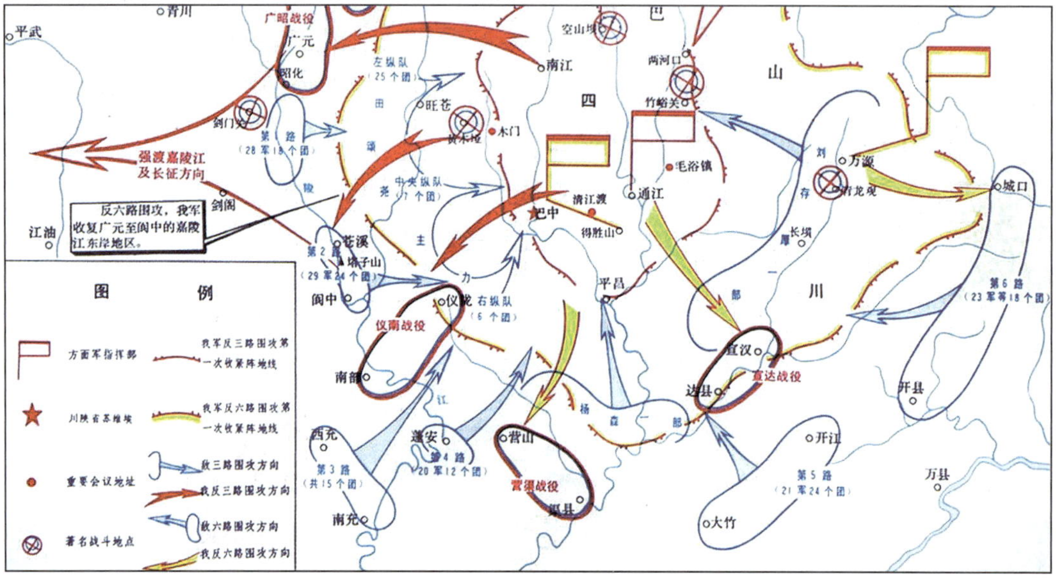

图 3.30 战场态势示意图（局部）

图 3.31 基于沙盘地图的作战指挥

3.5　地图的价值

地图作为现实世界的抽象模型，是国际三个通用语言之一（音乐、绘画、地图）。它本身能够客观反映人们对地理信息的认知程度和水平，可以说，地图是人类世界观的体现，是人类认识世界和改造世界的产物。一方面，人类通过设计地图符号来描绘世界。另一方面，地图符号之间简明扼要的关系又反过来启发人类，使我们能够认识到地理对象之间的空间关系、属性特征等，进而达到地图服务人类的目的。我们可以说，“地图构建世界，而非复制世界”这种“地图表现力”是地图付诸应用的重要目的和实际价值所在。

3.5.1　地图的文化价值

地图与文化是两个不同范畴的概念，但地图是社会文化现象的一部分，是社会文化产品的一种形式，从这个意义上说地图与文化相伴而生也不为过，二者有着密不可分的内在联系。一方面，地图是人类文化发展到一定阶段的产物，它的产生与变动离不开一定的文化背景；另一方面，地图活动又直接影响到整个社会文化的面貌。地图所反映的对象无非是自然环境和社会的政治、经济等，人们可以从地图上了解到政治、历史、人口、气候、植被、降水等社会知识和自然知识，其承载文化知识的能力是极其广阔的。可以说，地图承载着不同时期、不同地域、不同层次的文化，地图活动本身已经形成了特殊的亚文化，我们把它叫做“地图文化”。

3.5.2　地图的艺术价值

任何具有视觉特性的对象不可避免地包含视觉审美因素，地图也不例外。艺术性是地图评价标准之一，一副色彩搭配得当、符号简单形象、布局安排合理的地图可以给使用者以美的享受。艺术性已经成为现代地图产品综合质量要求的一部分。地图如今已成为泛文化产品，和过去相比，受众面已达到最大化。从山水地图到航海地图，从丝帛地图到电子地图，地图的形式、内容一直在变化，但美学价值一直是人们不变的追求（图 3.32）。探

(a) 丝路山水地图

(b) DEM生成水墨山水图

图 3.32　形式多样的地图表达艺术

(c) 彩色晕渲后的地形图

(d) 五彩世界

图 3.32 （续）

索制作具有时代气息的、符合当代人审美情趣的地图产品，是不同时期、不同区域工作者共有的精神追求。

3.5.3 地图的科学价值

地图是地理环境诸要素的缩影，是对整个地理环境抽象的结果。人们利用抽象思维概括地理事物和现象，具有空间关系的地图符号之间又可以启迪人们，使我们能够从现象中寻找规律解决问题，这正是地图的科学价值所在。典型的案例是 1854 年约翰 • 斯诺利用地图和人口统计数据，发现宽街的水井是传染源所在，破解了当时的霍乱肆虐之谜（图 3.33）。

图 3.33 1854 年斯诺在伦敦霍乱爆发时研究个案时使用的地图

地图能够给人直观的空间感，通过恰当的可视化手段，可以表达地理现象的空间分异规律和变化趋势。地球陆地格局的形成一直以来众说纷纭，1912 年魏格纳躺在病床上通过观察世界地图，发现美洲大陆和非洲大陆的轮廓如此契合，从而揭示了大陆运动的秘密。他所提出的大陆漂移假说是 20 世纪最重要的地理学理论之一（图 3.34）。

图 3.34　魏格纳基于地图分析的大陆漂移假说

此外，地图学家发现，任何一张地图只用四种颜色就能使任意具有共同边界的面状要素着上不同的颜色，即地图四色定理。此定理成为世界近代三大数学难题之一。

3.5.4　地图的传输价值

地图经过历次形式与内容上的变革，已具有交互、即时、延展和融合的特征，而信息传输永远是地图的永恒价值。随着地图的发展，其传输形式已与当代新媒体有机融合，从根本上改变了地图的服务模式，提升了地图的信息传输价值。

新媒体地图强化了大众化服务的理念，更关注服务信息与运营模式，强调内容丰富、信息新、发布快、传播广和应用灵活的特点。主要形式包括网络媒体地图、移动媒体地图、社交媒体地图、新闻媒体地图、互动媒体地图和虚拟媒体地图等。一方面，新媒体可以用交互的地图去传播新闻事件，还可以用数字地图丰富的信息，回顾历史，感受现在，同时还可以以新闻地图形式快速响应新闻事件。反过来，数字地图融入新媒体传播方式，并以新媒体形式进行扩展，是地图走向大众化的新契机。可以说，新媒体将地图传输价值挖掘到最大化。

3.6　地图的制作

3.6.1　地图的基本成图过程

传统地图制作主要有实测成图和编绘成图两种基本途径。传统地图制图是利用测量、调查、统计等手段，获得地形、地物等方面的数据，通过手工勾绘、整理数据、设计符号、整饰框图等，编制各种类型的地图，再通过清绘、植字、分色等一系列流程，最终印刷成图。

随着技术手段的革新，特别是电子计算机技术的应用，这种工艺繁琐、周期漫长、难以修改的地图制图逐渐被一种截然不同的新型制图方式替代。从计算机辅助制图到遥感、GPS的出现，新型制图的方法逐渐成熟，其制图方法颠覆了传统的方法，优势异常明显：更高效、动态化、成本低、可共享。

新型地图的制作以计算机及由计算机控制的输入、输出设备为主要工具，通过数据库技术和数字处理方法实现。因为这种成图过程中所有信息均以计算机数字形式传递，所以又称全数字制图（图3.35）。

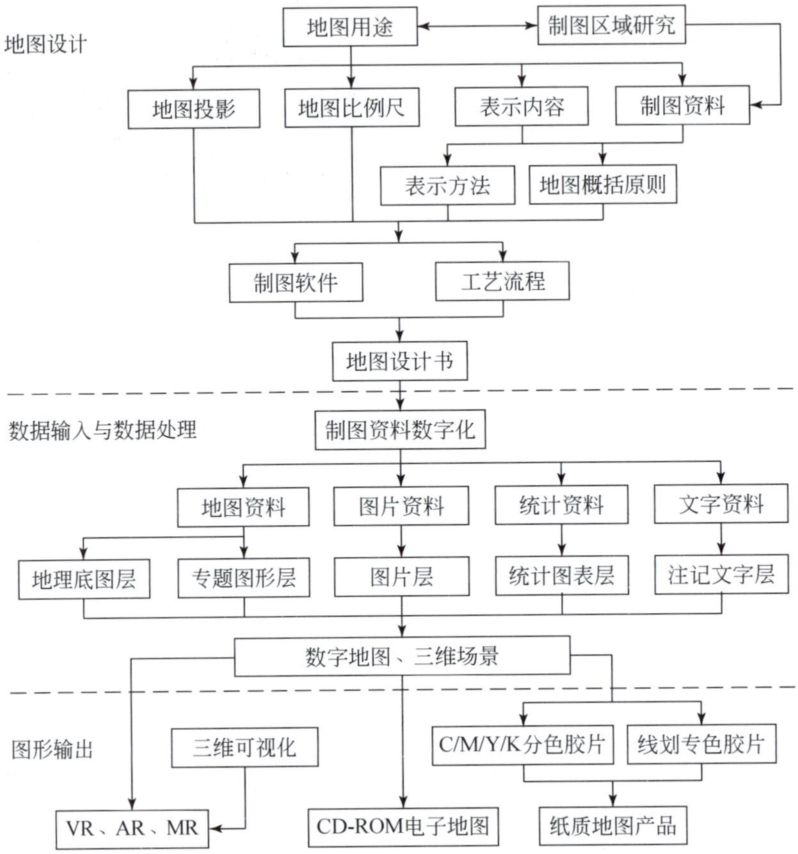

图3.35 现代地图编绘过程示意图

3.6.2 制作地图的主要工具

由于制图方法的不同，制作工艺所需的工具也完全不一样。对于实测成图，主要使用的工具是经纬仪、全站仪、平板仪等测角测高仪器或航空摄影测量技术。对于全数字成图，不但数据采集方法灵活多样，而且制图手段更加自动化、智能化。目前常用主流制图软件如表3.1所示。

表 3.1　目前主要地图制图软件及制图特点一览表

LOGO	地图制图特点
ArcGIS ESRI	具备强大的 GIS 制图功能，能够进行二维和三维制图。其主要特点是数据驱动型制图软件，并且具有强大的制图表达功能，智能化程度高。但对使用者的制图操作水平要求较高
SuperMap	属于数据驱动型制图软件，其主要特点是操作简单，在三维可视化方面优于大多数 GIS 制图软件，智能化程度较高。提供各类专题地图制图方法，支持热力图、网格图等新型地图表达类型
MapGIS	地图制图快速高效，实现了地理数据和制图数据一体化管理。其主要特点是其显示效果和出图效果优于多数 GIS 制图软件。适合行业地图制图，如地质图制作
AUTOCAD	属于典型的、最具影响的工程制图软件，以二维制图为主。在建筑设计、土木施工、机械设计、城市规划等方面具有广泛应用
AUTODESK® 3DS MAX®	属于典型的三维制图软件，主要用于三维模型的设计与渲染、三维动画的构建。可堆叠的建模步骤使模型制作具有非常大的灵活性，能够方便建立各类地图场景
MapInfo	传统的 GIS 制图软件，地图制图功能简捷，主要用于二维地图的制作。主要特点是操作简单，空间数据采集与编辑方便
QGIS ® Trademark	开源 GIS 软件中制图能力较强的软件，用户界面友好，制图平台轻便，可扩展性强，支持常见的数据格式与专题地图类型。主要特点是：操作简单、可视化效果较好
Ai Adobe Illustrator	具有强大的矢量绘图功能，但对地理数据，尤其是较大量数据的空间数据支持较弱，目前有一个用于处理空间数据的 map publisher 插件
CorelDRAW 12	能够非常灵活地设计各种矢量地图，但不作为主要的地图设计应用，主要用于艺术图形的设计与绘制。无地理坐标功能的支持

思　考　题

1. 试找出几张你认为在表达上很有特色的地图，分析其特点。
2. 如何理解地图是地理学第二代语言？
3. 你是如何看待地图比例尺的科学内涵的？

4. 试分析地图学理论与技术发展的基本态势。

5. 试制作一张有特色的校园手绘地图。

延伸阅读

陈述彭 . 1963. 地图学的若干现代特征 . 地理学报，（1）：38-53

陈述彭，严华 . 2001. 中国古地图的辉煌 . 中国国家地理，（8）：58-58

高俊 . 2004. 地图学四面体——数字化时代地图学的诠释 . 测绘学报，33（1）：6-11

葛剑雄 . 中国古代的地图测绘（第二节 马王堆汉墓地图）. http://www. readers365. com/wenhua/wh073/12. html

郭仁忠，应申 . 2017. 论 ICT 时代的地图学复兴 . 测绘学报，46（10）：1274-1283

闾国年，俞肇元，袁林旺，等 . 2018. 地图学的未来是场景学吗？地球信息科学学报，20（1）：1-6

孟立秋 . 2017. 地图学的恒常性和易变性 . 测绘学报，46（10）：1637-1644

王家耀，成毅 . 2015. 论地图学的属性和地图的价值 . 测绘学报，44（3）：237-241

周成虎，朱欣焰，王蒙，等 . 2011. 全息位置地图研究 . 地理科学进展，30（11）：1331-1335

Dykes J A. 1997. Exploring Spatial Data Representation with Dynamic Graphics. Oxford：Pergamon Press

Goodchild M F，Yuan M，Cova T J. 2007. Towards a general theory of geographic representation in GIS. International Journal of Geographical Information Science，21（3）：239-260

Kraak M J，Vlag D E V D. 2007. Understanding spatio-temporal patterns：visual ordering of space and time. Cartographica：The International Journal for Geographic Information & Geovisualization，42：153-161

Maceachren A M. 2017. Leveraging Big（Geo）Data with（Geo）Visual Analytics：Place as the Next Frontier. Singapore：Springer

Maceachren A M，Ganter J H. 1990. A pattern identification approach to cartographic visualization. Cartographica：The International Journal for Geographic Information & Geovisualization，27：64-81

Robinson A C，Demšar U，Moore A B，et al. 2017. Geospatial big data and cartography：research challenges and opportunities for making maps that matter. International Journal of Cartography，（5）：1-29

Yuan M. 2001. Representing complex geographic phenomena in GIS. American Cartographer，28（2）：83-96

第四章　空间位置与定位导航

地理位置对所有生活在地球上的生命而言意义重大。地球上的许多动物具有空间定位与导航的本能，既有利用自身器官功能对距离和方位进行感知，也有利用自然信号对距离和方位进行感知，对目的地或目标进行判断的。在人类的生产、生活和军事领域，越来越多的应用依赖于高精度的定位导航技术，采用的方法有：天文定位导航、传感器导航、无线电导航、惯性导航、室内定位导航、太空定位导航、光纤光栅传感器定位导航、量子定位导航等，而无线电导航又分为：无线电信标、无线电测向运动、双曲线导航、卫星定位导航。当今，空间定位与导航技术应用的普遍性和重要性前所未有。本章在介绍有关地理位置定位与表达基本知识的基础上，从卫星定位导航、室内定位导航、混合定位导航三个方面重点讲授现代定位导航技术发展，最后结合基于位置的地理信息服务案例，展现定位导航技术的实际应用。

4.1　地理位置及其定位与表达

4.1.1　地理位置

位置是指所在或所占的地方，所处的方位。而地理位置就是在地理空间（geographical space）所在或所占的地方，以及所处的方位。

地理位置是相对于地理空间而言的。地理空间是指地球表层和表层附近的空间，是物质、能量、信息的数量及行为在地理范畴中的广延性存在形式，几乎所有的人类活动都发生在该空间范围内。

由于使用者的需求不同，对地理空间上同一位置可以从不同的角度进行描述，例如，反映其自然地理区位和特征的自然地理位置，表达其区域经济职能和地位的经济地理位置，描述其地缘政治意义的政治地理位置，表达其在地球空间几何意义的地理坐标（经度、纬度和海拔高度）位置等。

4.1.2　定位与导航

1. 定位

定位是指测量和表达地理对象、现象、事件发生在什么时间、什么空间位置的理论方法与技术，即解决什么时间（when）在什么地点（where）有什么地理对象、地理现象或发生什么事件（what）的问题。

如图 4.1 所示，左图是一张电影票，时间是“2012 年 3 月 29 日”，地点是“某影城 3 号影厅 5 排 6 号”，事件是“放映电影《变形金刚》”；右图是 3 号影厅的座位分布图，从前往后顺序为第 1 排、第 2 排、…，前 6 排，每排有 8 个座位，座位顺序号从右往左依次是 1～8。确定自己看电影的位置，就是确定影城、影厅，然后根据排号(行)和座位号(列)找到自己的位置，实际上是构成了一个定位的“坐标系”。

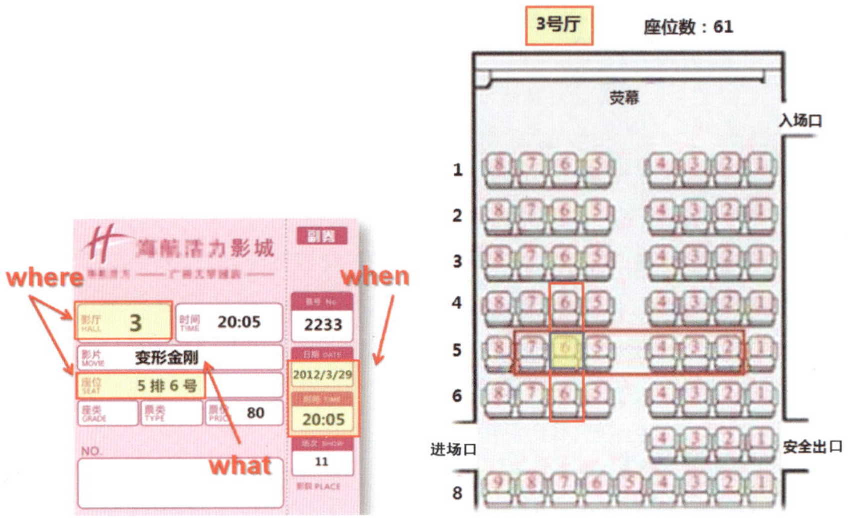

图 4.1　电影票上的定位信息

一般来说，不同应用背景，所采用的“坐标系”也有所不同，因而用来描述这个位置的参数也不同。

2. 导航

导航是指按照预定路线从起点出发，安全、准确、经济地引导到目的地的方法和技术，基于我在哪（where am I），进而解决如何（how）、何时（when）到达目的地的问题（图 4.2）。

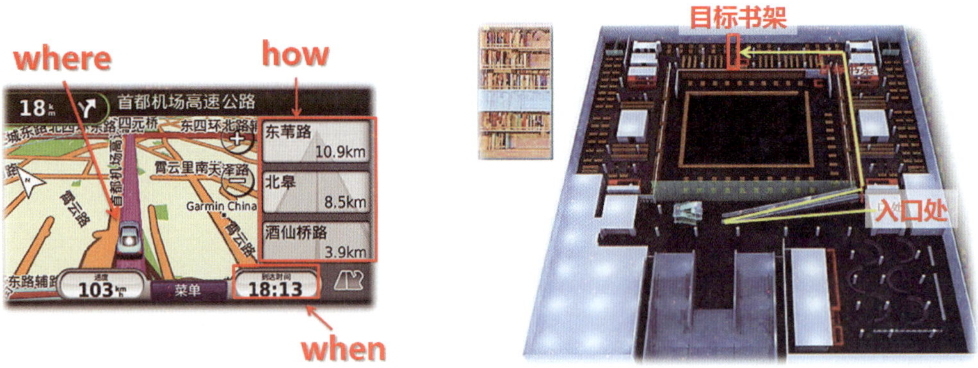

图 4.2　室外导航（左）和室内导航（右）

定位是导航的基础，导航是定位的主要应用之一。导航技术就是实现对运动目标进行实时、动态定位，定位技术基本上都是为导航服务而开发的。定位和导航两者关系密切，有时甚至不加区分，称为“定位导航”或“导航定位”。

4.1.3　地球生物的空间定位导航

各种生物都生存在地球上具有特定生态位的地理位置上。为了尽可能地获取生长和繁衍所需要的资源，它们都拥有一定的定向、定位能力。

20 世纪 80 年代，科学家在沼泽沉积物和海洋淤泥中就分别观测到了能够感应磁场的细菌；类似向日葵的正向光性植物，生长素在其茎中不断地背着阳光移动，通过刺激背光面细胞的迅速繁殖，使整个花盘总是向着太阳方向；在广阔的海域上空，在阴天或漆黑的夜晚，动物都可以寻找到自己的方向，发现并确定猎物的位置。

定位和导航是许多动物生存的本能。动物定位导航的方式形形色色，其中一些导航机理人类至今尚未完全研究清楚。

1. 主动式定位导航

主动式定位导航是指动物利用自身器官功能对距离和方位进行感知，对目的地或目标进行判断。

例如，大蝙蝠的视觉和嗅觉都很灵敏，其取食对象是目标较大的水果或花朵中的花粉与花蜜，因此它们通过视觉和嗅觉实现准确的定位与导航；小蝙蝠的视觉退化，且主要以体型微小并处于运动状态的小昆虫为食，所以它们通过喉部发出短促且高达 2 万～ 10 万赫兹的超声波，利用被附近物体反射回来形成的回声，确定前方物体的位置、大小、形状、结构以及运动速度与方向，好似一座活动的“雷达站”（图 4.3）。小蝙蝠就是利用超声波进行精确定位导航，追捕食物或避开障碍物。

图 4.3　小蝙蝠（超声波导航）

海豚也是通过发出超声波，利用水波回声获知目标的体貌、尺寸及距离，完成定位和导航的（图 4.4）。

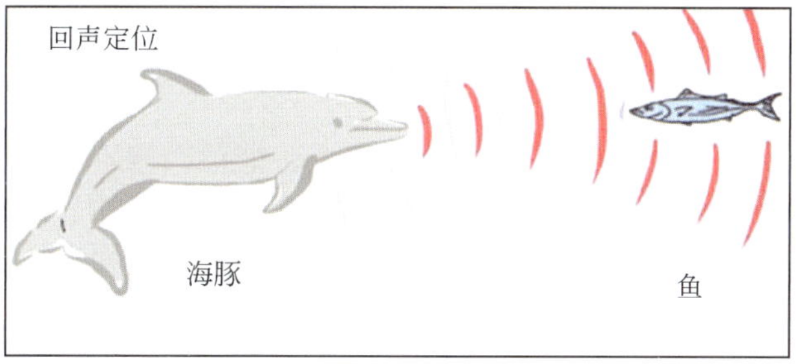

图 4.4　海豚利用超声波导航定位

2. 被动式定位导航

被动式定位导航是指动物利用自然信号对距离和方位进行感知，对目的地进行判断。夜间迁徙的鸟类，会利用落日的余晖在起飞时定向西的方向，在夜晚则通过辨别夜空中的星星导航；蜜蜂和信鸽利用太阳作为罗盘确定自己将飞往何处，依靠太阳每日的运行规律，利用体内的生物钟，计算出飞行距离。

栖息于刚果丛林的巨型食果蝠每年 10 月下旬从刚果丛林启程，飞越中非到达南部的赞比亚，在那里停留约 6 周后再重新飞回刚果丛林。这些蝙蝠迁徙时飞行高度可达数千米，飞行距离长达数千千米，它们就是利用地球磁场来进行远距离定位与导航的。地球磁场具有磁场极性、磁场强度、磁偏角和磁倾角，其中磁场极性和磁偏角可提供方向信息，磁场强度和磁倾角随纬度变化形成梯度，可提供纬度信息，两方面信息结合起来就构成了可以定位的地球球面坐标信息。

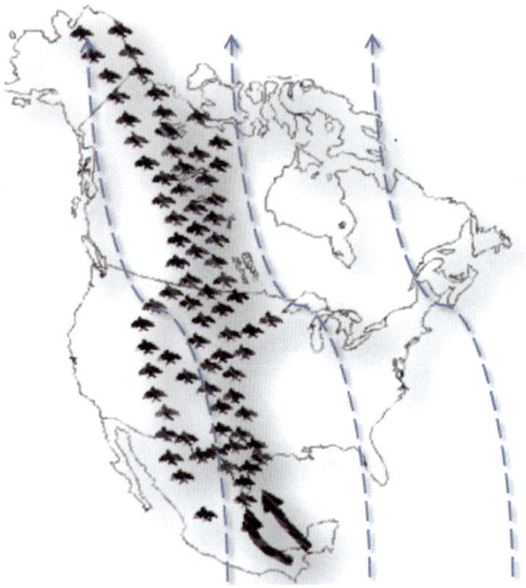

图 4.5 信鸽的地磁导航

1978 年和 2015 年，美国和中国科学家先后发现了生物体内的光受体 Cry 蛋白质和磁感应受体 MagR 蛋白质，随后的动物免疫组织化学实验也证明，磁感应受体蛋白质和光受体蛋白质在鸽子视网膜存在共定位，这意味着鸽子可能可以“看”到地球磁场的存在，从而轻松完成远距离的定位导航（图 4.5）。

2003 年，瑞典科学家发现，以粪便为食的非洲蜣螂可以利用月光的偏振来进行导航定位。非洲蜣螂利用月光，采用直线路径回家能减少被其他捕食者抢夺或捕杀的机会，是一种安全、高效的生存方式。沙蚁也具有利用偏振光导航的本领。

4.1.4 人脑的位置认知功能

人脑是如何在复杂的环境中确定自己的方位，又是如何确定从一个地方到另一个地方的路线？这些位置信息是如何存储在大脑中，以便我们在下次重复同样的路线时能够迅速查找到这些信息？这些都是现代科学所关注的重大科学问题。

1971 年，美国认知神经生物学家约翰·奥基夫发现在大鼠的大脑海马 CA1 区存在被称为位置细胞的神经元，不同的位置细胞共同作用，能使大鼠在大脑中形成所在活动区域的认知地图，并指导其运动。位置细胞同样存在于人类的大脑中，指导人类认知环境并形成认知地图。

2002 年，挪威神经生物学家梅·布里特·莫泽和爱德华·莫泽夫妇发现在大鼠的内嗅皮质中存在“网格细胞”，当大鼠处于某一特定位置时，一组特定的网格细胞就被激活，当它活动到另一个位置时，另一组网格细胞被激活，该特性与海马 CA1 区的位置细胞极为相似。当大鼠进入到一个全新的环境时，网格细胞放电以帮助大鼠重新建立对新环境的认知地图。莫泽夫妇认为，位于内嗅皮质中的网格细胞对大脑中建立认知地图发挥着重要作用，是大脑定位系统的又一个重要组成部分。同位置细胞一样，功能性核磁共振的结果也证实了网格细胞同样存在于人类大脑中。

奥基夫和莫泽夫妇（图 4.6）因在大脑中构成定位系统的神经细胞研究的突出贡献，获得了 2014 年诺贝尔生理学或医学奖。

图 4.6　神经生物学家奥基夫（右）和莫泽夫妇

4.1.5　人类的定位导航技术

为满足生产生活的需要，人类很早就开始探索定位导航的方法和技术，掌握并应用于实践。

1. 天文定位导航

天文定位导航是一种通过观测天体来测量车、船等航行体位置，以引导航行体到达预定目的地的方法和技术。

早在石器时代，为了狩猎方便，人类祖先学会了利用简单的恒星导航方法。在古代远洋航行出现后，天文定位导航就一直是船舶航行重要的导航手段。

天文定位的基本思路是建立与地球相对应的天球，根据观测者与星体的天顶距交会出观测者的位置。其基础工作是编制天文年历，观测者根据观测日期和时间，在天文年历中查找到可见星体在空中的位置，进而获得星体在地球上投影点的地理位置（图 4.7）。北极星是最为人们所熟悉的导航星。在晴朗的夜晚，明亮的北极星不仅能指明方向，而且利用其天顶距还能确定观测者所在的纬度。

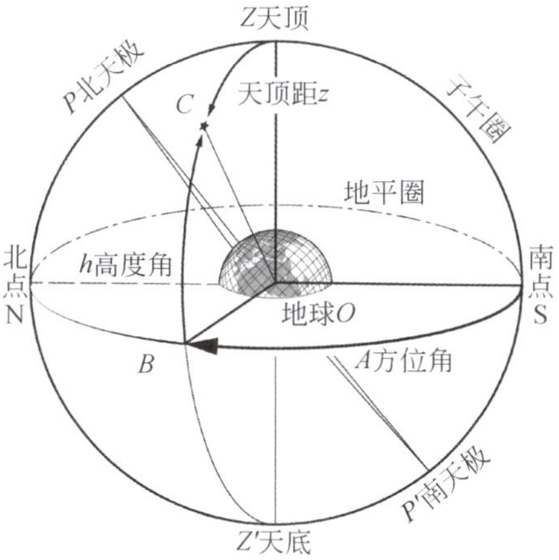

图 4.7　天文定位原理示意图

图 4.8 司南

2. 传感器导航

借助仪器能够快速、准确地定位和导航。各种可用于定位导航的仪器统称为导航传感器。

导航传感器种类较多，有六分仪、磁罗盘、无线电罗盘、空速表、气压高度表、惯性传感器、雷达、星体跟踪器、信号接收机等。

最早得到广泛应用的导航传感器是指南针，古称司南（图 4.8）。在《鬼谷子 · 谋篇第十》中曾记载："故郑人之取玉也，载司南之车，为其不惑也。"

20 世纪 20 年代，仪表导航系统开始在飞机上使用；30 年代无线电导航系统诞生，飞机通过信标接收机和无线电罗盘获得地面导航台信息进行导航，随后甚高频导航系统出现。1954 年，安装在飞机上的惯性导航系统试验成功，开创了惯性导航时代。1957 年，世界上第一颗人造卫星发射成功后，即开始研制利用卫星进行定位、导航的导航系统。

20 世纪 60 年代后，无线电导航得到进一步发展，并与人造卫星导航相结合。80 年代以来，导航系统主要朝着以惯性导航系统为基础的组合导航系统方向发展，可组合的导航传感器除了卫星定位系统外，还有星光、地形和各种无线电导航设备。

3. 无线电导航

无线电导航是所有传感器导航手段中最重要的一种。

电磁波在均匀理想介质中沿直线传播，传播速度恒定，当遇到障碍物或在不连续介质界面上会发生反射。利用电磁波的这些传播特性，发展了无线电导航技术。迄今约有 100 个无线电导航系统投入使用，平台从陆基发展到星基，功能由单一发展到多功能，作用距离从近到远发展到全球、定位精度由低到高，应用领域从军事步入国民经济和日常生活。

（1）无线电信标（radio beacon）。无线电信标诞生于 1929 年，精度 3° ～ 10°，全球约有 10000 余个无线电信标台。虽然该系统技术陈旧，精度又低，但价格低廉，使用简单，工作可靠，大量用于民用飞机及小型船舶导航。无线电信标作为一种低成本与备份导航系统一直保留到 21 世纪。图 4.9 是澳大利亚南部 Vincent 码头的无线电航海信标。

图 4.9 澳大利亚南部 Vincent 码头的无线电航海信标

（2）无线电测向运动（radio orienteering）。无线电测向运动是一种类似于捉迷藏的游戏，利用手中的测向机，通过测量无线电信号的来向或强弱确定方位，寻找自动发射电台（图 4.10）。

（3）双曲线导航（hyperbolic navigation）。双曲线导航是利用双曲线位置线实现定位导航的一种陆基无线电导航系统。

如图 4.11 所示，距两个固定点 V 和 M 的距离差为常数的动点轨迹，是以该两点为焦点的一条双曲线。舰船作为动点，在航行中利用无线电接收装置，接收陆地导航台（固定点）发射的无线电波，测定距两个固定点的距离差并画出双曲线，交会求得船舰位置。

图 4.10　无线电测向运动

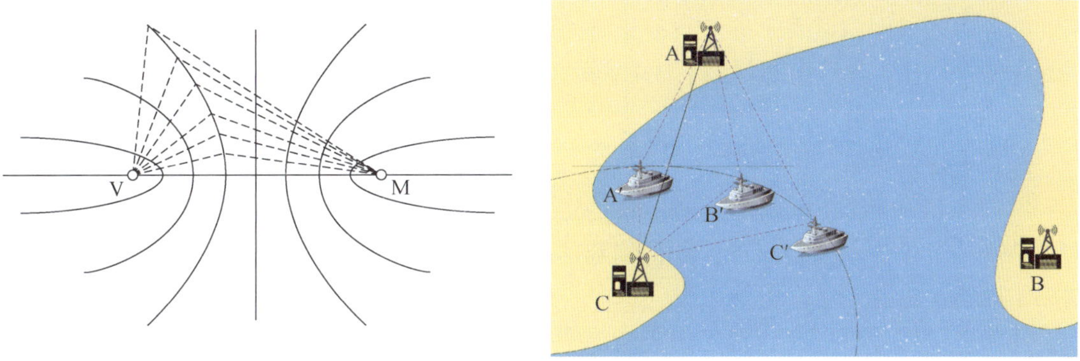

图 4.11　双曲线导航原理

双曲线导航不受气候影响，能在短时间内测定舰船位置，具有较高的精度，但夜间受天波干扰，精度降低。此系统必须有地理位置精确的陆地导航台，其工作范围受发射台功率的限制。

（4）卫星定位导航。陆基无线电导航普遍存在定位精度低、信号覆盖范围有限等问题，难以满足现代航空、航海、军事和陆地车辆的高准确度导航定位需要。因此，星基无线电导航系统应运而生。

卫星导航系统利用飞行的卫星不断向地面广播发送某种频率，并加载某些特殊定位信息的无线电信号，实现定位、导航和测时。目前在轨服务的卫星导航系统有中国的 BDS、美国的 GPS、俄罗斯的 GLONASS 和欧盟的 Galileo。

4. 惯性导航

惯性导航（inertial navigation）是一种不依赖外部信息，也不向外部辐射能量的自主式导航定位技术。惯性导航的核心设备是加速计和陀螺仪，加速计测量位移加速度，陀螺仪测量不同方向的旋转角速度，通过对时间的积分得到位移和瞬时三维姿态，从而进行导航。图 4.12 是有三个自由度装备的惯性测量装置中的陀螺仪示意图；图 4.13 是法国中程弹道导弹 S3（IRBM S3）上装备的惯性测量装置。

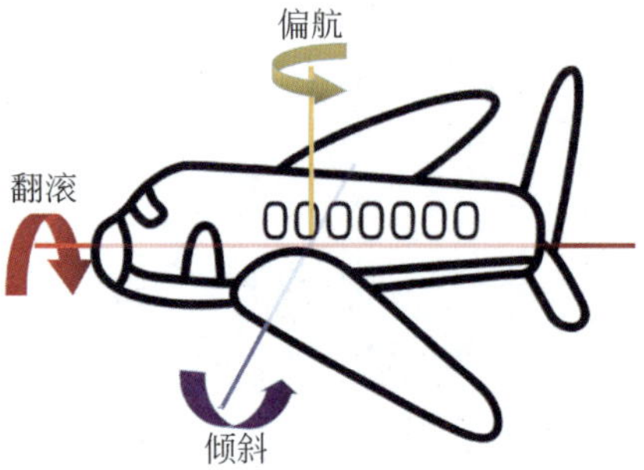

图 4.12 惯性测量装置中的陀螺仪示意图

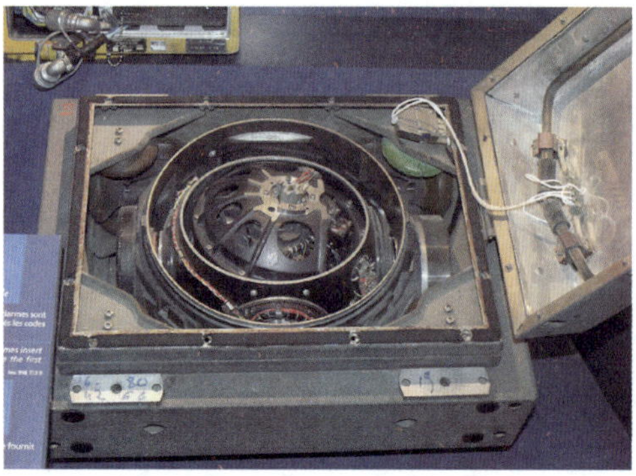

图 4.13 法国 IRBM S3 上装备的惯性测量装置

惯性导航目前已经发展出挠性惯导、光纤惯导、激光惯导、微固态惯性仪表等多种方式，陀螺仪也由传统的绕线陀螺发展到静电陀螺、激光陀螺、光纤陀螺、微机械陀螺等。激光陀螺测量动态范围宽，线性度好，性能稳定，具有良好的温度稳定性和重复性，在高精度的应用领域中占据着主导位置。光纤陀螺仪是以光导纤维线圈为基础的敏感元件，与激光陀螺仪相比，光纤陀螺仪没有闭锁问题，且成本相对较低，在现代航空、航海、航天、高铁和国防工业中有广泛使用。

5. 室内定位导航

室内定位和导航（indoor positioning and indoor navigation，IPIN）是指在建筑物内，利用精确的定位技术确定位置，并得到到达指定位置的最佳路线。室内定位导航可以广泛运用于商场、机场、体育馆等大型建筑中，方便人们找人、找地点、找出口。

因为卫星信号难以穿透建筑物，所以室内定位无法直接利用卫星定位导航技术。可用于室内定位的技术较多，如 WiFi、蓝牙、红外线等技术。随着 WiFi 在公共场所覆盖度的迅速提升，这项原本被用于无线上网的技术成为了室内定位领域应用最广泛的技术。

室内定位导航技术越来越广泛地应用于我们的生活、工作中，在带来很多方便的同时也提升了工作效率，降低了人力资源成本。这是一项很有潜力和前景的技术，会给人们的生活带来意想不到的变化！

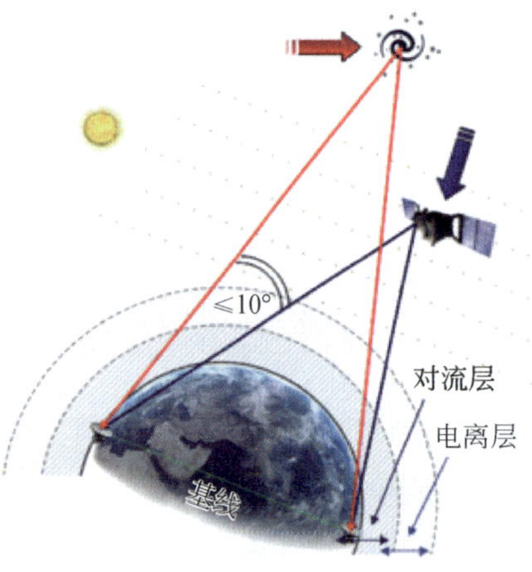

图 4.14 利用 Delta-DOR 精确定位太空航天器

6. 太空定位导航

进入太空，当航天器轨道高度超过定位卫星轨道高度时，卫星定位系统的导航信号就无法使用了。目前，太空航天器采用基于甚长基线干涉测量的深空导航定位技术 Delta-DOR（delta differential one-way ranging）导航定位，其原理是通过两个相距甚远的天线同时跟踪一个发射探头，测量信号到达两站的延迟时间（图 4.14）。从理论上讲，延迟时间仅取决于天线和航天器的位置。

若 Delta-DOR 系统的观测天线不在可见范围，或通信出现故障，太空航天器还可采用 X 射线脉冲星自主导航。脉冲星是太阳系以外的遥远天体，它们的位置坐标可构成一种高精度惯性参考系。脉冲星按一定频率发射稳定的脉冲信号，其长期稳定度好于地球上最稳定的铯原子钟。因此，脉冲星可以提供绝好的空间参考基准和时间基准。利用脉冲星发出的 X 射线，计算脉冲到达太空航天器的时间，并与一个参考位置的到达时间相比较，就可以用三角测量方法确定目标航天器的位置。

7. 光纤光栅传感器定位导航

光纤光栅传感器可以实现对温度、应变等物理量的直接测量。其基本原理是利用具有不同温度和应变响应灵敏度的光纤光栅构成温度与应变传感器，通过确定光纤光栅的温度与应变响应灵敏度系数，求解出温度与应变。

光纤光栅传感器定位技术已在高速铁路列车定位和追踪领域应用。在高速铁路全程紧贴铁轨内侧，按一定间隔安置光纤光栅组，光纤的一端通过环行器连接到行车指挥中心的多波长激光发射器，另一端通过环形器连接到光纤放大器和分波器。当机车行驶到某个光纤光栅组敏感区时，就会产生相应波长的振幅振荡，经由分波器分出波长、光电转换成电信号和数字信号处理终端处理后，可准确计算出列车所在的位置、速度和加速度。

光纤光栅传感器列车定位和实时追踪技术经历了从单个光纤或光纤光栅到相干性光纤光栅的发展。光纤光栅传感器具有抗干扰能力强、重复性好、便于组建大规模传感器阵列进行大范围监控等优点，非常适合对运行环境复杂、各种干扰强烈以及需要对大量关键部位振动、应变等参数进行检测的高速列车的定位和追踪。

8. 量子定位导航

量子定位系统（quantum positioning system，QPS）是基于量子力学基本原理，利用量子纠缠、量子压缩等特性，通过量子信号的形式，来实现高精度定位的一种新型技术系统。量子定位系统具有高精度和高安全性，但目前还处于理论研究和试验阶段。

量子定位系统可分为有源和无源两类。有源量子定位系统采用收发量子信号的方式进行导航定位，无源量子定位系统采用量子传感器装置进行导航定位。

2001 年，美国麻省理工学院（MIT）V. Giovannetti 博士在 *Nature* 发表论文，首次提出量子定位系统概念，根据脉冲测距原理，通过向目标发送量子信号，计算量子信号达到的时间延迟确定需要定位目标的位置。

2004 年，美国陆军研究实验室（ARL）提出基于量子干涉原理的量子定位系统。该系统由 6 颗卫星两两构成 3 条基线对，3 条基线的空间位置坐标已知，仍然通过测定量子信号到达的时间延迟计算目标位置。

2010 年，美国国防高级研究计划局（DARPA）启动“定位、导航与授时微技术”（Micro-PNT）计划，研发一种采用量子陀螺仪、量子加速度计等量子传感器的小型化高精度时钟与量子惯性导航技术（图 4.15）。这种技术主要应用于 GPS 服务受限条件下或高动态条件下的精确定位和导航服务，如导弹、无人飞行器、无人潜水器等的导航定位。

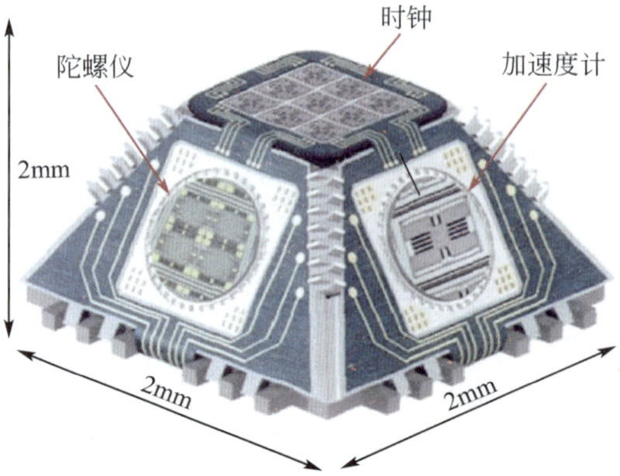

图 4.15　Micro-PNT 装置概念图

2014 年，英国报道了一种超冷原子（离子）量子定位系统，其原理是激光能捕获真空容器中的原子（离子）云，并使其冷却到绝对零度和 1K 温度之间，超低温下原子（离子）会变成一种量子态，这种量子态很容易受外力干扰而被破坏，利用另一束激光跟踪检测干扰造成的变化，测定外力大小，进而计算目标位置。这种定位技术将主要用于潜艇导航。

4.1.6　地理位置表达

表达事物在地理空间的位置是人类活动的基本需求之一。

地名地址是当前最重要的地理空间位置表达形式。地名是人们赋予某一特定空间位置上自然或人文地理实体的专有名称，而地址则是不同地理实体层次等级关系的编码体系，如行政区划、邮政编码等。每当提及一个大家熟知的地名或地名地址时，它所包含的地理位置就会映现在人们的大脑中。

利用地名表达地理位置虽然直观、易记，但是不够精确，而用地名地址来表达地理位置则使位置精度得以保证。

建立具有严密数学基础的坐标系统，可以准确地表达地理事物的地理位置。一是在地球表面模型基础上，建立球面坐标系，用经度、纬度确定目标点在地球椭球面上的位置，同时建立高程系，用绝对高程（海拔）确定目标点距离大地水准面的距离，这样地理空间中任一点的位置就可以被唯一准确表达了。二是将小范围的地球表面视为平面，建立平面坐标系，或利用地图投影将球面坐标系转换成平面坐标系，用平面直角坐标或平面极坐标表达地理位置。

地图是可视化表达地理位置极为重要的方法和手段，被称为地理学的第二语言。虽然用图像、文字、数字等形式都可以表达地理位置，但是由于地图具备其他形式所不可替代的特点，使得地图在人类文明早期就成为地理空间视觉表达的工具，这些地图常常被绘制在岩壁、石板、木片、陶片、桦树皮上。

随着计算机制图技术和地理信息系统的发展，人类对地理空间的表达能力越来越强。通过数字化具有地理定位意义的点，建立其拓扑关系，再匹配以对应的属性数据，如地名、类型、数值等，便可以表达一个比较完整的地理空间了（图 4.16）。

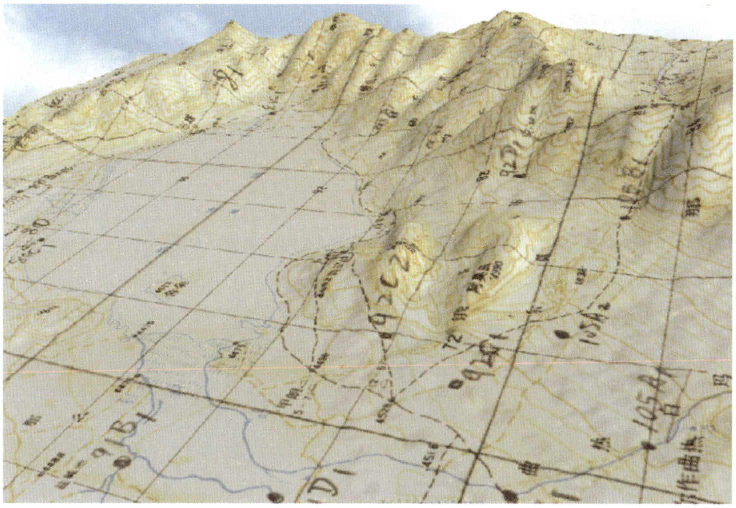

图 4.16　地理信息系统三维可视化产品

4.2　卫星定位导航

纵观定位导航发展史，人类先后应用过多种不同的技术，但就应用的深度与广度而言，卫星定位系统无疑是迄今为止影响最为深远的定位导航技术，而且已经成为一个国家或区域重要的空间信息基础设施。

全球导航卫星系统（global navigation satellite system，GNSS）是指基于卫星，在全球海、陆、空、天范围内，用于定位、导航和授时的技术系统。

全球导航卫星系统具有全天候、全球覆盖、高精度三维定位定速定时、快速省时高效率、应用广泛和多功能的特点，应用遍及国防和社会发展诸多领域，并形成了对全球经济有相当影响的巨大产业。

4.2.1　卫星定位导航原理

1. 基本原理

卫星定位采用距离交会原理（图 4.17）。假设已知用户与某一颗定位卫星 A 的距离为 R_A，则该用户的位置位于以 A 星为球心、用户到 A 星的距离 R_A 为半径的球面 Ω_1 上；若同时已知用户与另一颗定位卫星 B 的距离 R_B，则该用户的位置也在以 B 星为球心、用户到 B 星的距离 R_B 为半径构成的球面 Ω_2 上，显然该用户的位置位于 Ω_1 和 Ω_2 相交构成的平面圆周 L 上；当同时已知用户与第三颗定位卫星 C 的距离 R_C 时，这时以 C 星为球心、用户到 C 星的距离 R_C 为半径构成的球面 Ω_3 就会与圆周 L 相交于两点 G_1 和 G_2，则用户位置必然在其

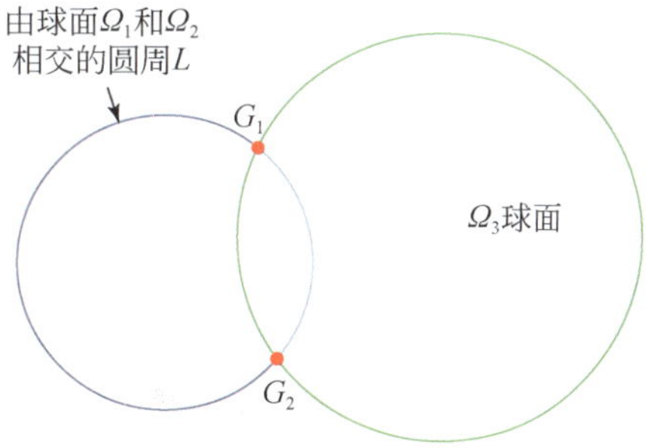

图 4.17　利用空间交会法确定用户位置

中一点上。若用户站立于地球表面，显然较低的 G_2 是其真实位置；若用户是距离地面一定高度的飞机或空间飞行器，就需要更多的辅助信息才能确定其具体位置是 G_1 还是 G_2。

用户到定位卫星的距离通过用户接收机接收到的测距信号计算得到。每一颗定位卫星上都有一个具有精确同步的时间基准的时钟，卫星由时钟控制，定时发射一种特殊的带有发射时间和星座位置的无线电测距信号。位于地面的用户接收机也有一个与卫星时钟有着相同时间基准且精确同步的时钟，当用户接收机接收到卫星发出的测距信号后，就可以根据用户接收的时间和该信号发射的时间计算出该信号从卫星传输到用户所耗费的时间 T。因为无线电信号是以光速 V 传输的，所以卫星到用户的距离为：$R = V \times T$。

用户接收机在接收到多颗卫星的测距信号后，通过数学方法求算出用户的三维位置信息及其他相关数据。从卫星定位原理不难看出，用户接收机至少要捕获到 3 颗以上卫星的测距信号，才能进行定位。但实际定位应用中，接收机的钟差往往无法准确确定，通常在数据处理中作为一个未知参数进行解算，因而要实现定位，用户接收机至少要同步观测 4 颗以上卫星。

2. 绝对定位与相对定位

1）绝对定位

绝对定位也称为单点定位，是直接确定观测点相对于坐标原点绝对坐标的一种定位方法（图 4.18）。

绝对定位的优点是只需一台接收机就可独立定位，观测的组织与实施都很简便，数据处理也相对简单；缺点是受卫星星历误差和卫星信号传播延迟误差的影响较大，定位精度较低，误差一般在十米左右。绝对定位一般用于导航和对定位精度要求不高的应用领域。

2）相对定位

相对定位也称差分定位，是指在一个范围不大的区域内，由两个或若干个测站上的 GNSS 接收机同步观测相同的 GNSS 卫星，以确定这些同步观测的接收机之间相对位置的一种定位方法。相对定位需要至少已知一点或多点的精确位置，即所谓的基准点，才能计算得到绝对坐标（图 4.19）。

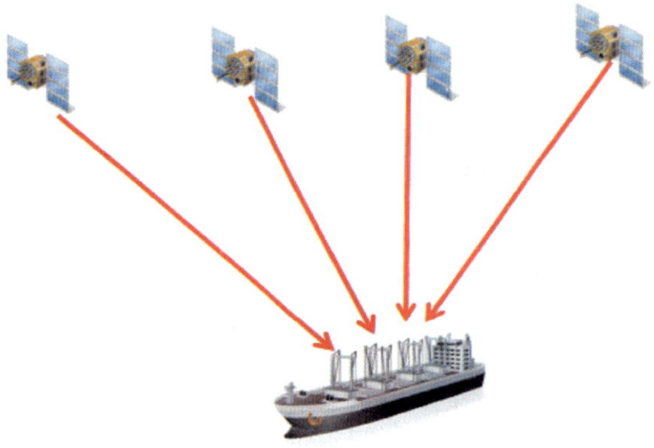

图 4.18　GNSS 绝对定位示意图

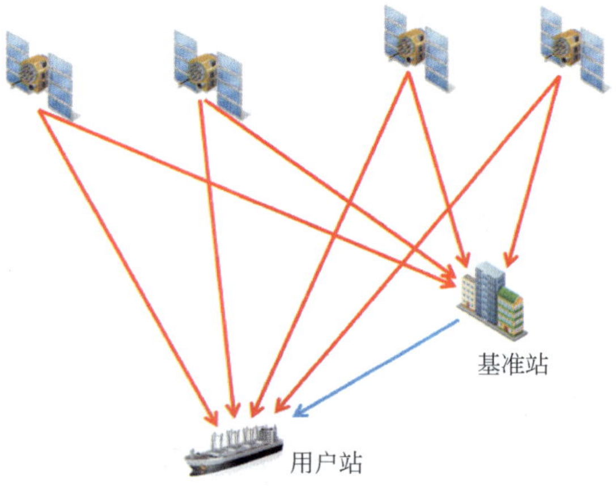

图 4.19　GNSS 相对定位示意图

相对定位的优点是可以有效消除或削弱一部分相同的误差，如卫星轨道误差、卫星钟差和接收机钟差以及大气延迟误差等，从而获得很高的相对定位精度；缺点是需要多台接收机共同作业，作业过程和数据处理比较复杂，不能直接获取绝对坐标等。相对定位是目前 GNSS 定位中精度最高的一种方法，广泛应用于大地测量、精密工程测量、地球动力学研究和精密导航等领域。

4.2.2 卫星定位导航系统构成

卫星定位导航系统主要由地面监控系统、空间卫星星座系统和用户接收应用系统三个基本部分构成（图 4.20）。

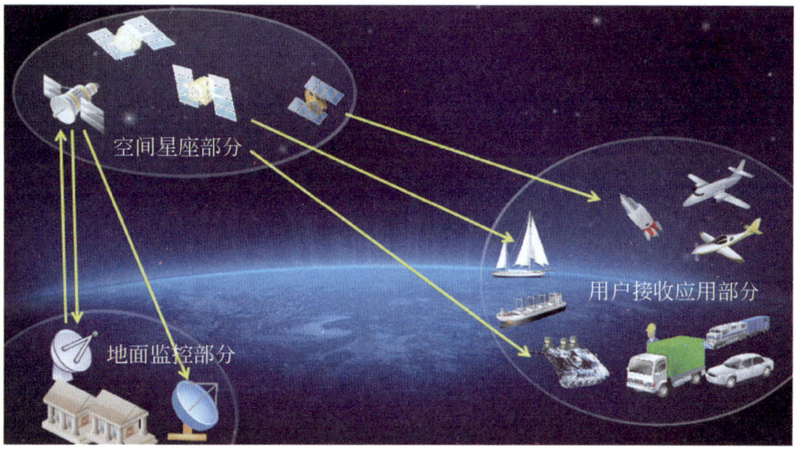

图 4.20 GNSS 的基本构成

1. 地面监控系统

地面监控系统由主控站、监测站和注入站组成，主要负责对卫星系统的监测和控制，以保证整个系统的正常运行。

主控站是管理、协调整个地面控制系统的中枢，其任务是收集地面各个监测站的卫星跟踪数据，计算卫星轨道和时钟参数，将计算结果通过地面天线发送给太空中的卫星；编制导航电文，送往注入站将卫星星历注入卫星；监控卫星状态，向卫星发送控制指令，维护卫星、处理卫星异常情况等。

监测站配备有精密的原子时间标准和可连续测定到所有可见卫星伪距的接收机，利用相关参数对测得的伪距进行修正后，生成具有一定时间间隔的数据，并发送到主控站。

注入站配置有能将命令和数据发送到卫星的设备，根据主控站指令将卫星星历注入定位卫星；同时也接收卫星的遥测数据和测距数据。

2. 空间卫星星座系统

空间卫星星座系统由若干颗定位卫星组成，不同的卫星定位导航系统由数量不同的卫星构成星座（图 4.21）。如美国的 GPS 系统，星座由 24 颗卫星组成；我国的北斗系统，星座由 30 颗卫星组成。

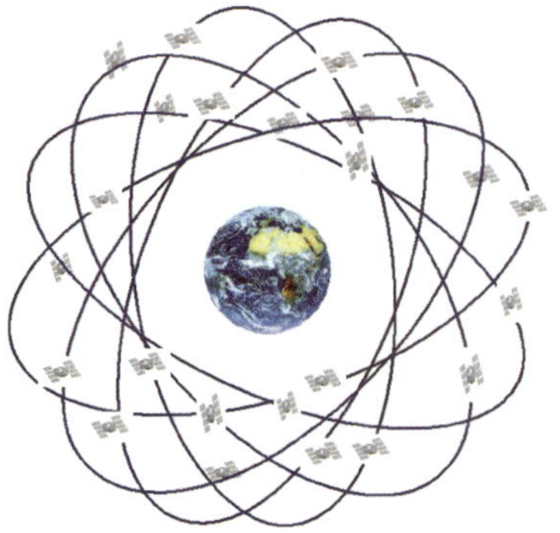

图 4.21　GNSS 空间卫星星座示意图

卫星星座通常设计有 3 个或 6 个轨道，相邻轨道间的夹角相同，每个轨道上分布一定数量的卫星，理论上 3 个轨道时每个轨道需至少 8 颗卫星，6 个轨道时每个轨道需至少 4 颗卫星，以保证在全球任何地方能同时观测到 4 颗以上的卫星。通常还会部署备份卫星，以备工作卫星突发故障时替代使用。

定位卫星一般运行在距离地面 20000 km 左右的太空轨道，接收地面监控系统的控制命令和其他用于导航的数据信息，按预定格式将导航电文通过天线发送回地面的用户接收应用系统。

3. 用户接收应用系统

用户接收应用系统由接收机硬件、机内软件和卫星信号数据的后处理及应用软件等部分组成，其中接收机硬件主要包括天线单元和接收单元两个部分。用户接收应用系统的功能是跟踪并捕获定位卫星信号，测量接收天线到各颗卫星之间的伪距和距离变化率，解调出卫星轨道参数等数据，计算输出用户所在地理位置的经纬度、高度、速度、时间等信息。

用户接收应用系统有多种类型，GNSS 接收机种类可按不同目的划分（图 4.22）。如按用途分类，可分为导航型、测地型和授时型接收机；按载波频率分类，可分为单频和双频接收机。

图 4.22　不同类型的 GNSS 接收机

4.2.3　国际上主要的卫星定位导航系统

1. 美国的全球定位系统

美国海陆空三军联合研制的卫星定位导航系统，全称为卫星导航测距授时与全球定位系统（navigation satellite timing and ranging/global positioning system，NAVSTAR/GPS，简称 GPS）。1978 年 2 月第一颗 GPS 卫星发射，至 1994 年 3 月由 24 颗卫星构成的星座完成部署；1996 年，美国启动 GPS 现代化计划，对系统进行全面的升级和更新。目前，美国正加紧部署和研究 GPS Ⅲ计划，将采用 33 颗高轨道加静止轨道卫星组网设计，定位、导航和授时能力将得到进一步提高。GPS 是迄今为止用户最多、全球覆盖范围最广的卫星定位导航系统。

GPS 地面监控系统由 1 个主控站、3 个注入站和 5 个监测站组成。主控站位于美国科罗拉多斯普林格的联合空间业务中心，3 个注入站分设在大西洋阿松森群岛（Ascension）、印度洋迪戈加西亚（Diego Garcia）和太平洋卡瓦加兰（Kwajalein）美军基地；主控站和注入站均兼有监测站职能，另一个监测站位于夏威夷（Hawaii）。

GPS 卫星星座系统由分布在 6 个轨道平面上的 24 颗卫星组成，其中 21 颗为工作卫星，其余 3 颗为备份卫星。目前在轨 GPS 卫星超过 24 颗。GPS 卫星轨道为圆形轨道，倾角 55°，高度 20200 km；每颗卫星携带 4 台原子钟，采用码分多址（CDMA）技术，使用 L1（1575.42MHz）和 L2（1227.60MHz）两种频率的导航信号播发测距码和导航数据。

GPS 采用世界大地坐标系（world geodetic system，WGS）。在早期曾使用 WGS-72 坐标系，自 1985 年 10 月开始使用 WGS-84 坐标系。根据授权不同，GPS 提供民用的标准定位服务和特许用户的精密定位服务。民用标准定位服务的定位精度为 2.93 ～ 29.3m，特许用户精密定位服务的单点定位精度可达 0.29 ～ 2.9m。

2. 俄罗斯的格洛纳斯系统

俄罗斯的格洛纳斯系统（global navigation satellite system），是由苏联建设的类似于 GPS 的全球导航卫星系统，后由俄罗斯继承并管理，简称为格洛纳斯（GLONASS）。自 1982 年发射第一颗卫星到 1987 年共发射了 27 颗试验卫星，到 1995 年 12 月，俄罗斯完成了 24 颗卫星加 1 颗备用卫星的星座布局，于 1996 年初投入运行。随着 21 世纪初俄罗斯经济情况的好转，GLONASS 也相继推出 GLONASS-M 和更现代化的 GLONASS-K 卫星计划。

GLONASS 卫星星座系统由分布在 3 个等间隔椭圆轨道面上的 24 颗卫星组成，每个轨道面上分布有 8 颗卫星，相隔 45°。卫星轨道倾角 64.8°，平均高度 19100km，在 50°以上的高纬度地区可见性比较好。GLONASS 的定位原理和星历数据结构与 GPS 基本相同，但采用频分多址（FDMA）技术，通过不同的频率区分不同的卫星，使系统具有更强的抗干扰能力。

GLONASS 早期采用苏联 1985 年建立的地心坐标系（soviet geodetic system，SGS-85），1993 年后改用 PZ-90 坐标系，这是俄罗斯进行地面网与空间网联合平差后建立的坐标系。

GLONASS 提供标准精密导航信号和高精密导航信号，可用于海上、空中、陆地等各类用户的定位、测速及精密定时等。标准精密导航信号主要民用，水平误差 60m，垂直误差 75m；高精密导航信号主要用于特许用户。

由于 GLONASS 缺乏像 GPS 拥有分布于全球范围内的卫星跟踪站，且也缺少精密星历、数据处理软件、坐标系统转化参数和时间系统转换参数等基础，定位精度和应用受到限制。为此，俄罗斯先后做了不少努力，试图通过建立全球跟踪站、实施全球联测等，改变 GLONASS 的这些不足。

3. 欧盟的伽利略卫星导航系统

伽利略卫星导航系统（Galileo satellite navigation system）是由欧洲委员会和欧洲空间局共同负责建立的全球定位导航系统，简称伽利略（Galileo）。2005 年 12 月首颗试验卫星发射升空，2011 年 10 月首批两颗工作卫星顺利发射，预计到 2020 年完成整个星座的建设。

伽利略地面监控系统由完好性监控系统、轨道测控系统、时间同步系统和系统管理中心组成，主要包括 2 个位于欧洲的伽利略控制中心和 29 个分布于全球的伽利略监测站，还有分布于全球的 5 个 S 波段注入站和 10 个 C 波段注入站，用于控制中心与卫星之间的数据交换。

伽利略卫星星座由分布在 3 个圆形轨道上的 30 颗卫星组成，每个轨道上均匀分布 10 颗卫星，共 27 颗工作卫星和 3 颗备份卫星。轨道倾角 56°，高度 23616 km，相邻轨道的升交点赤经相差 120°。与 GPS 相同，采用 CDMA 技术。由于借鉴了其他卫星定位系统的经验，伽利略不仅比 GPS 具有更高的效率和可靠性，而且能够与其他全球定位系统实现多系统相互兼容。

伽利略提供基本服务、特殊服务和扩展应用服务。基本服务指导航、定位、授时服务；特殊服务是面向搜索与救援的服务；扩展应用服务主要包括飞机导航和着陆系统应用、铁路安全运行调度、海上运输系统应用、陆地车队运输调度、精准农业应用等服务。

4. 中国的北斗导航卫星系统

北斗导航卫星系统（BeiDou navigation satellite system，BDS）是我国正在实施的自主研发、独立运行的区域卫星定位导航系统。1983 年，我国学者陈允芳等最早提出了北斗双星导航卫星系统的设想。1994 年，国家正式批准立项，2000 年 10 月 31 日和 12 月 21 日成功发射了北斗 -1A 和北斗 -1B 两颗静止轨道卫星，2003 年 1 月 1 日该系统正式投入使用，并于 2003 年 5 月 25 日和 2007 年 2 月 3 日先后发射了北斗 -1C 和北斗 -1D，作为该系统的备份卫星，提高了系统的可靠性。

“北斗一代”系统有明显的试验性质。因此，2004 年我国正式启动第二代北斗导航系统计划，至 2012 年年底，北斗系统正式对亚太地区提供无源定位、导航和授时服务。2017 年 11 月 5 日，北斗三号首批组网卫星顺利升空，标志着北斗全球导航卫星系统建设正式启动，预计 2020 年建成。

“北斗一代”是区域定位系统，采用双星定位，定位解算等信息处理全部由地面控制中心完成，所提供的“短报文”服务是其他卫星定位系统所没有的特殊功能。北斗 -1A 和北斗 -1B 位于 80° E 和 140° E 的赤道上空，系统覆盖范围为 70° E～145° E，5° N～55° N，工作频率为 1575.42 MHz、1268.52 MHz、1191.795 MHz。系统采用主动有源工作原理，地面控制中心持续地向卫星发送询问信号，这些信号经由卫星转发到服务区范围，当用户需要定位时，响应其中一颗卫星信号，该响应信号通过两颗卫星分别转发回到地面控制中心，地面控制中心利用这两个信号的传输延迟，并参考其他参数计算确定用户位置，再将定位信息经卫星转发给用户。

北斗全球导航卫星系统的地面控制系统由 1 个主控站、2 个注入站和 30 个监测站构成。北斗系统的卫星星座与 GPS、Galileo 和 GLONASS 有重要区别，它由三种不同轨道性质、总共 30 颗卫星组成，包括 3 颗静止轨道卫星（geostationary earth orbit，GEO）、3 颗倾斜同步轨道卫星（inclined geo synchronous orbit，IGSO）和 24 颗高圆轨道卫星（medium earth orbit，MEO）。

北斗全球导航卫星系统既继承了星地双向测时、测距和短报文通信等北斗系统已有的成熟技术，也采用了单向时间测距的被动式导航体制，可实现无源定位，用户容量不受限制。系统采用我国自主建立的北斗坐标系（BeiDou coordinate system，BDCS）。

北斗系统向用户提供开放服务和授权服务。开放服务向全球免费提供定位、测速和授时服务，定位精度 10m，测速精度 0.2m/s，授时精度 20ns；授权服务为有高精度、高可靠导航需求的用户提供服务。

4.2.4　卫星定位导航系统应用举例

GNSS 应用领域十分广泛。在目前已建和在建的 4 种卫星导航系统中，因 GPS 覆盖范围大、应用芯片和软件相对比较成熟，故拥有大量用户，全球市场占有率在 90% 以上。本小节仅从车船及飞机导航、手机定位导航、导弹制导三个领域介绍 GNSS 的应用。

1. 车、船、飞机导航

车、船、飞机导航是以 GNSS 导航和地图数据匹配技术为基础发展起来的一门新型民用技术，是目前 GNSS 应用最大的消费市场。

GNSS 导航应用可分为两大类型：一种是单用户类型，另一种是多用户类型。单用户类型主要满足单个车、船或飞机的导航需要，系统由卫星定位模块、电子地图模块、车（船、机）载嵌入式系统组成，技术和应用相对比较简单。多用户类型主要面向集团用户服务，具有对多个车、船或飞机运行状态进行跟踪和调度的功能，可满足多用户协同、监控和应急救援等任务的需要，如对押运车等特种车辆、出租车、大型客货车辆及物流的跟踪、调度、救援等。多用户类型一般需要建立地面监控中心，在通信系统支持下，由控制中心对所辖车船或飞机进行监控和调度。

车辆导航系统利用 GNSS 信号得到车辆的即时位置，通过电子地图系统在显示屏上显示车辆运行轨迹和所在位置。GNSS 车辆导航系统都具有车辆高精度定位、输入目的地快速生成最佳行驶路线、路口语音提示行驶方向、导航画面无级缩放和随定位自动漫游、地理信息多种方式查询、导航信息多窗口显示等基本功能。

海洋船舰导航是 GNSS 最有应用前景的领域之一。在军事方面，GNSS 可用于各类舰艇导航，协助完成海上巡逻、舰队调动与会合、海上军事演习和协同作战、武器发射、舰载飞机导引等作业。在民用方面，GNSS 在船只定位导航、海洋测量、石油勘探、海洋捕鱼、浮标设立、管道铺设、浅滩测量、暗礁定位、海港领航和水上交通管理等众多领域都有很好的应用前景。

在航空领域，GNSS 技术也有非常重要的应用价值。利用 GNSS 导航可不完全依赖地面导航台站，特别适合在海上、荒漠、极地和其他边远地区空域的飞行导航，能增加飞行的灵活性。GNSS 差分定位数据能够达到进近着陆的精度要求，可取代仪表着陆系统（ILS）和微波着陆系统（MLS）。利用 GNSS 对进入机场的飞机和地面车辆统一进行管理，能够有效跟踪、调动所有在场活动的飞机和车辆，提高管理效率，增加机场安全性。

2. 手机定位导航

手机定位导航是指在手机平台上实现的 GNSS 定位导航功能。实现手机定位导航，要求手机上集成有导航芯片和导航软件。智能手机一般都集成有导航芯片，目前越来越多的手机集成了北斗导航芯片。2019 年，我国支持北斗的智能手机总体出货量达到 3.89 亿部。

从技术上，手机定位技术可划分为三种类型。第一种类型是 GNSS 定位，采用 GPS 导航芯片时，定位精度一般为 3 ～ 5m，定位时搜索卫星信号需要较大的功率，定位耗时也较长。第二种类型是无线网络标识号（CELLID）定位，根据手机到最近 2 或 3 个移动通信基站的距离，采用交会法计算手机位置，这种技术不需要 GNSS 导航芯片，可在室内等没有 GNSS 信号的地方定位，定位速度很快，但定位精度较差，一般误差在 100m 以上。第三种类型是混合定位，即 A-GNSS+CELLID+GNSS 定位。这种技术在室内默认采用 CELLID 定位，在室外先利用 A-GNSS 快速定位，然后再自动切换到 GNSS 定位和导航，具有定位速度快、高精度的优点，是目前大部分智能手机定位导航利用的技术。

3. 导弹制导

现代战争在对预定军事目标进行摧毁时，不仅追求目标摧毁的有效度，同时也会注意尽量减少平民的伤亡，这就对武器的攻击精确度提出了比较高的要求，其精准度在一些情况下要达到几米的量级。精确制导导弹就是在这种背景下出现的一种智能武器，它是一种装有精确制导装置、能准确命中目标的导弹。

常见的导弹制导技术有寻的制导、遥控制导、匹配制导、惯性制导等，其中惯性制导是导弹制导中采用最为普遍的一种技术。但是，惯性制导存在误差随时间累积的缺点，很难满足全球覆盖、高精度、高可靠性等现代军事理想的要求。GNSS 为研发新的制导系统和完善现有的惯导系统提供了重要基础，美军以 GPS 为制导技术的巡航导弹已应用于实战。

4.3 室内定位导航

室内定位导航是指在有遮挡的建筑物内进行定位和导航。由于建筑物的遮挡和内部的复杂性，使得很多室外成熟的定位导航技术不能直接应用于室内。随着城市化的快速发展，城市建筑体量越来越巨大，尤其在大城市和特大城市中，机场、停车场、购物中心、写字楼等不仅在平面上占地面积十分巨大，而且在垂直方向上也很复杂。在室内识别方向和确定位置显得日益重要，室内导航服务需求越来越迫切。

4.3.1 室内定位导航原理

室内定位通常利用安装在室内的多个信号接收器接收来自移动目标发出的定位信号，根据一定算法原理计算出移动终端的位置，并利用建筑物内部结构图进行导航。

1. 室内定位方法

室内定位常用的方法有时间到达法、时间到达差法、到达角度法、信号强度法等，不同方法所依据的定位原理也不尽相同。

时间到达法（time of arrive，TOA）是利用移动终端信号到周边多个接收器的传播时间测量距离，然后通过距离交会定位。这种方法要求各个接收器在时间上保持精确同步。

时间到达差法（time difference of arrive，TDOA）不直接测量信号到达接收器的时间，而是利用多个接收器接收到信息的时间差计算移动终端位置。这种方法在实际应用中不需要移动终端和接收器之间同步，故对网络的要求比较低，但定位精度较高。

因为室内信息覆盖范围有限，无线电信号传播速度很快，所以时间到达法和时间到达差法的适用性不够理想。

到达角度法（angle of arrive，AOA）是通过估算信号入射角确定接收器与移动终端连线的方向，由多条接收器与移动终端的连线即可交会定位。这种方法所需设备成本大，且定位精度受环境影响也比较大。

信号强度法（received signal strength indicator，RSSI）是室内定位常用的一种方法，有两种实现途径：一是通过建立信号强度与信号传播距离之间的数学模型，将信号强度转换为距离，然后距离交会定位；二是通过记录室内多个点的分布位置情况，利用位置指纹定位。位置指纹定位操作一般有两个步骤，首先在系统覆盖区设置多个定位标签（AP），离线获取AP定点的位置信息和信号强度，在数据中心形成位置指纹数据库；实时测算移动终端信号强度，利用最邻近法分析匹配出移动终端位置（图4.23）。

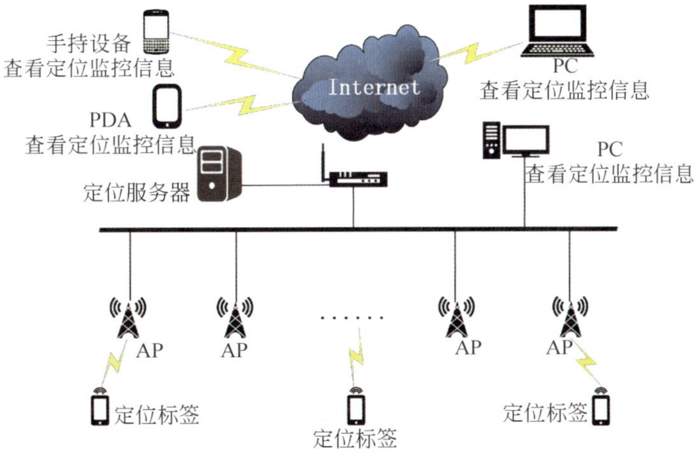

图4.23 位置指纹定位原理

2. 室内定位导航系统

室内定位导航系统一般由接收器、待定位节点、室内定位引擎等部分组成（图 4.24）。

接收器是接收移动终端发出的定位信号的装置，一般安装固定在建筑物的四周或者天花板上。同一建筑物内的接收器通过无线通信形式构成一个自组织的网络系统，当携带移动终端的待定位节点物体出现在定位范围内时，接收器便会获得并记载相关信息。

待定位节点指带有发射电路的终端，通常被安置在需要定位的人员或手机等物体上，负责给接收器发射信号。

定位引擎一般由数据库模块和数据分析模块组成，用来处理各个接收器获得和记载的数据，通过信号处理和数据计算，实现对待定位节点的定位和导航。

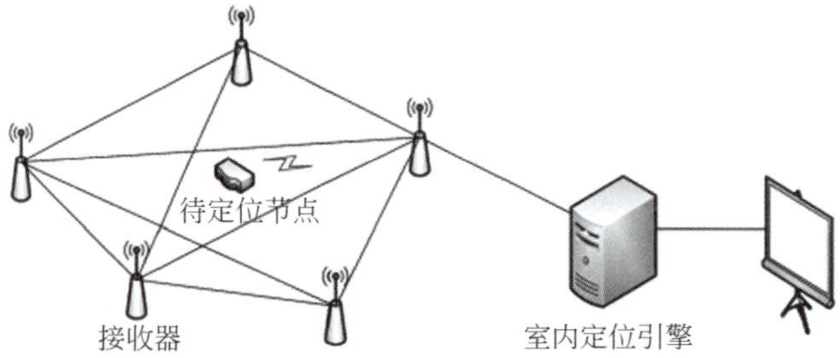

图 4.24　室内定位导航系统的一般构成

4.3.2　常见室内定位导航技术

室内定位可分为广域室内定位和局域室内定位两种。广域室内定位技术为实现广域覆盖，需要改造基站和手机芯片等设备模块，将其集成到广域网上，因此成本巨大、周期很长。局域室内定位技术只需集成到局域网中，实现局部区域覆盖，所以成本低、周期短。目前常见的室内定位技术有 WiFi、蓝牙、红外线、超宽带、射频识别、ZigBee、超声波等。

1. WiFi 定位技术

WiFi 是一种无线网络通信技术，支持电子设备连接到无线局域网（WLAN），由国际 WiFi 联盟（WiFi Alliance，WFA）所持有。WiFi 采用 IEEE 802.11 无线网络标准，使用 2.4G UHF 或 5G SHF ISM 射频频段，有密码保护，也可以开放使用。

WiFi 网络是应用最广泛的无线网络技术之一。采用 WiFi 定位技术进行室内定位导航，不仅能很好利用已有基础设施和终端设备，降低系统成本，而且 WiFi 定位能降低射频干扰，有利于提高定位的稳定性。目前 WiFi 室内定位的精度可达到米级（0 ～ 10m）。

2. 蓝牙定位技术

蓝牙（Bluetooth）是一种可实现固定设备、移动设备和局域网之间短距离数据交换的无线技术标准，由蓝牙技术联盟（Bluetooth Special Interest Group，SIG）管理。蓝牙使用 2.4 ～ 2.485GHz 的 ISM 波段，在电信、计算机、网络和消费电子等领域广泛应用。

蓝牙定位技术主要应用于小范围定位。一个蓝牙网络由一个主单元和一个或多个附属单元构成，附属单元均与主单元的时间和跳频模式同步，并以主单元蓝牙设备的地址和时钟为基准。每个独立的同步蓝牙网络构成一个微微网（Piconet）。在建筑物内安装蓝牙局域网接入点，将局域网配置成多用户网络连接模型，确保蓝牙局域网接入点始终都是该微微网的主单元，这样就可获取移动终端的信号并计算出位置信息（图 4.25）。

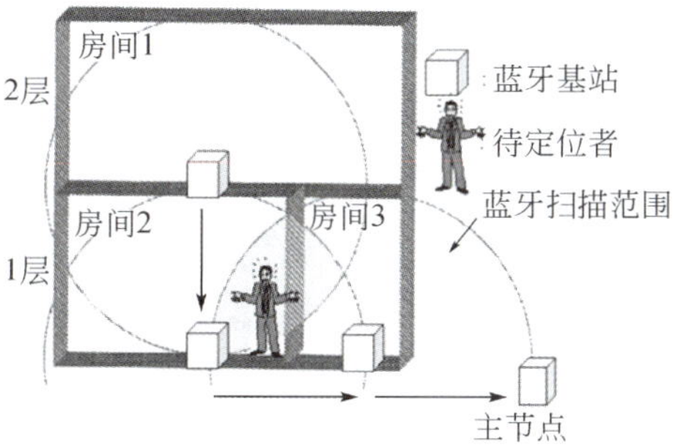

图 4.25　蓝牙系统室内定位示意图

蓝牙室内定位技术的优点是设备体积小，易于集成在 PC、PDA 和手机端，容易实施；缺点是设备价格昂贵，在比较复杂的空间环境下系统稳定性较差。

3. 红外线定位技术

红外线（infrared radiation，IR）定位系统由红外线发射器和接收器组成。红外线接收机安置在建筑物内固定的位置，通过有线网络与中心服务器连接。经过调制的红外线发射器可发射固定频率的红外线标示信号。当安装了红外线发射器的移动终端进入可定位区域内时，接收器即可检测并接收到红外信号，这时就能利用红外线发射器与多个接收器之间的位置关系确定移动终端的位置。

红外线室内定位技术具有相对较高的精度。因为红外线不能穿过障碍物，而且只能做视距传播，还容易受到荧光灯等灯光的干扰，所以红外线室内定位有效作用范围较小，定位效果较差。例如，将红外线发射器装入口袋里，或移动终端和接收器被墙壁隔开时，都不能正常定位。在内部结构比较复杂的空间，需要安装更多的接收器才能改善定位效果，但会增加系统造价。

4. 超宽带定位技术

超宽带（ultra-wideband，UWB）是一种通过对冲激脉冲进行直接调制使信号具有 GHz 量级带宽的通信技术。超宽带技术不需要使用传统通信技术中的载波媒介，而是通过发送、接收具有纳秒或纳秒级以下的极窄脉冲来传输数据。窄脉冲信号持续时间极短、通电时间与通电周期比（占空比）低，具有很高的多径分辨能力；UWB 信号功率谱密度较低，具有良好的频段共存性。

超宽带室内定位系统一般由 UWB 参考标签、UWB 接收器和主动 UWB 标签构成。定位时，主动 UWB 标签发射信号，由 UWB 接收器接收后过滤掉电磁波传输过程中携带的各种噪声，得到携带有效信息的信号，并提交中央处理单元分析处理，确定移动终端位置。

超宽带定位技术可用于室内精确定位，如作战士兵的位置指示、机器人运动跟踪等。目前超宽带定位技术还处于研究阶段，硬件成本普遍比较昂贵。

5. 射频识别定位技术

射频识别（radio frequency identification，RFID）是一种通过无线电信号识别特定目标并读写相关数据的通信技术，又称无线射频识别。射频识别由读写器和应答器组成，一个系统通常有一个读写器和很多个应答器，用于控制、检测和跟踪物体。射频识别技术利用频率信号传送数据，无需在识别系统与目标之间建立机械或光学接触，操控简易，已经在门禁控制、库存跟踪、车辆识别、安全防盗、生产控制等众多领域得到应用。

射频识别有无源、有源和半有源三种类型；读写器也有移动式和固定式两种。美国在2003年就制定了射频识别定位技术标准，内容包括2.45GHz标准、433MHz标准和应用程序接口标准三个部分。射频识别室内定位技术主要采用Landmarc和VIRE两种方法，其中Landmarc是一种典型的基于有源RFID的室内定位算法，使用充当定位参考点的参考标签进行辅助定位；VIRE是Landmarc的改进方法。射频识别室内定位技术具有速度快、通用性高、价格低、天线及产品模块体积小等优点，但其作用距离较近，不利于与其他系统的协同。

6. ZigBee 定位技术

ZigBee是一种短距离、低速率的无线网络通信技术。ZigBee技术基于IEEE 802.15.4标准，具有低功耗、低成本、高容量、高安全、响应速度较快等特点，工作速率20～250kbps，能满足低速率传输数据的应用需求，相邻节点间的传输范围为10～100m，增加发射功率后可增加到1～3km，性能介于蓝牙技术和射频识别技术。ZigBee又称紫蜂协议，源于蜜蜂的八字舞（图4.26）。蜜蜂通过飞翔和振动翅膀发出“嗡嗡”（zig）声与同伴“分享”花粉所在方位信息，利用八字舞方式构成蜜蜂群体的通信网络。

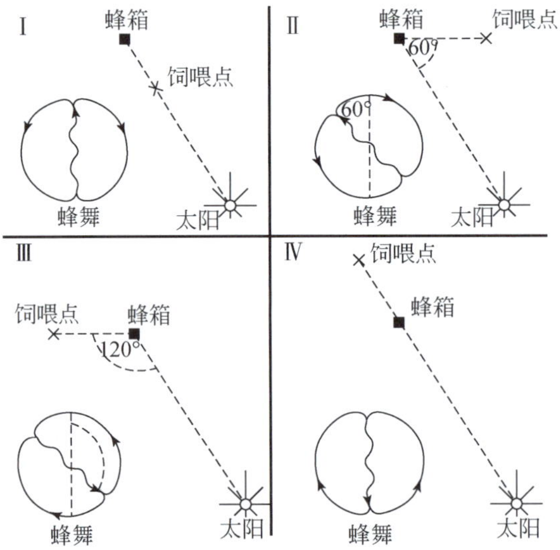

图 4.26 蜜蜂八字舞

ZigBee 技术可以在数千个微小的传感器之间相互协调实现通信，这些微小的传感器耗能很少，它们以“接力”方式通过无线电波将数据从一个传感器传送到另外一个传感器，通信效率非常高。

ZigBee 室内定位技术依靠 ZigBee 基站和定位标签进行定位。在基站信号覆盖范围内，安装在移动终端上的定位标签自动与基站组建网络，并将信息发送到基站，由基站汇总信息后发到服务器，服务器依据信号强弱或信号到达时差计算移动终端位置。ZigBee 定位技术可用于各种人员或资产的动态跟踪和监控。

7. 超声波定位技术

超声波是一种频率高于 20000Hz 的声波，具有方向性好、穿透能力强、易于获得较集中的声能等特点，已被人类应用于很多领域。

在生物界，小蝙蝠、海豚等动物就是利用超声波定位的。超声波测距是进行定位的基础，测距方法主要有反射测距法和单向测距法。在空气中，超声波的传播速度与声波的传播速度相同，约为 340m/s，远远低于电磁波约 30 万 km/s 的传播速度，因此利用超声波测距的误差要小于利用电磁波测距的误差，从而获得更准确的定位。

超声波室内定位系统由一个测距器和多个应答器构成，测距器一般安置在移动终端上。测距器发射特定频率的无线电信号，应答器接收到无线电信号后即向测距器发射超声波信号，测距器对各应答器完成测距。利用 3 个或 3 个以上不在同一条直线上的应答器的测距结果计算就可得到移动终端位置。

超声波室内定位技术的优点是不受可视距离限制，定位精度较高；缺点是定位系统需要无线电等其他技术支持，硬件设施成本较高。

4.3.3　室内定位导航系统应用举例

室内定位导航技术在商业、旅游、医疗、教育、交通、公共安全、军事等众多领域都有着很好的应用需求，这种需求将随着信息化和人工智能的发展而变得更加迫切。目前，室内定位导航系统已经在医院、图书馆、仓储、超市、地下停车场、候机大厅、展厅、矿井、监狱等环境中有所应用。下面将通过几个示例，进一步展示室内定位导航系统的具体应用。

1. 医院里的室内定位导航应用

医院室内定位导航系统主要应用在以下两个方面：一是向患者提供医疗资源位置信息，二是对特定患者进行跟踪管理。通过室内定位导航系统，患者可以从导航地图上清楚地了解科室分布，在系统引导下前往要去的科室，节省时间。智能系统还能根据各科室的拥挤情况，规划出合理省时的检查路线计划，实现方便患者、优化医疗资源的目的。利用室内定位导航系统跟踪管理的患者，当突然感到身体不适时，就可通过腕带等可穿戴设备及时发出求救信号，医护人员第一时间获知求救患者基本信息和当前位置后，就能及时赶去救助，最大限度不耽误病人诊治。主治医护人员也可以通过室内定位导航系统实时查询患者位置，了解患者病情，督促病人治疗，如患者未经允许随意离开指定区域，系统会发出提示信息并通知护士，患者行走路线也将记录在系统中。图 4.27 是某医院智能定位管理系统界面。

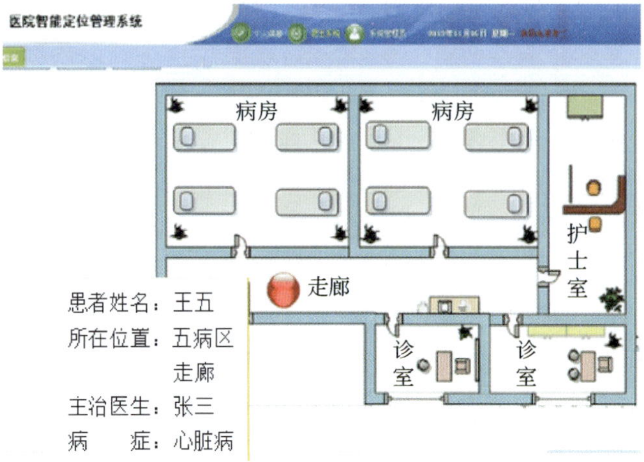

图 4.27　医院智能定位管理系统界面

2. 图书馆里的室内定位导航应用

图书馆室内定位导航系统是协助读者快速查找到欲查询书籍存放位置和找到满意阅览室的高效工具。尽管图书馆内的书籍都是按照一定的规则存放的，但是查找到一本指定的书仍然要耗费很多时间，尤其是在大型图书馆或读者对书籍存放规则不熟悉时，情况可能更糟。利用图书馆室内定位导航系统，读者只需在手机端输入要借阅的书名，系统不仅提示待借阅书籍的存放位置，而且显示到达存放位置的路线，引导读者前往。当读者需要在图书馆找一个安静的地方阅读时，可以通过具有室内定位导航功能的图书馆智能管理系统，了解各阅览室的拥挤情况和空闲座位分布，快速找到满意的座位，节省了寻找座位的时间，也提高了座位的使用率。

图 4.28 所示为图书馆智能定位管理系统示意图。

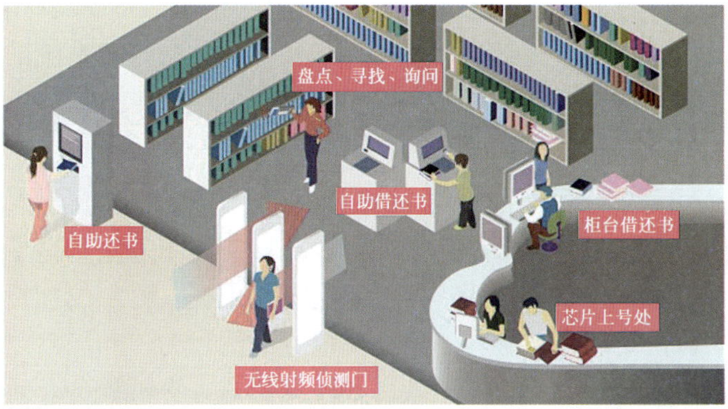

图 4.28　图书馆智能定位管理系统示意图

3. 仓储物流管理中的室内定位导航应用

快递企业发展离不开现代仓储物流管理，而室内定位导航技术是实现仓储物流现代化管理的基础。通过集成货物标签扫描识别和室内定位导航技术，可实现入库和出库的智能化管理。室内定位导航系统可对货物进行实时定位，协同相关系统完成搬运设备调度与任务优化、路径轨迹记录与分析、货物调度信息查询与丢失物资查找、安全预警等工作。在仓储物流管理中，货物入库、出库是业务量最大的工作。当货物入库时，在货物标签赋码、货物入库手续交接后，由室内定位导航系统引导搬运设备将货物放置在仓库合适位置并记入系统数据库；货物出库时，系统根据出库单确定货物存放位置，引导搬运设备至待出库货物处，在验证货物、出库手续交接后搬运出库。射频识别技术在仓储物流管理中已经有很多成功应用的案例（图 4.29）。

图 4.29 仓库智能定位管理系统

4. 超市里的室内定位导航应用

大型商场超市也是室内定位导航技术应用的重要场所。在大型商场中，人们容易迷失在众多店铺里而无法找到自己想要的商品。利用室内定位导航技术，用手机连接商场 WiFi 并加载商场地图，就能对所有楼层、店铺了如指掌。例如，某大型超市利用可见光通信技术，搭建了室内导航系统，帮助消费者尽快找到需要的商品。该超市将卖场内所有的照明灯更换为采用了可见光通信技术的节能 LED 灯，线路总长度约 2.5km；每个 LED 灯的照明光能产生含有位置信息的唯一代码，这个代码经智能手机摄像头获取后能被专门软件识别。利用这个技术，消费者在大型超市面对琳琅满目的商品时，仍然能够快速找到自己所需要的商品（图 4.30）。

图 4.30 在大型超市使用智能定位系统导购

5. 公共安全领域的室内定位导航应用

在公共安全领域，室内定位导航技术已经应用于机场车站巡逻、消防灭火行动、学校监护管理、灾难现场救援、监狱管理等工作中。传统安保巡逻存在的重要缺陷之一是管理人员无法实时掌控室内巡逻人员的位置和路线。借助室内定位导航技术，管理人员就可以实时监控巡逻全过程，及时了解室内安全环境变化，快速处理存在的问题。监狱是一种环境特殊复杂的场所，充斥着危险，因此建立安全可靠的智能安保系统，用以识别、监控和跟踪定位在押人员十分必要。用于监狱管理的室内定位系统的设备有其特殊性，如能有效防止自行拆卸和破坏。通过设备上的唯一标识码，系统就可以实时监视、跟踪每一个监狱人员，限制其在规定范围内活动，记录监狱人员的行动轨迹，当遇到突发情况时，及时发出警示信息（图 4.31）。在智能安保系统支持下，警方能有效减少乃至杜绝逃狱、暴力互殴、自杀、袭警等事件。

图 4.31　监狱管理使用的智能安保系统

4.4　混合定位导航

混合定位导航是指将两种或多种定位导航技术组合在一起使用的定位导航应用模式。混合定位导航可实现多源导航信息融合，既可发挥不同定位导航技术的优势，又能互相弥补各自的不足，提高定位结果的可靠性、精确性和稳定性。

4.4.1　混合定位导航概念

每种定位技术都有其优点和不足。例如，卫星定位精度高，可在全球范围全天候定位，且操作比较简单，但首次定位耗时也较长，若在室内、隧道内或遇到地形、楼房等遮挡的情形时，定位信号较差，甚至不能定位；无线通信基站定位速度快，不受地形、楼房遮挡影响，但定位精度不高、稳定性相对较差。在实践中，采用单一定位技术往往不能解决实际问题。因此，为了满足实际应用需要，将两种或多种定位技术组合在一起使用的方法便自然而然地产生了。

在生物界，已经发现一些动物采用的就是混合定位导航模式。例如，远距离飞行的非洲大蝙蝠，在白天飞行的时候利用地磁导航，最终以落日为参照物修正航向回到栖息地。

人类很早就产生了混合定位导航的思想。我国北宋著名学者沈括在其著作《梦溪笔谈》

中就有："舟师识地理，夜则观星，昼则观日，阴晦则观指南。"准确描述了航海时组合使用天文导航和指南针导航的方法，这也是世界航海史上最早使用指南针的记载。从文中可知，天文导航是那个时代主要的导航技术，只有在观察不到日月星辰的"阴晦"天气时才使用指南针导航，说明指南针导航尚不够成熟。

混合定位导航可以是两种或多种同一类定位导航数据源的组合，如同时接收 GPS、GLONASS 和 BDS 信号的混合全球卫星定位导航模式。应用更多的是不同类型定位导航技术的组合，如 GPS 和惯性导航混合模式，GPS、惯性导航和地形匹配导航混合模式等。

现代混合定位导航技术自 20 世纪 70 年代开始迅速发展，目前应用比较广泛的混合定位导航技术主要有全球卫星定位系统与通信基站定位组合、全球卫星定位系统与惯性导航组合（INS+GNSS）、惯性导航与地形匹配导航组合（INS+TM）、惯性导航与无线电导航组合（INS+RNS）等。

4.4.2　混合定位导航技术

1. 全球卫星定位系统与通信基站定位组合

全球卫星定位系统与通信基站定位组合的定位导航技术广泛应用于智能手机的定位导航，主要有 A-GNSS 和 GPSOne 两种组合形式。

1）A-GNSS 技术

A-GNSS（assisted GNSS）是一种将移动通信网络基站信息与 GNSS 定位信息相结合对移动终端进行定位的技术，其中采用 GPS 导航芯片的 A-GPS 技术发展比较完善，应用广泛。A-GPS 技术是在移动网络上增加位置服务器、差分 GPS 基准站等设备，同时改造集成有 GPS 芯片的手机天线，使手机同时具备利用通信基站无线网络标识号（CELLID）和 GPS 进行定位导航的能力。当移动用户定位时，系统利用移动通信网络基站预先捕获的 GPS 信息及其他辅助信息进行定位，并将定位信息传送到移动用户终端，既能快速定位，又具有较高定位精度；在室内等 GPS 定位失效的环境中，直接利用 CELLID 定位。图 4.32 是采用信号强度法（RSSI）的 A-GPS 系统结构示意图。

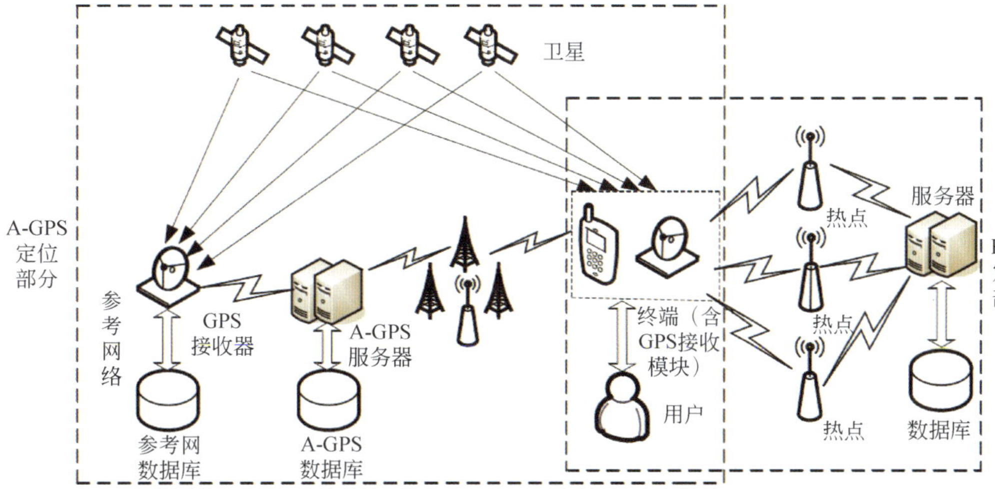

图 4.32　采用 RSSI 的 A-GPS 系统结构示意图

2）GPSOne 技术

GPSOne 是一种 GPS 与 CDMA 网络信号组合的混合定位导航技术。由多个高灵敏度 GPS 接收机组成广域 GPS 卫星参考网络，负责全天候接收覆盖区域上空的所有 GPS 卫星信号，动态刷新存储于定位平台上的 GPS 数据库。当手机用户终端需要定位导航服务时，通过无线网络向定位平台发送最邻近基站等信息，然后就可以从定位平台获得 GPS 定位信息，在尽可能缩短卫星捕获时间的同时，也可大幅度降低手机定位的耗电量。GPSOne 混合定位技术具有精度高、定位时间短、适用范围广、终端集成度好等优点，定位精度可达 5 ～ 50m，完成一次定位仅需几秒到几十秒。

2. 全球卫星定位系统与惯性导航组合

全球卫星定位系统与惯性导航组合的定位导航技术（GNSS+INS）是精确制导武器常用的定位导航模式。

INS 完全自主导航，保密性强，机动灵活，短时间定位精度高，具备多功能参数输出，但是定位误差会随时间迅速积累，影响导航精度，在长时间、远距离定位导航时，必须不断加以校准。GNSS 具备全天候、全天时全球范围导航能力，定位结果稳定性好，精度适中，但存在易受干扰且受干扰时误差增大、遮挡时丢失信号、动态环境中可靠性差、数据输出频率低等缺点。因此，利用 INS 和 GNSS 各自的特点取长补短，借助 GNSS 连续提供的较高精度定位和速度信息，估计并校正 INS 的定位误差、速度误差和系统其他误差参数，实现对飞行器不断对准和标定，同时借助 INS 的优点弥补 GNSS 易受干扰和遮挡时丢失信号等不足，实现对长距离高速飞行器的精确定位导航。目前，GPS+INS 混合定位导航技术应用比较成熟，尤其在精确制导武器中应用比较多。

GNSS/INS 组合的关键器件是作为接口并起数据融合作用的卡尔曼滤波器。在混合定位导航技术中，卡尔曼滤波技术是实现最优组合各导航系统信息的常用方法。利用卡尔曼滤波器可估计出导航系统的误差状态，并根据误差状态的最优估计值对系统进行校正（图 4.33）。此外，神经网络人工智能等方法在混合定位导航中的应用已被高度重视。

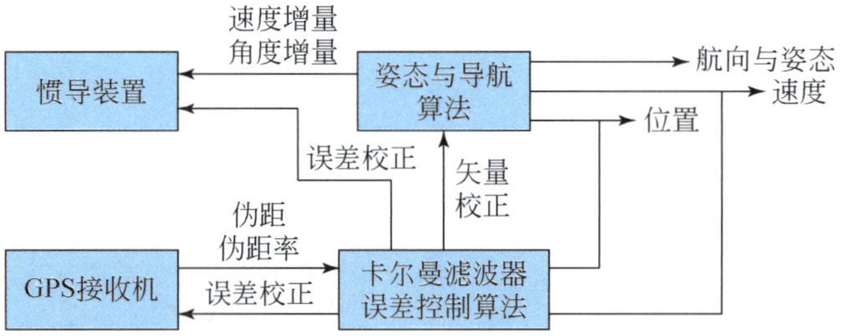

图 4.33　典型的 GPS 与惯性导航组合系统结构图

3. 惯性导航与地形匹配导航组合

地形起伏、地磁场强分布、微波辐射、红外辐射、无线电波反射等许多与地理位置密切相关的特征信息常被用来辅助定位导航，因此就有了地形匹配导航、地磁匹配导航等辅助导航技术。

地形匹配（terrain matching，TM）指地表特征与地理位置之间的对应关系；地形匹配导航就是利用这种对应关系进行定位导航的技术。在将该技术应用于导弹等武器，自主引导攻击目标时，通常称其为地形匹配制导技术。

地形匹配以地形轮廓线为匹配特征，用雷达或激光高度表作为遥感装置，将沿飞行轨迹测取的一条地形等高线剖面图实时与预先存储在飞行器上的基准图进行匹配计算，确定实际飞行位置与标准位置的偏差，再根据偏差按预存程序实时运算和发出指令，经信号变换后由执行机构控制发动机推力矢量方向，改变飞行器运动轨迹，达到准确导航的目的。地形匹配导航系统的性能与地形的选择有很大的关系。

地形匹配导航的优点是容易获得目标特征，基准源数据稳定，不受天气变化影响；缺点是精度较差，一般为 100m 量级，且不宜在平原地区或大面积水域上空使用。因此，将惯性导航技术与地形匹配技术组合的惯性－地形匹配导航系统（INS+TM），利用地形匹配信息对惯性导航参数不断校准，可以有效提高导航的准确性，精度可提高到 10m 量级。

4. 惯性导航与陆基无线电导航组合

惯性导航与无线电导航组合的混合定位导航是民用航空广泛采用的导航模式。陆基无线电导航系统技术成熟，信号资源充足，而且误差不随时间和位置发散，是飞机可靠的导航手段。如伏尔（VOR）甚高频全向信标，测距器（DME）近程航空导航系统，微波着陆系统（MLS），塔康战术空中导航系统（TACAN）等，都是常见的陆基无线电导航系统。

民航客机惯性导航系统可输出多项导航参数，定位导航精度提高很多，但是惯性导航误差随时间积累的缺点仍然存在。利用陆基无线电导航系统，通过系统校正消除惯性导航位置坐标误差，就可为民用航空提供准确、安全的定位导航信息服务。

4.4.3　混合定位导航系统应用举例

混合定位导航具有明显的技术优势，不论在军事还是民用领域都有十分广泛的应用。

在军事领域，精确制导武器、作战飞机和舰船、军事侦察与作战指挥系统中，都能见到混合定位导航技术应用的身影。精确制导武器，如“战斧”巡航导弹，是美国现役最主要的纵深打击武器之一，有多种型号，射程数百千米到 2500km，能够从陆地、水面舰船、空中或水下发射，在航行中采用惯性导航与地形匹配混合制导或惯性导航与 GPS 混合制导技术，低空飞行，命中率高，在近些年的局部战争中多次被使用。

在民用领域，混合定位导航技术同样大有作为。如在精准农业领域，将基于 INS+GPS 技术的农用机械自动导航控制系统安装在拖拉机等农用设备上，根据作业田块和实际工作需要规划农机行驶路径，如直线行走、地头转弯行走等，可实现对农业机械的智能化控制。又如，在高速铁路列车定位、民用无人机和水下航行器导航等方面，混合定位导航也有重要的应用。

高速列车运行速度高达每小时 300km 以上，要求列车运行控制系统必须在任何时刻、任何地方都能确定列车的准确位置，包括与行车安全相关的列车间隔、速度、加速度以及铁轨旁设备和车载设备资源的分配等，利用这些信息确定是否需要采取制动措施，保证安全间隔。可见高速铁路列车的定位要求非常高，先进的光纤光栅传感器定位、混合定位导航等才能满足要求。航位推算、全球卫星定位系统和地图匹配组合（DR+GPS+MM）的混合定位导航方法就是高速列车定位和追踪常用的方法之一。

航位推算也称航迹推算（dead reckoning，DR），是以当前时刻位置为起算点，通过测量移动距离和方位，推算下一时刻位置的方法，是车船定位导航中常用的一种技术。地图匹配（map matching，MM）是将车辆定位轨迹与数字地图中的道路网信息相匹配，由此确定车辆位置的一种定位技术，主要用于在铁路站场环境中提高 DR+GPS 的定位精度。

DR+GPS+MM 定位信息采用卡尔曼滤波进行数据融合，最终输出精确可靠性最好的定位数据。

4.5 基于位置的地理信息服务

4.5.1 位置服务的概念

位置服务（location based service，LBS），又称基于位置的服务。广义的位置服务泛指所有与位置相关的地理信息服务；狭义的位置服务特指移动通信技术与定位导航技术相结合，在 GIS 平台支持下提供与位置相关服务的增值业务，也称移动位置服务。

美国学者 Schilit 在 1994 年首次提到位置服务，并指出提供在哪里（位置信息）、和谁在一起（社会信息）、周围有什么资源（信息查询）是位置服务的三大目标，构成位置服务的基本内容。位置服务的基本内容包括五个方面：定位，导航，定点查询，识别，事件响应。21 世纪初，基于 GPSOne 技术的商业化位置服务业务开始在美国、日本、韩国、加拿大和欧洲一些国家兴起，向用户提供基于位置的娱乐、信息、求助等服务。2002 年，中国移动在国内首次开通位置服务业务，提供“我在哪里”“你在哪里”“找朋友”和导航地图下载等服务。近年来，我国私家车数量迅猛增长，车辆导航市场随之爆发性扩张，基于位置服务的道路导航、车辆监控服务等业务迅速得到普及。

位置服务集成了定位导航、无线通信、物联网、GIS 和大数据分析等技术。其中，定位导航技术是位置服务的基础，快速、准确地提供移动终端位置是移动位置服务的前提。

商业化移动位置服务业务可提供的基本功能有：定位，通过移动终端定位设备获得当前位置及相关信息；导航，利用移动终端显示导航地图和到达目的地的路线，实现自助导航；查询，根据输入信息查询位置、线路、兴趣点（POI）等信息；路线规划，根据输入的起讫点位置，在道路数据库支持下生成最佳路线；地图功能，记录行走轨迹，支持地图缩放等操作。

位置服务前景十分广阔。按照目前位置服务的应用，可划分为管理类、生活类和社交类三种类型。管理类位置服务主要是面向企业的车辆管理、车辆租赁、地址查询等服务，如集车源货源智能匹配、短信通信平台、车辆与货物跟踪平台、网络支付平台于一体的“寻车配货”服务。生活类位置服务主要是面向个人的地图、导航服务，如道路导航、加油站查询、餐饮购物引导等服务。社交型位置服务主要借助微信、QQ、微博等社交平台，为虚拟网络社交环境提供真实位置背景，增强网络社交的功能。

4.5.2　基于位置的地理信息服务案例：共享单车

共享单车是一种建立在物联网基础上、以自行车为载体的新型交通工具租赁业务。共享单车不仅能较好地解决城市交通最后一公里问题，而且通过鼓励绿色出行，在减轻城市拥堵、减少环境污染方面也有积极意义，尤其在校园、地铁公交站点、居民区、商业区、公共服务区等环境中使用非常便捷，是一种典型的基于位置的大众化地理信息服务。

图 4.34　共享单车的发展

我国共享单车服务最早出现在 2007 年，2015 年进入高速发展阶段，在市场竞争选择下，至 2017 年形成了永安行、ofo 和摩拜三足鼎立之势（图 4.34）。

1. 服务模式

从业务流程上看，各类共享单车具有共同的模式：通过手机 APP 实名注册，手机绑定、缴纳押金和充值后注册成功；通过手机定位寻找附近单车，开锁取车，骑行到目的地后锁车，系统自动计费，租赁过程完成。

共享单车服务过程涉及租车人、单车和租赁企业，并通过互联网连接在一起。租赁企业的管理系统利用租车人和单车在一次租赁过程中的起讫位置，计算租赁费用，同时监控单车的位置、行迹和状态。从其管理模式可以看到，实时获得单车位置是共享单车服务运营的关键技术。

由于发展历史和企业策略不同，不同品牌的共享单车采用了不同的定位和追踪技术。在整个技术环节中，租车人通过“手机 - 单车互联”实现租车，其核心部件是车锁，不同的车锁技术采用不同的定位和追踪方式，以及不同的运营模式。

2. 固定桩技术

图 4.35　固定桩单车

固定桩单车是早期共享单车应用的技术，以承包市政单车租赁业务的永安行为代表。在城市不同位置安置固定车桩，固定桩与控制中心之间由网络互连，系统通过固定桩定位和追踪单车，获得租车人的信息（图 4.35）。

采用固定桩技术的共享单车，要求取车、还车必须到有固定桩的地方，显然不够灵活；同时，单车本身没有定位装置，容易丢失。因此，后来发展的共享单车大都采用了基于无线网络的无固定桩技术。

3. 非智能锁技术

以校园单车共享起家的 ofo 为代表，第一代非智能锁是机械密码锁，无通信功能，且密码固定，隐患很多；第二代采用了动态密码技术，可单向发送信息，也被称为伪智能锁（图 4.36）。

图 4.36　采用动态密码技术的伪智能锁

采用非智能锁的共享单车，系统借助租车人手机对单车进行定位和追踪。使用机械锁的单车，租车人用手机输入单车编号或扫码发送租车请求，系统将车锁密码返回；骑行结束后，租车人发送锁车成功信息，这时系统就将手机位置记录为单车的最后位置。使用伪智能锁的单车，一是采用了动态密码，密码每 60s 变更一次，增加了安全性，二是租车人解锁、锁车成功时，车锁向云端控制系统发送开、锁车信息，系统记录手机所在位置（图 4.37）。

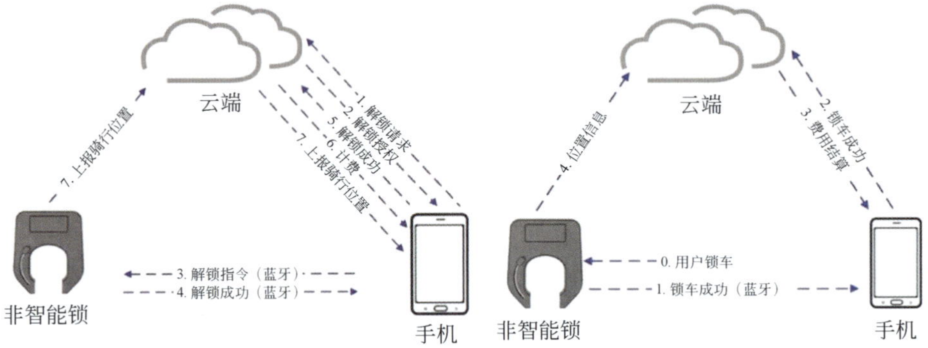

图 4.37　非智能锁工作原理

非智能锁单车定位和追踪方式的优点是成本低，定位精度满足计费要求；不足是单车实际位置可能不准确，被人占为己有时难以发现，维护成本高。

4. 智能锁技术

以摩拜单车为代表，采用集成有 GPS 定位芯片、GSM 无线移动通信模块和物联网 SIM 卡的智能车锁（图 4.38）。

智能锁具有与云端控制中心双向通信的功能。租车人用手机发送解锁请求，控制中心记录用户信息并向单车发送指令，单车收到控制指令后执行 GPS 定位和开锁；骑行结束后，租车人锁车，智能锁将锁车成功和 GPS 定位信息发送到控制中心，控制中心记录单车位置，向手机发送结算缴费指令（图 4.39）。手机—云端控制中心—单车构成数据流闭环。

图 4.38 智能锁

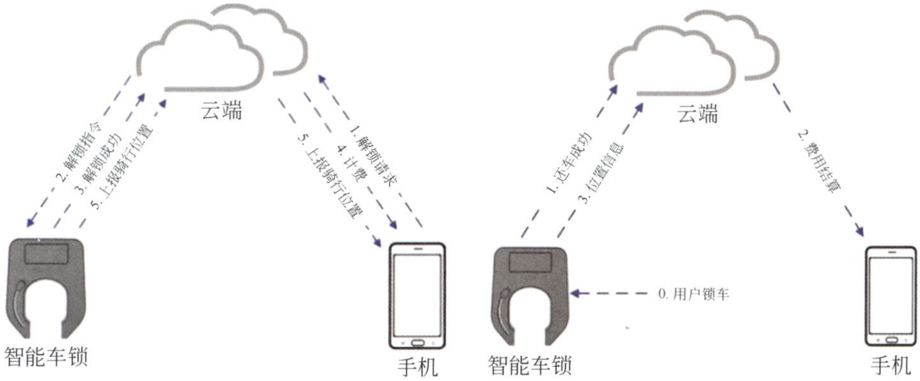

图 4.39 智能锁工作原理

智能锁单车定位和追踪方式的优点是定位实时、可靠、准确，能有效避免随意乱放、甚至将单车占为己有的现象；不足是车锁成本高，耗电量大，需要通过骑行给车锁充电，影响骑行体验。

5. 延伸服务

共享单车系统每天都能产生大量数据，尤其采用智能锁时，系统可以实时获取单车位置、骑行路径、用车热点区域、用户使用习惯等信息资源。如果结合城市天气、环境、时间、交通、商业、教育等基础数据，在地理大数据和空间分析方法支持下进行数据挖掘和数据融合，就可以为城市管理、商业广告、居家出行等规划决策提供地理信息延伸服务。

4.5.3 基于位置的地理信息服务案例：自动驾驶

自动驾驶是汽车产业与人工智能、物联网、高性能计算机等新一代信息技术深度融合的产物，具有广阔的应用前景。

1. 自动驾驶的关键技术

所有驾驶者在启动车辆时都会清楚地知道“我在哪里”、“我要去哪里”和“我怎么去”这几个问题，自动驾驶也不例外。很显然，这些基本问题都是与位置有关的问题。

按照国际上普遍使用的美国汽车工程师协会（SAE）标准，汽车的自动驾驶水平可划分为六个等级：

Level 0，无自动驾驶功能，车辆完全由驾驶人控制。

Level 1，有辅助驾驶功能，一般安装有防抱死刹车、定速巡航等装置，可以接管驾驶中一些非关键性的操作。

Level 2，部分自动驾驶，在特定情形下自动驾驶系统可接管驾驶控制，如在高速公路上自动驾驶，但需要驾驶人随时监控。

Level 3，有条件自动驾驶，驾驶人不需要随时监控，但要处于随时能接管操作的状态，系统识别到紧急情况时报警，驾驶人需要立刻接管驾驶。

Level 4，高度自动驾驶，在特定情形下自动驾驶系统接管驾驶控制，且完全不需要人操作，这种情况需要路段环境设施符合自动驾驶规范要求。

Level 5，完全自动驾驶，自动驾驶系统能在整个行驶过程中自动处理所有情况，完全不需要人的介入。

各种等级的自动驾驶必须解决三个关键技术。首先是厘米级高精度实时定位技术，这是自动驾驶的数据基础；其次是行驶路径规划技术，第三是控制车辆执行路径规划的线控系统技术。

行驶路径规划涉及两个层次的任务。全局路径规划，主要是确定起讫点位置和到达目的地路线选择，利用导航地图就可以实现，是比较成熟的技术。局部路径规划，又称避障规划或实时导航规划，在高精度激光雷达点云图和厘米级导航地图支持下，通过比对、识别雷达获取的信息，得到安全的避让行驶路径规划。局部路径规划分解为加速度和角速度规划，再由控制模块执行，实现对车辆的实时导航操作。

基于位置共享的车联网是智能汽车发展的方向。准确的车辆位置，不仅是自动驾驶车辆规划行驶路径的基本信息，而且是智能汽车实现车与车（V2V）、车与路边基础设施（V2I）、车与城市网络互联的基础。可以说，高精度实时定位技术是实现自动驾驶和汽车智能化的最大技术挑战之一。

2. 自动驾驶的定位设备

自动驾驶汽车装备有多种传感器（图 4.40），可以迅速、准确地获取位置和环境信息，为路径规划提供可靠的数据，以保证行驶安全。用于定位的设备主要包括各种雷达、GNSS 接收机、高精度地图等。

激光雷达（LiDAR）一般安装在车顶上，是重要的定位和障碍物检测设备。利用安装有激光雷达的数据采集车在某段道路上多次行驶收集点云数据，经人工标注，过滤掉错误信息，可拼接得到高精度点云图。自动驾驶车辆在该路段行驶时，车载激光雷达实时扫描

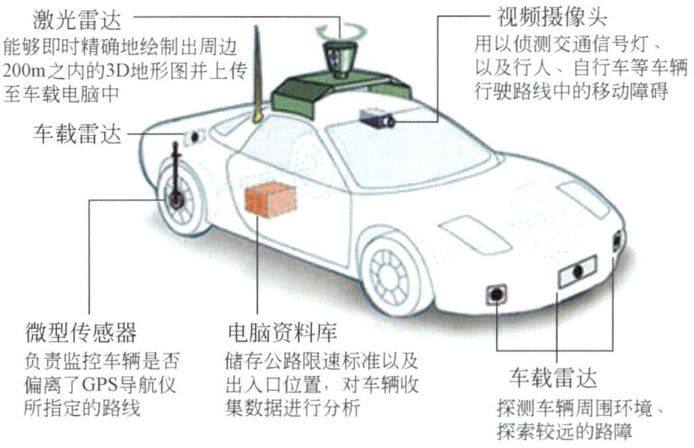

图 4.40 自动驾驶汽车智能感应设备

生成点云图，并与预先制作的高精度点云图进行比对，可以识别环境、发现障碍和确定位置。这是目前最成熟、准确度最高的自动驾驶车辆实时定位方法。图 4.41 是利用车载激光雷达扫描生成点云图的示意图。

图 4.41 车载激光雷达扫描成图示意图

GNSS 接收机提供全球卫星定位数据。目前 GNSS 定位精度离自动驾驶的要求还有较大差距，提高 GNSS 定位精度是未来技术发展的重要方向之一。以 GPS 为例，高精度军用差分 GPS 在大气环境理想、接收信号较强的情况下，可得到静态厘米级精度的位置信息。但是，在车辆实际行驶过程中，定位误差就可能达到分米级甚至米级，这种误差对高速行驶的车辆而言是极其危险的。

高精度地图包括两种类型。一种是具有高精度地理坐标的矢量地图，主要用于全局路径规划和车辆启动前的初始定位；另一种是高精度点云地图，主要用于实时定位、环境感知和局部避障规划。高度自动和完全自动驾驶车辆（Level 4 和 Level 5 级），应配备厘米级精度的矢量地图，内容包含车道、车距、路障等道路详细信息。

自动驾驶车辆上还装备有视频传感器，现阶段主要用于检测交通信号灯、行人和车辆等移动障碍，利用图像处理和人工智能方法进行识别，用于局部避障规划。机器自动识别和环境感知能力距离人类的平均水平还很远，这也是有待解决的重要课题。利用视频信息和机器视觉理论的视觉定位方法尚不成熟，还处于试验阶段。

3. 自动驾驶的混合定位导航

自动驾驶采用混合定位导航模式。可能用于自动驾驶汽车定位导航的技术方法有我们已经很熟悉的全球卫星定位系统、惯性导航技术，也有在高速列车定位部分介绍过的航位推算、地图匹配方法，还有激光雷达、磁传感器、视觉定位等一些新的定位技术。

激光雷达是激光测距传感器的简称，是一种非接触式光学测量系统，原理是利用主动发射的红外激光，根据接收到反射激光所耗用时间计算到达目标物的距离，经处理后可获得反射光束角度、反射强度等信息，通过计算得到有关目标物的二维或三维坐标。利用激光雷达技术，通过检测人工路标或自然地物特征，获得相对定位信息；通过连续对比前后两次成像中的车辆位置和姿态变化，估算相对于初始位置的定位；通过与预先制作的全局高精度点云图匹配，得到车辆在全局坐标系中的绝对位置和姿态。激光雷达技术测距、测角精度高，实时测距精度达厘米级，测角精度达 6 秒级；感知距离远、覆盖角度大；扫描时间短，可达 30ms 以内；具有雾校正功能，对环境变化不敏感，可在黑夜、雨天工作。因此，激光雷达成为自动驾驶车辆目前标准配备的定位设备。

磁传感器（magnetic sensor）定位是在道路路面或路边预先铺设磁条、磁钉或射频识别设备，使经过的车辆能够感应这些设施的电磁信号，获取车辆相对于预定路径轨迹的偏差，实现定位导航的一种技术。磁传感器定位导航对车辆本身感知系统的技术要求不高，主要依托道路智能化设施提供可靠的导航信息，对交通基础设施建设要求较高。磁传感器定位设施一旦铺设完成就十分稳定，不受天气变化影响，维护也比较容易；不足主要表现在设备固定、变化困难，当线路变更时就要重新铺设设备。

激光雷达、航位推算、地图匹配和全球卫星定位系统组合的混合定位导航方法（LiDAR+ DR+ MM+ GNSS）是目前自动驾驶汽车最常用的模式。

自动驾驶汽车定位导航具体实现的场景是这样的：自动驾驶汽车在启动前首先利用 GNSS+ 厘米级导航地图精确定位，启动激光雷达，同时根据乘车人确定的目的地自动完成全局路径规划；汽车启动后激光雷达在预装高精度点云图、航位推算和 GNSS 配合下，不断进行实时定位和障碍物识别，连续完成局部路径规划并引导控制系统工作，实现完全自主导航。

思 考 题

1. 导航和定位二者之间有什么区别和联系？
2. 既然 GPS、GLONASS 等全球卫星导航系统已经成熟运行，我国为什么还要发展北斗卫星导航系统？
3. 未来的定位导航技术的发展趋势是什么？
4. 如何理解“位置服务即为基于位置的地理信息服务”？
5. Level 5 完全自动驾驶中涉及的导航定位和地理信息关键技术有哪些，技术现状如何？发展瓶颈是什么？

延伸阅读

曹红杰，陈应东，刘丹 . 2015. 位置服务：理论、技术与实践 . 北京：科学出版社

车战武，常志巧，范媚君，等 . 2017. 北斗导航定位服务性能时空特性分析 . 全球定位系统，42（1）：1-5

邓中亮，尹露，唐诗浩，等 . 2018. 室内定位关键技术综述 . 导航定位与授时，5（3）：14-23

金东阳，刘党辉，夏长峰 . 2014. GNSS/INS 深组合导航技术研究进展 . 全球定位系统，39（3）：24-28，32

谭述森 . 2017. 北斗系统创新发展与前景预测 . 测绘学报，46（10）：1284-1289

吴甜甜，张云，刘永明，等 . 2014. 北斗 /GPS 组合定位方法 . 遥感学报，18（5）：1087-1097

杨铮，徐京傲，Yao Lina. 2018. 室内定位：挑战与机遇 . 西北大学学报（自然科学版），48（2）：172-182

张小红，李星星，李盼 . 2017. GNSS 精密单点定位技术及应用进展 . 测绘学报，46（10）：1399-1407

赵锐，钟榜，朱祖礼，等 . 2014. 室内定位技术及应用综述 . 电子科技，27（3）：154-157

Dhar S，Varshney U. 2011. Challenges and business models for mobile location-based services and advertising. Communications of the Acm. ，54（5）：121-128

Liu T，Yuan Y，Zhang B，et al. 2017. Multi-GNSS precise point positioning（MGPPP）using raw observations. Journal of Geodesy，91：1-16

Mohamed E. 2014. Precise point positioning using triple-frequency GPS measurements. Journal of Navigation，（3）：75-81

Odolinski R，Khodabandeh A. 2016. Multi-GNSS positioning//Grafarend E. Encyclopedia of Geodesy. Berlin：Springer

Won D H，Lee E，Heo M，et al. 2014. GNSS integration with vision-based navigation for low GNSS visibility conditions. GPS Solutions，18（2）：177-187

Xu G C，Xu Y. 2016. GPS：Theory，Algorithms and Applications：3rd ed. Berlin：Springer

第五章　地理数据获取与航测遥感

准确、客观地刻画和表达人类生存环境各类要素的现状及其变化的地理数据是地理信息科学研究和应用的基石。现代对地观测技术尤其是遥感技术能从太空、空中、地面乃至水上和水下不同观测平台上，以全天候、全方位、多尺度、多视角、多传感器手段对地球表层进行持续观测，获取反映地球系统各要素的特征和变化的地理空间数据，为地理环境变化的分析和模拟提供了坚实的数据基础。本章从地球观测的遥感需求入手，简要介绍遥感的基本原理及其技术系统，重点阐述基于多种遥感手段的地理要素几何数据和物理参数数据获取与处理方法，结合案例讨论遥感地学分析方法及其服务模式。

5.1　地球观测的遥感需求

5.1.1　地球观测的需求

为了在全球范围内实时掌握地球系统各要素的特征和变化，就需要对它们进行全天候、实时或准实时、多平台的立体观测，使人类源源不断地、快速地获取地球表层各类要素随时间变化的几何信息和物理信息；进而揭示地球上各种现象的时空分布规律、变化过程，从而指导人类合理地利用和开发资源，有效保护和改善环境，积极防治和抵御各种自然灾害，不断改善人类生存和生活的环境质量，以达到经济社会可持续发展的双重目的。

地球观测也称对地观测，是以地球表层空间为研究对象，依托卫星、飞船、航天飞机、飞机以及近地面平台等所携载的专用仪器设备，利用可见光、红外和微波等电磁波以及声波、地震波等各类波，对人类生存所依赖的地球环境及人类活动本身进行的各种探测活动。现代对地观测技术体系是由遥感技术、通信技术、GNSS 全球定位技术、地理信息系统技术以及其他高新技术紧密结合所形成的，其中遥感（remote sensing）是最重要的地球表层各类事物和现象的数据获取手段。

地球观测的内容多种多样，其目的主要是为了加深对地球系统及其变化规律的理解，掌握各种地球现象发生的原因及变化方式、自然和人类对全球环境变化的作用等，回答何物（what）、何地（where）、何时（when）、何因（why）及如何（how）变化的问题，建立人类对地球系统发生的各种现象的长期监测体系，改进对全球尺度上地球系统各分量及它们间相互作用的理解。地球观测的内容为多学科、多领域、多视角的综合研究。

5.1.2　地球观测的手段

对地球进行观测的传统方法是直接观测法，即人工或建立地面平台在现场进行直接观测，显然这种观测方法难以满足对大范围地理事物或现象进行观测的需求。随着技术的进步，机载乃至星载对地观测技术不断发展起来，如利用直升机、小型飞机、无人机和卫星平台获取不同类型的数据（图 5.1），进行测绘、土地与城市规划、火灾与水灾灾情监测、农作物生长态势评估、战场环境监测、军用目标识别等工作。

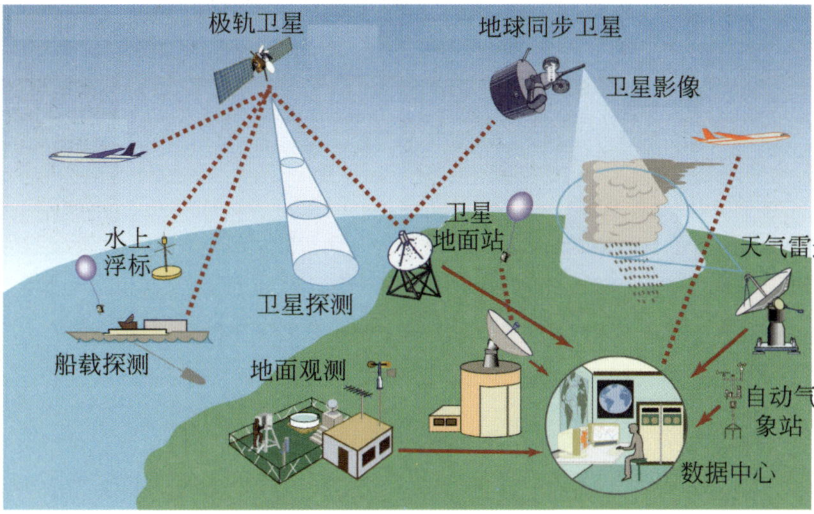

图 5.1　地球观测的技术手段

“遥感”是现代社会的一个新词，但人类对它的需求却是从古代就开始了。我国经典的神话故事《封神榜》里面出现的两个重要人物——“千里眼”和“顺风耳”，就是我们的祖先不断设法扩大自身的感知能力和范围，实现遥感的一个很好的体现。1610 年意大利科学家伽利略研制的望远镜及其对月球的首次观测，可以视为遥感的最初尝试和实践。而现代意义上第一次真正实现航空遥感源自 1858 年人们利用热气球获得巴黎上空的第一张俯瞰照片。在 20 世纪初，莱特兄弟成功地飞上了蓝天，让人类置身高空俯瞰我们的地球成为可能。航天遥感时代开启于 1961 年苏联宇航员加加林在遥远的太空看到我们蓝色的地球。

遥感发展历史悠久，经历了无记录地面遥感阶段（1608 ～ 1838 年）、有记录地面遥感阶段（1839 ～ 1857 年）、航空航天摄影成像遥感阶段（1858 ～ 1956 年）、天地一体化定量遥感阶段（1957 年至今）。

遥感技术使人类能够从更远的距离、更高的高度、更深的层次观察人类的生存环境，快速、大范围地获取地理信息。这些特性使得人类对遥感技术的需求越来越大，遥感在当今社会的应用也越来越广。例如，在气象预报中，运用遥感技术可以动态监测气旋、云团等的运动规律，实现“看云识天气”，从而进行台风、降雨 / 雪的天气预报；此外，遥感技术在森林火灾、江河洪灾、地震灾害等的灾后救援和评估工作中也得到了广泛的应用（图 5.2）。

例如，在 2008 年 5 月 12 日汶川地震灾后的救援和灾情评估工作中，遥感技术发挥了重大作用。地震发生后不到一个小时，国家各部门和单位开展了紧张有序的灾区遥感影像获取和分析工作，通过获取的遥感影像，救灾人员可以准确了解灾区的房屋倒塌、道路损

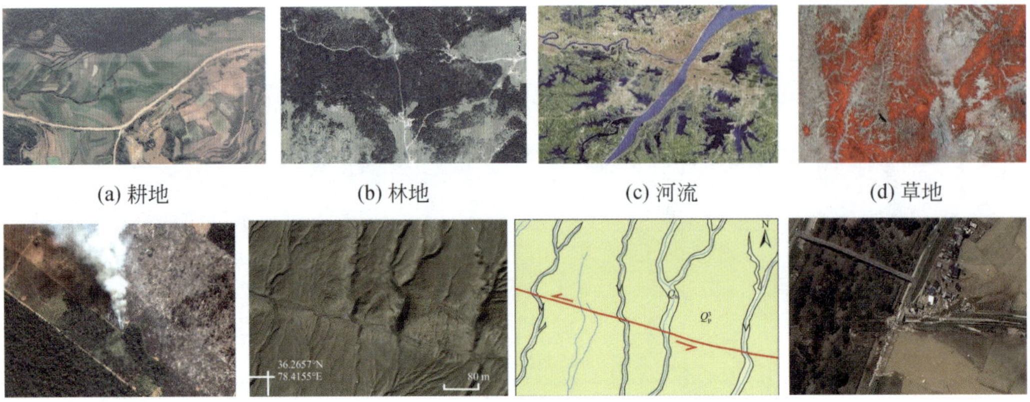

(a) 耕地　(b) 林地　(c) 河流　(d) 草地

(e) 火灾监测　(f) 断层解译　(g) 水灾

图 5.2　典型地理事物或现象的遥感影像

毁/中断、桥梁损毁、滑坡、泥石流等情况，为选定灾民安置点、制定救援物资运输路线等救援活动提供了很好的决策支持。与此同时，中国气象局通过风云卫星和国外的卫星资料结合灾区的地表数据，得到了准确的灾区气象条件变化情况，不仅为前方救援部队的行动提供了方案，同时也为制定堰塞湖排险工作方案提供了科学依据。

5.1.3　遥感对地观测

随着科学技术的发展，对地观测的方法已经不再局限于传统的地面直接观测，而是发展到空中及太空，从不同高度、不同视角，利用来自地物或现象的各类可感知信号，实现对地球的观测。

遥感，即遥远的感知，是 20 世纪 60 年代发展起来的对地观测综合性技术。

人们对遥感的理解，有狭义和广义之分。人们通常理解的遥感属于狭义遥感范畴，是指从远距离、高空，以至外层空间的平台上，利用各类红外、微波等遥感器，通过摄影、扫描等各种方式，接收来自地球表层各类地物的电磁波信息，并对这些信息进行加工处理，从而识别地面物质的性质和运动状态的综合技术。而广义的遥感则是指在各类地面、水上、空中、太空平台上，利用传感器，在非接触和远距离目标的条件下探测目标地物，获取其反射、辐射或散射的各类波（如电场、磁场、电磁波、激光、地震波、声波等）信号，并进行提取、判定、分析与应用，达到识别地物及其环境的科学与技术。

遥感技术的分类方法很多，从平台的高度看，反映了卫星的发展历程；从传感器多样化可看到人们制造传感器的能力在提高；从成像方式可看到人们在不断尝试新方向；而应用领域的变化则说明遥感在不断拓展自己的应用范围。

遥感对地观测较之常规手段具有如下突出的特点。

（1）可获取大范围数据资料。遥感航摄飞机飞行高度为 10km 左右，陆地卫星的轨道高度达 910km 左右，因而可及时获取大范围的信息。例如，一张陆地卫星图像，其覆盖面积可达 3 万多平方千米。这种展示宏观景象的图像，对地球资源和环境分析极为重要。

（2）获取信息的速度快，周期短。由于卫星围绕地球运转，从而能及时获取所经地区的各种自然现象的最新资料，以便更新原有资料，或根据新旧资料变化进行动态监测，这是人工实地测量和航空摄影测量无法比拟的。例如，Landsat 4 和 5，每 16 天可覆盖地球一遍；NOAA 气象卫星每天能收到两次图像；Meteosat 每 30min 可获得同一地区的图像。

（3）获取信息受条件限制少。地球上有很多地方自然条件极为恶劣，人类难以到达，如沙漠、沼泽、高山峻岭等。采用不受地面条件限制的遥感技术，特别是航天遥感可方便及时地获取各种宝贵资料。

（4）获取信息的手段多，信息量大。遥感技术大大地拓展了人类感官对周边环境的感知。根据不同的任务，遥感技术可选用不同波段和遥感器来获取信息。例如，可采用可见光探测物体，也可采用紫外线、红外线和微波探测物体，利用超声波探测水下地形和暗礁。利用不同波段对物体不同的穿透性，还可获取地物内部信息，例如，地面深层、水的下层，冰层下的水体，沙漠下面的暗河等。微波波段还可以全天候的工作。

5.2 遥感原理与遥感技术系统

5.2.1 遥感基本原理

1. 主动式和被动式遥感

按工作原理和工作方式，遥感可以分为主动式遥感和被动式遥感。

主动式遥感又称为“有源遥感”。它是指在遥感平台上传感器对被探测的目标物发射一定频率或一定波长的电磁波（如可见光、激光和微波等）、声波或地震波，并接收目标物返回的反射或后向散射回波信号，并通过分析回波信号的性质、特征及其变化来识别目标物体，如机载 LiDAR、星载合成孔径雷达（SAR）、船载多波束测深仪等分别向目标发射红外激光、微波和声波波束，探测其回波信号，由此形成遥感数据，通过对数据的分析和处理，从而实现对目标几何和物理参数的解析和提取。

被动式遥感又称为“无源遥感”。被动式遥感的传感器不向目标物发射电磁波，仅被动接收来自目标物自身发射的或对自然辐射源（如太阳）的反射信息，依赖外部能源进行遥感。例如，光学遥感利用太阳辐射（其能量主要集中在紫外、可见光和近红外波段）作为能源照射在目标上，传感器对地物反射的太阳辐射能量进行接收和成像；再如地物目标只要自身温度大于绝对零度（−273.15℃），就会不断地向外界辐射红外波，传感器类似于红外夜视仪那样接收这部分辐射能量并编码为图像。

需要指出的是，利用从紫外、可见光、红外到微波波段的电磁波进行主动式遥感或被动式遥感是当前最常见的遥感方式，而利用声波和地震波进行遥感通常仅适合于主动式遥感，且用于特殊目的。

2. 波的地物响应

除包含紫外、可见光、红外和微波在内的电磁波之外，也可利用声波、地震波等进行地物数据的遥感获取。各类波都可由能量、振幅、频率、波长、相位、速度等物理量进行度量。不同的是，电磁波是在空间传播的交变电磁场，是一种伴随变化的电场和磁场的横波，这些电场和磁场以光速传播并且彼此垂直，同时还与传播方向垂直，在真空中传播的速度为常数（3.0×10^8m/s），这是目前最常见的遥感信息源；声波在气体和液体介质中传播时是一种纵波，在不同的介质、不同温度以及不同高度上，声波的传播速度是变化的，能量衰减严重，一般用于水体中或水下地物的探测；地震波则属于弹性波，是纵波和横波（合称为体波）及面波的合成，不同类型的波在不同的介质中传播速度相差极大，从而可利用波的速度差来探测地下目标。

不论是电磁波（包括激光）、声波还是地震波，虽然在传播方式上有所差别，但在遇到目标后，都会产生反射（或散射）、吸收、衍射、甚至透射等过程，相同频率的两个波束在相遇时会产生干涉现象。地球表面不同类型的地物因为其物理、化学、生物等方面的特性千差万别，所以，它们分别对不同波长或频率的电磁波、声波或地震波的响应也呈现明显差异。对于传感器而言，接收到的是来自地物目标的反射波或自身辐射的波信号，其能量大小随地物类型、波长或频率的不同而不同。遥感器对接收到的能量进行编码获得遥感数据，显然遥感数据中不同地物目标的信号强弱有明显差异，这是遥感数据识别地物目标、获取目标几何和物理参数的重要依据。

以主动式遥感为例，当传感器向目标投射电磁波、声波或地震波时，因为不同地物目标的物质组成、表面粗糙度、颜色、结构、含水量、介电性质等存在显著差异，所以对投射来的波能量的吸收、反射能力也有明显差别，传感器将接收到的来自不同地物反射或散射的波能量大小进行编码后，获得的遥感数据可辨识出不同的地物目标。

有些主动式传感器除对来自地物的波能量大小进行编码之外，还通过比较发射出去的波与反射回来的波两者之间的相位差别，记录这种波的相位变化，如合成孔径雷达（SAR）成像不仅具有强度信息还有相位信息；还有些传感器依据检测出的相位差异进一步计算出传感器到目标之间的距离，如机载、车载或地面激光雷达（LiDAR），并对反射强度和距离进行数字编码，获得遥感数据。

3. 遥感信号的数据表达

无论是主动式遥感还是被动式遥感，当传感器接收到来自地物目标的波反射（散射）信号后，对波信号的能量大小进行调制、对波的相位进行检测，并以数字编码（最常见）或模拟信号的形式输出到相应载体上，得到以数字图像、像片（或胶片）或其他非影像表示的遥感数据（如微波散射计数据），其中以图像或影像形式表达的遥感数据是最常见的形式。而以非影像方式记录的遥感数据，为了便于应用，一般也将其转换为图形或图像，进行可视化表达。在以电磁波为信息源尤其是被动式遥感中，可将来自地物目标的反射能量按波长分为若干通道，传感器分别接收和记录较窄波长范围内的反射电磁波能量，形成多波段遥感或高光谱遥感。图 5.3 给出了几种典型遥感数据的可视化表达结果。

5.2.2 遥感技术系统

遥感技术系统是负责对探测对象的波反射（或辐射）信号进行收集、传输、校正、转

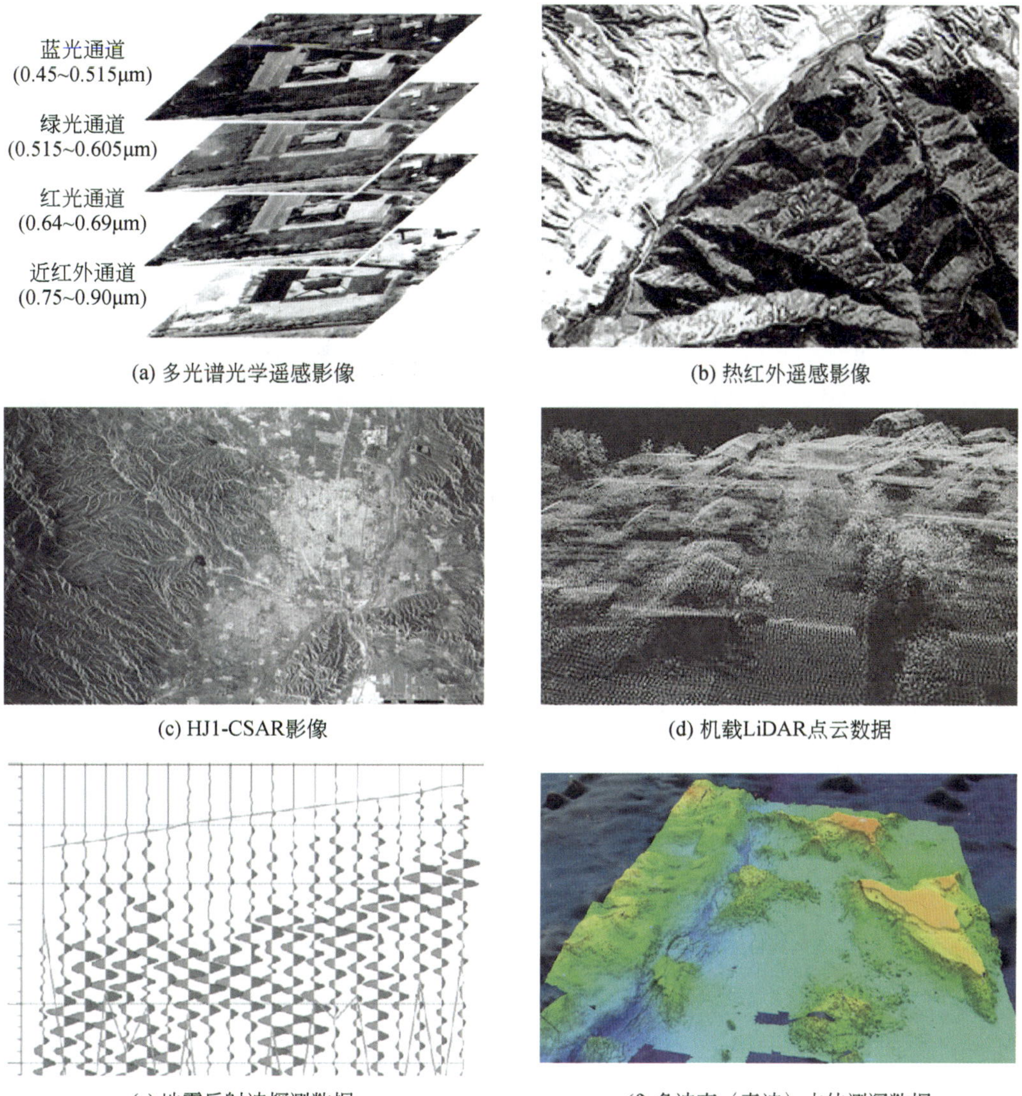

(a) 多光谱光学遥感影像　(b) 热红外遥感影像

(c) HJ1-CSAR影像　(d) 机载LiDAR点云数据

(e) 地震反射波探测数据　(f) 多波束（声波）水体测深数据

图 5.3　几种典型遥感数据的可视化表达

换、处理和应用的技术系统，是由平台、传感、接收、处理应用几个子系统组成的综合性技术系统（图 5.4）。

1. 遥感平台系统

遥感平台是用于搭载遥感传感器，并为其提供技术保障与工作条件的工具。

根据运载工具的类型，可分为航天平台（包括人造地球卫星、宇宙飞船、航天飞机等）、航空平台（包括有人驾驶飞机或无人机、飞艇、高空气球等）和地面平台（车船、铁塔、三脚架等）。

在遥感平台中，由于航天遥感平台能从远离地球的太空中俯视地球、可周期重复观测地球，从而成为当今发展最快、应用最广的一类遥感平台。当今全球有数百颗卫星遥感平

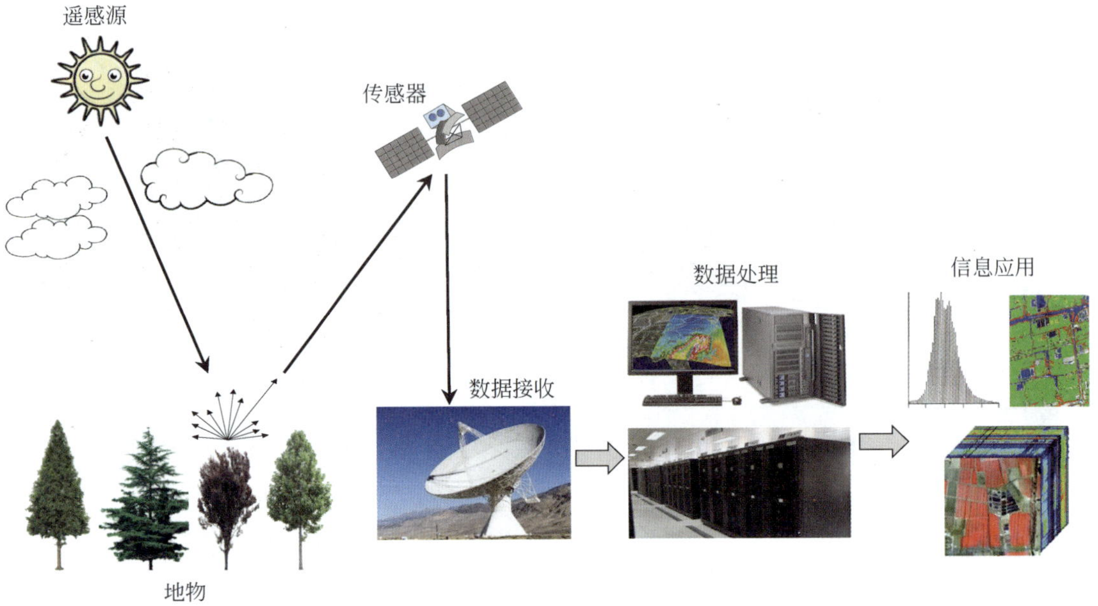

图 5.4 遥感技术系统的构成

台正在运行，根据卫星的服务内容，可将其分为气象卫星系列、陆地卫星系列和海洋卫星系列。我国有上百颗卫星遥感平台，包括气象卫星系列、资源卫星系列、环境卫星系列、高分卫星系列、小卫星系列，等等。

卫星沿着围绕地球的轨道高速运行，轨道面与地球的赤道面呈一定的夹角（称作卫星倾角），将倾角接近 90° 的称作近极轨卫星。大部分遥感卫星的轨道倾角为 96° ～ 102°，且轨道面绕地球自转轴旋转，其方向与地球公转的方向相同，旋转的角速度等于地球公转的平均角速度。轨道面与太阳的取向一致，由此可保证卫星沿轨道运行时不仅能覆盖地球的绝大部分范围，也能保证卫星经过同一纬度的“地方时”，在一段时间内几乎不变，即太阳同步。

近几年来，遥感卫星正朝小型化、星座化（多颗同类卫星同时运行）的方向发展。另外，为了达到对某些重点区域的持续不间断观测，与地球同步（卫星轨道面与赤道面平行且卫星沿轨道运行的角速度与地球自转角速度相等）且可凝视的“静止”卫星也得到快速发展，如我国发射的 FY-4 卫星、美国的 GEOS-R 卫星等。

2. 传感器系统

传感器是能接收来自地物目标反射或发射的波信号，并按一定规律变换成数字信号或其他所需形式的信息输出的遥感技术子系统，是遥感信息获取的关键。

因为除电磁波外，遥感还可能使用声波、地震波等，而不同的波自身随波长或频率的变化其性质也有很大的差异，再加上地物随不同类型的波及波长或频率的变化，其反射和发射特性也大不相同，所以传感器的类型极为丰富。依据不同的分类标准，传感器的分类有多种方式。按工作的波和波长可分为声波传感器、地震波传感器、可见光传感器、红外传感器、微波传感器等。按工作方式可分为主动式传感器和被动式传感器，被动式传感器接收来自地物目标自身的热辐射或反射太阳辐射，如各种相机/摄像机、扫描仪、辐射计等；主动式传感器则向目标主动发射强大的电磁波、声波或地震波等，然后再接收目标反射回来的回波信号，如激光雷达（LiDAR）、合成孔径雷达（SAR）、声呐、地震探测仪等。按信号记录方式可分为成像方式和非成像方式，前者又可依据成像原理分为摄影成像和扫描成像，后者仅记录目标的一些几何和物理参数，如到目标的距离、目标的散射特性等。图5.5给出了一些典型的遥感传感器。

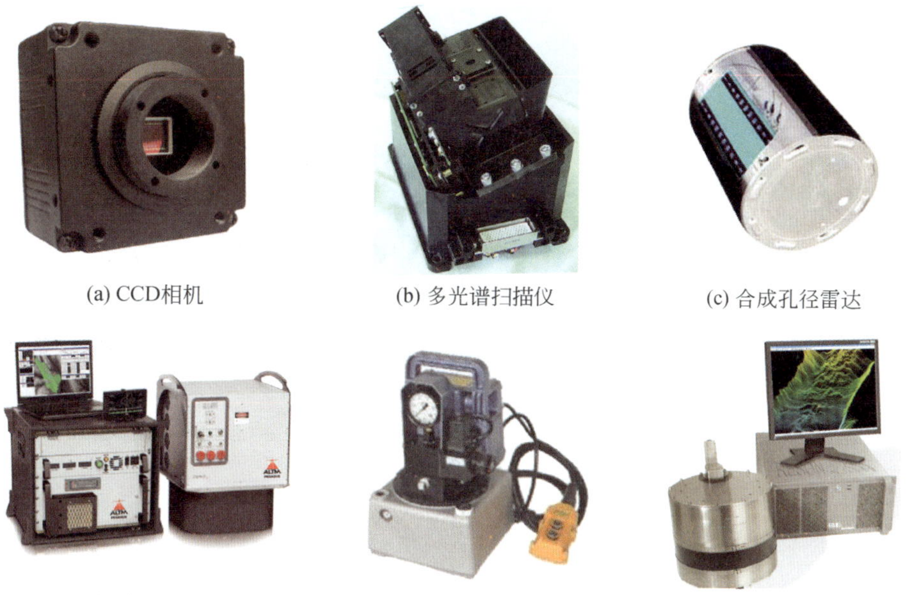

(a) CCD相机　(b) 多光谱扫描仪　(c) 合成孔径雷达

(d) 机载激光雷达　(e) 激光测高仪　(f) 多波束测深仪

图5.5　几种典型的遥感传感器

尽管传感器类型繁多，但它们都有共同的结构。一般来说，传感器由信号接收部件、探测部件、信号处理部件和数据记录部件四个部分构成，而主动式传感器除以上四个部件外，还具有产生并向目标发射特定波的部件。

3. 遥感数据的传输与接收

在遥感数据获取过程中，数据量庞大，如何将其正确、及时地发送到不同类型的用户手中进行专业应用，是数据传输与接收子系统承担的任务。对于地面或航空平台而言，因为数据采集过程持续时间较短，一般采取在采集过程中将数据存储在特定介质（如胶片、磁盘等）上，待采集任务结束后一次性取出或采用在线通信的策略将遥感数据传输到数据中心，并进行预处理。而对于航天遥感尤其是卫星遥感而言，因为卫星持续运行时间从数月到十多年，不可能等卫星返回地面后再接收所获取的数据，所以必须采取实时传输和接收的方式，在地面上获得这些数据，其方法是将所获得的数据以信号形式调制到无线通信电磁波上，从星上发送回地面卫星数据接收站（图5.6），由接收站负责进行数据的提取和预处理。由于电磁波基本沿直线传播，而卫星沿轨道绕地球高速运行，只有当卫星过境时（地面站能与卫星通信）地面站才能接收到卫星发来的数据。遥感数据量很大，需要在星上对数据压缩存储后，在卫星过境时完成数据的传输。为了保证数据传输的实时性，还可以为遥感卫星建造若干颗数据中继卫星（通信卫星，运行在离地球30000km以上太空中的地球同步卫星），这样，遥感卫星将所获得的数据通过无线电波发送给数据中继卫星，再由数据中继卫星传输给地面卫星接收站。

图5.6　卫星数据地面接收站

4. 遥感数据处理系统

地面卫星数据接收站从各种遥感平台和传感器上收集到的遥感信息因为受平台的稳定性、传感器的性能、天气条件、环境因素等多方面的影响，所获得的数据不能真实反映实际的情况，需要对这些数据在应用前进行预处理，以期获得能反映目标真实状态的信息。将地面卫星接收站接收到的遥感数据通过数据链路传输到遥感数据中心（图5.7），在这里利用数据存储和处理设备、数据处理软件对遥感数据进行标准化预处理、归档，并面向各类用户进行数据分发和共享。数据预处理的内容包括数据转换（模数转换、数模转换、格式转换等）、数据压缩和数据校正（包括几何校正、辐射校正等）。根据不同类型用户的应用需求，经处理的遥感数据往往有不同级别的产品，对应从原始数据到复杂的精加工产品，例如，陆地观测卫星地面系统处理和生产的标

图5.7　地面数据处理中心

准产品中，将多光谱数据标准产品分为 0 ～ 5 共 6 级，将合成孔径雷达（SAR）数据分为 7 级等。

5.2.3　遥感数据特征

遥感数据具有多源性，即多平台、多波段、多视场、多时相、多角度、多极化等，从这个意义上说，遥感数据是“多维的”。这种多维性可以通过空间分辨率、波谱分辨率、辐射分辨率和时间分辨率等指标来度量和描述。

1. 空间分辨率

空间分辨率是指以影像表示的遥感数据上可辨识的临界物体空间几何长度的最小极限，它体现了对地物目标几何细节的分辨能力。

在传统的以胶片记录的摄影测量中，这一指标又称为“摄影分辨率”，以胶片上单位距离内能分辨出的线宽或间隔相等的平行细线条数目来度量，单位为线 /mm 或线对 /mm，它是摄影机物镜分辨率和胶片分辨率的组合。对于现代各种数据编码的主动式或被动式传感器而言，空间分辨率受传感器系统的分辨率、探测元件分辨率和灵敏度等多种因素的制约，取决于瞬时视场角 IFOV（instantaneous field of view，传感器探测元件的观测视野或地面分辨单元对传感器的张角）的大小及平台离目标的距离，通常采用影像上一个像元对应的地面单元的大小来表示。例如，美国 NOAA 气象卫星 AVHRR 影像的星下点分辨率为 1.1km、Landsat ETM+ 全色波段影像的空间分辨率为 15m、我国吉林 -1 卫星全色波段影像的空间分辨率为 0.76m，等等。图 5.8 给出了三种不同空间分辨率影像的对比，显然空间分辨率越高，在影像上能辨识出更多的地物目标几何细节。

(a) FY-2影像
(空间分辨率1km)

(b) Landsat TM影像
(空间分辨率30m)

(c) QuickBird影像
(空间分辨率0.5m)

图 5.8　不同空间分辨率影像的对比

在实际应用中，并非空间分辨率越高就越有用，而是应当根据实际用途和目的选择具有合适空间分辨率的遥感数据。

2. 波谱分辨率

波谱分辨率是指传感器在接收目标辐射波信号时能分辨出的最小波长间隔。波长宽度越窄，分辨率越高，所包含的信息量越大，它体现了在遥感数据上区分或识别目标性质的能力。

主动式传感器因为发射特定波长或频率的波信号，如激光雷达发射并接收红外激光(如 1042nm）、合成孔径雷达发射并接收微波（如 C 波段 5.6cm）、多波束测深仪发射并接收声波（如频率 160kHz）信号等，所以其波谱分辨率极高，但仅有单个通道。而被动式传感器主要利用目标对太阳辐射的发射或自身的热辐射，其波长范围大，对其可进行波谱细分，以便通过对目标在不同波长带内的反射或辐射信号强弱差异及其组合来识别地物目标。多光谱传感器一般将可见光和近红外波段分为近十个波段，每个波段波长间隔 100nm 左右；而高光谱传感器能达到以波长间隔为 4 ～ 6nm、以数十乃至数百个波段通道来记录地物的连续光谱信号差异（图 5.9），便于研究地物目标的物理性质。

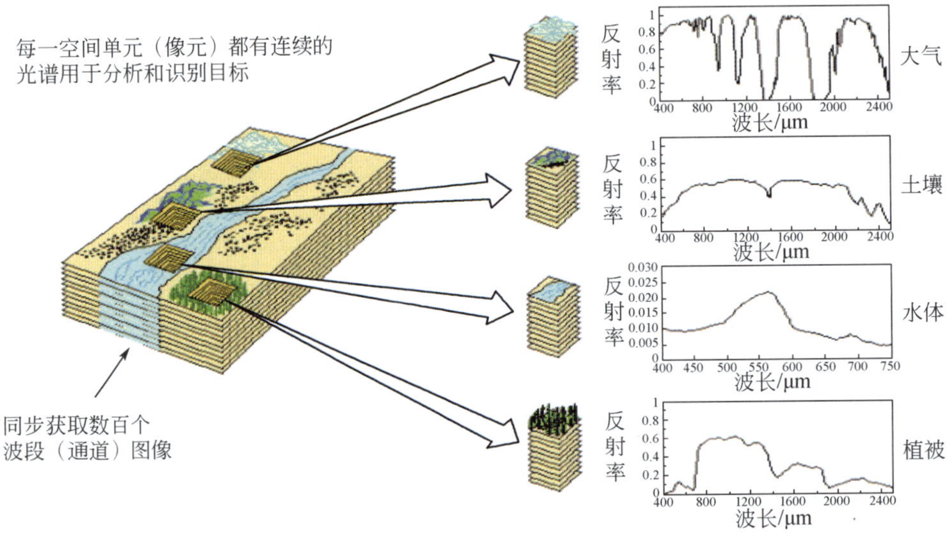

图 5.9　成像光谱仪数据

由于传感器是对 IFOV 内目标反射或辐射的总能量进行探测或成像，从而导致波谱分辨率与空间分辨率之间存在着矛盾，空间分辨率高的波谱分辨率通常较低，光谱分辨率高的通常其空间分辨率较低。

3. 辐射分辨率

辐射分辨率是指传感器接收来自目标的反射或自身发射的波信号时，对信号强弱的敏感程度，或传感器能分辨的目标反射或辐射的波强度的最小变化量，这也体现了对不同目标微弱信号差异的区分能力。

在遥感影像上，辐射分辨率直接表现为每一像元的灰度或亮度；在数字遥感影像中，则体现为辐射量化级，以 2^n 表示，如 n 为 7、8、10 或 12 等，n 越大，辐射分辨率越高。

4. 时间分辨率

时间分辨率是指对同一地点进行遥感观测的最小时间间隔，即观测的时间频率，时间间隔大，时间分辨率低，反之时间分辨率高。它体现了遥感对同一区域的重复观测能力。

对于卫星遥感而言，时间分辨率（也称重访周期）取决于卫星轨道高度、轨道倾角、轨道间隔、运行周期等参数。例如，我国 ZY-3 卫星的重访周期为 59 天，美国 Landsat 8 卫星的重访周期为 16 天；气象卫星的时间分辨率一般较高，如我国 FY-3 卫星为 0.5 天。为了提高卫星的时间分辨率，便于对动态变化的目标进行持续观测，可同时编组布设若干颗同类卫星，沿相同轨道或不同轨道对地面同时进行观测，如 FY-3 共布设了四颗卫星（分别为 A、B、C 和 D 星），使得 FY-3 的时间分辨率提高 4 倍；另外地球同步的“凝视”卫星时间分辨率更高，其时间分辨率为 0.2 ～ 0.5 小时 / 次。

时间分辨率对于动态目标的监测尤为重要，例如，对天气变化、灾害的监测需要时间分辨率高的遥感数据，通常以“小时”为单位；对植被、作物长势的监测则以“日”或“旬”为单位；而对城市扩展、河道变迁、土地利用等变化较慢的则以“季”或“年”为单位。

5.3　几何数据的遥感获取

5.3.1　几何数据及其获取方式

几何数据是地理数据重要的组成部分。地理空间中各类自然和人为的事物和现象（地理要素）都有其空间分布特征，如地形的高低起伏、河流的曲折延展、房屋的高矮错落，等等，对这些地理要素在二维或三维地理空间的位置、形状和大小进行描述与表达的数据就是几何数据。

为了获取各类地理要素的几何数据并进行图形化表达，人类发展了一系列从地面到空中乃至太空，从实地接触测量到利用各类成像或非成像、主动式或被动式传感器进行非接触遥感的几何数据直接获取方式（图 5.10）。

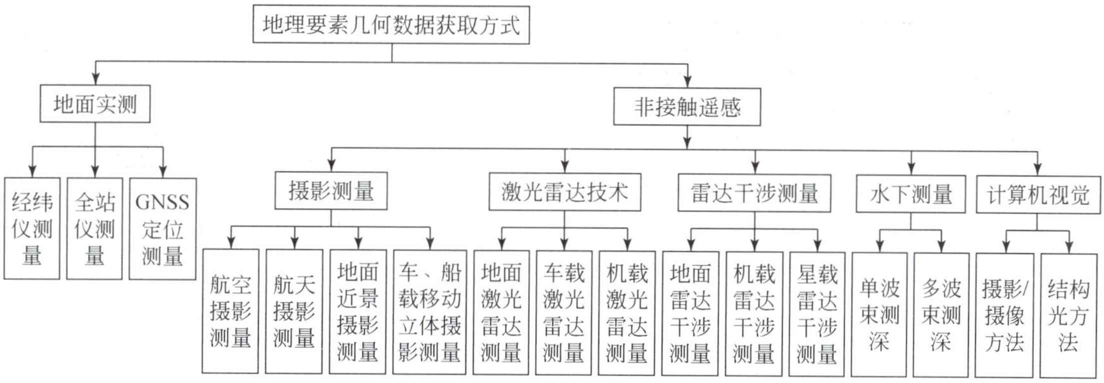

图 5.10　地理要素几何数据获取技术体系

在以上地理要素几何数据获取方式中，除利用经纬仪、全站仪和 GNSS 接收机对地理要素的特征点进行二维或三维坐标的实地测量外，在地面、车载或船载移动平台、飞机（包括有人机和无人机）或卫星平台上加载主动方式或被动方式的电磁波传感器（如 CCD 相机、红外探测仪、合成孔径雷达 SAR 等）、声波传感器（如声呐）对观测目标进行非接触式的遥感，获得影像或非影像的原始数据；通过对这些影像或原始数据进行特殊的处理和解析，提取观测目标的高精度几何信息，并获得几何场景的数字化表达，是现代遥感技术发展的重点，也是测绘学和地理信息科学的重要研究内容和数据生产方式。

不同平台、不同类型传感器在获取地面目标时的位置、姿态的差异，以及所获得的原始数据形式迥异，对这些数据进行处理的技术原理、方法也有显著差别。因此，在此仅对航空 / 航天摄影测量、激光雷达测量技术、合成孔径雷达干涉测量，以及基于计算机视觉原理的航空倾斜摄影、地面摄影 / 摄像的场景三维重建等技术进行介绍。

5.3.2 航空 / 航天摄影测量

因为航空和航天遥感影像的数字摄影测量技术具有数据采集速度快、应用成本低、劳动强度小、作业效率高、可生产多种比例尺（从 1 ∶ 5 万到 1 ∶ 500）数字地理信息产品（数字线划图 DLG、数字正射影像 DOM 和数字高程模型 DEM）的特点，所以其已成为大范围地理场景几何数据尤其是国家基础地理数据获取与更新的主要手段。

1. 航空摄影测量

航空摄影测量是在飞机上加载成像传感器（如框幅式相机或面阵 CCD 相机），以一定的航高对地面目标连续拍摄具有一定重叠度的像片或影像（图 5.11），结合地面控制点测量、影像判读与调绘、空中三角测量、立体测绘等步骤，实现对地理要素的几何数据采集与制图表达。

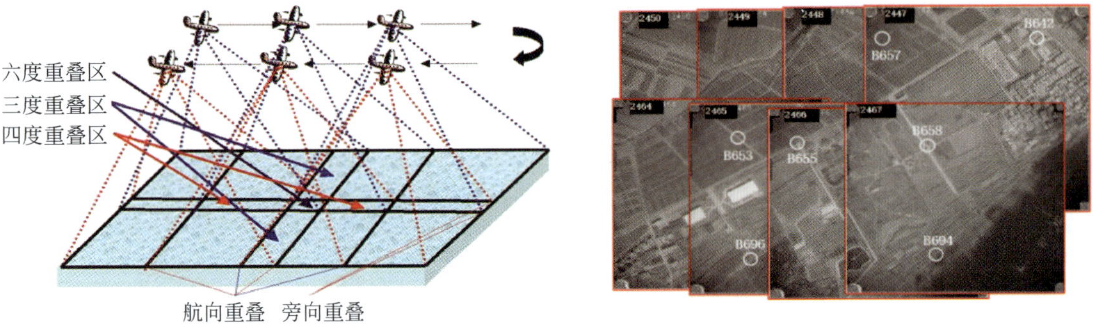

(a) 摄站与航线

(b) 影像航向与旁向重叠
白色圆圈及注记为像控点

图 5.11 航空摄影与区域影像

如何从二维平面影像上获得任意目标在地理空间中的真实三维坐标是包括航空摄影测量在内的各类摄影测量的关键。可利用摄影相机的小孔成像原理建立像点与其所对应的地面点之间的数学表达式来定量描述两者之间的几何关系。在成像瞬间成像中心 S（地理空间坐标为 X_s、Y_s 和 Z_s）、像点 a（在影像上的平面坐标为 x 和 y）和地物点 A（地理空间坐标为 X、Y 和 Z）位于同一直线上（图 5.12），以三点共线为基础，建立共线条件方程或成像几何模型。

由两幅影像的二维坐标求算地面点三维坐标的方式称作立体影像（或双像）前方交会（图 5.13）。若有三幅乃至更多不同位置拍摄同一地物的影像，那么可建立更多组共线方程，进行方程的联解，可提高地物点坐标解算的可靠性和精度。

无论是双像还是多像前方交会，都必须在不同影像上寻找同名点并得到其对应的影像平面坐标。针对数字影像，在计算机中，采用影像匹配方法代替人眼自动地在各影像上匹

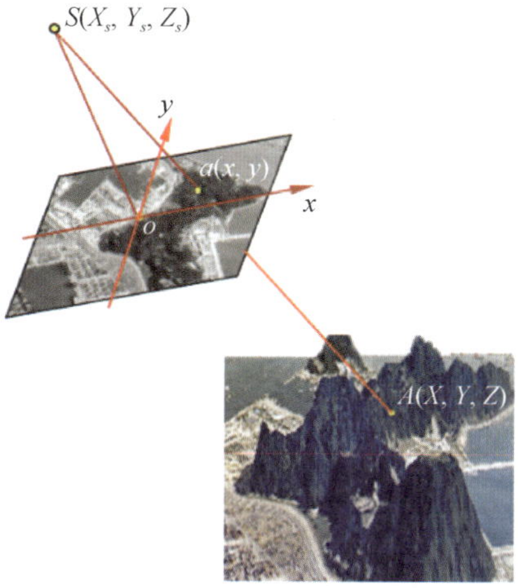

图 5.12　成像中心、像点和地物点三点共线

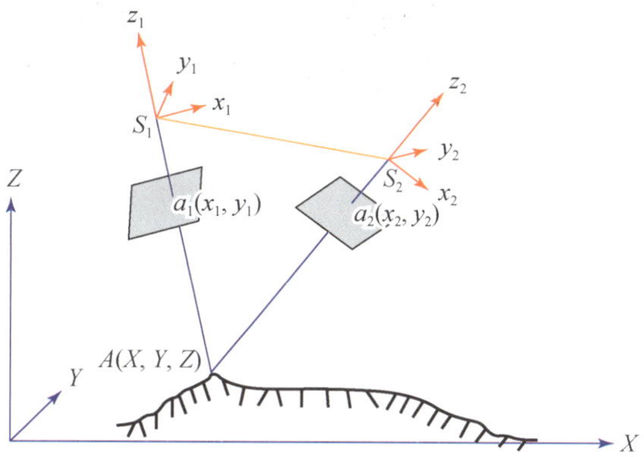

图 5.13　双像前方交会解算地面点坐标

配出同名点（图 5.14）。

数字摄影测量系统（digital photogrammetry system，DPS）（图 5.15）是按照摄影测量的原理，把数字影像或数字化影像作为输入，以交互或自动方式完成摄影区域内 DEM、DOM、DLG，以及 DEM 和 DOM 叠加形成的三维景观图的生产。

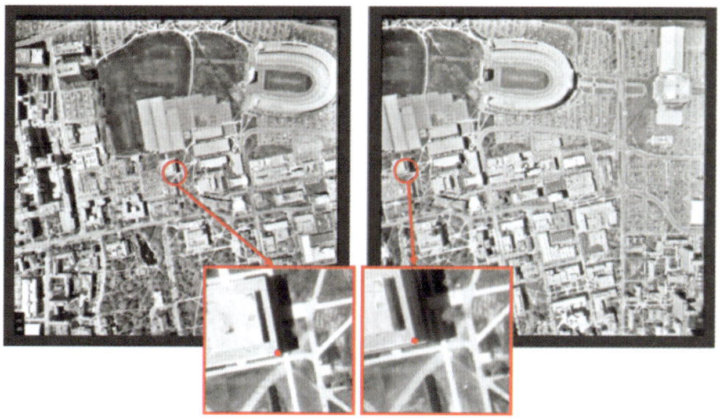

图 5.14　同名点的影像匹配

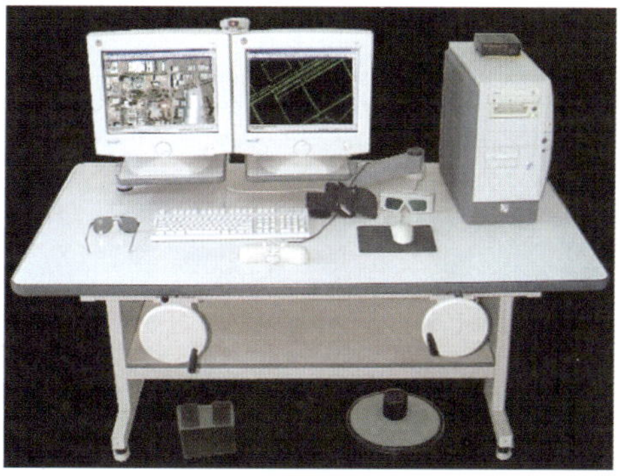

图 5.15　数字摄影测量系统

2. 航天摄影测量

利用航天尤其是高分辨率卫星遥感影像进行地理要素几何数据获取的原理、方法和过程与航空摄影测量基本相似。为了能进行立体测图，卫星遥感影像也必须满足在不同位置对同一区域进行重复成像的立体成像条件。不同的卫星遥感平台和传感器通常采用异轨单传感器偏向立体成像、同轨单传感器偏向立体成像或同轨多传感器立体成像等模式获得同一区域的两幅甚至更多幅影像，构成立体像对，并利用数字摄影测量系统进行地理要素的几何特征解析计算，获得 DEM、DOM 和 DLG 等基础地理数据产品。

我国 ZY-3 采用三线阵 CCD 传感器对地面进行推帚式成像，同时按不同视角获得地面的前视、下视和后视影像（图 5.16），形成对同一区域的立体影像覆盖。

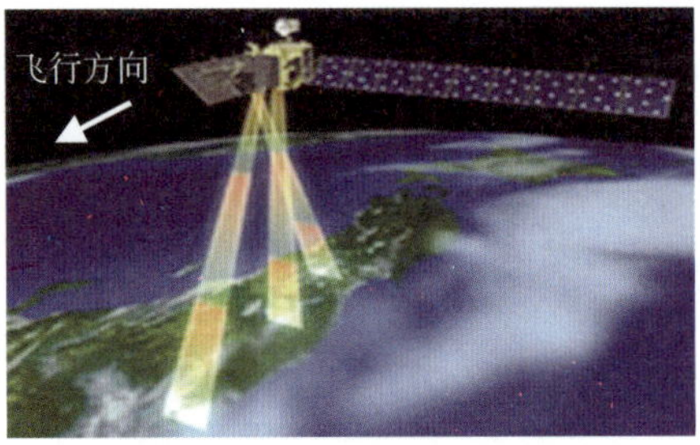

(a) ZY-3卫星运行

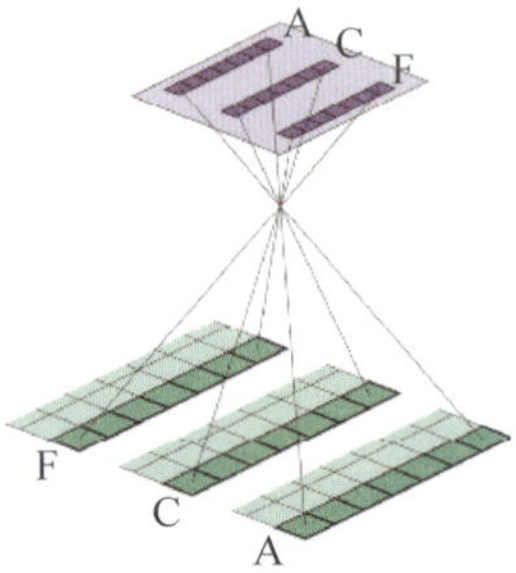

(b) 三线阵CCD

(c) ZY-3三线阵CCD影像

图 5.16 ZY-3 卫星立体成像

航天摄影测量与航空摄影测量采用框幅式或面阵CCD相机获取影像的最大不同在于，卫星遥感传感器类型繁多，且成像过程中卫星高速运行，成像位置和姿态是时间的函数，所以其成像几何模型不能简单地套用航空摄影中采用的共线条件方程。对此可采取两类解决方案：一类是根据传感器成像机理，类似于航空摄影测量，建立成像瞬间成像中心、像点及其地面对应点三者之间的严密几何模型，但对不同类型的传感器需要知道传感器的物理特性、影像成像机理，以及精确的轨道和成像参数，并分别建立不同的成像模型，这给实际应用带来诸多不便；另一类是忽略传感器的差异，以与传感器类型无关、形式简单的有理函数模型（RFM）作为各种航天传感器的通用成像几何模型，这是当今航天摄影测量普遍采用的方法。

卫星影像的立体测图过程与航空摄影测量基本一致，在数字摄影测量系统中，一般将其作为一个插件或模块纳入整个系统，以便共享数字摄影测量系统的基础功能，并完成 DEM、DOM 和 DLG 数据的采集与制图表达。图 5.17 是利用 ZY-3 立体测绘卫星影像通过数字摄影测量自动构建新疆牙克石地区的 10m 格网 DEM 的实例。

图 5.17 ZY-3 卫星影像立体测图构建的 DEM

5.3.3 激光雷达测量技术

激光雷达是激光探测及测距（light detection and ranging，LiDAR）的简称。通过传感器发射红外或近红外激光并接收来自目标的反射信号，直接测定目标到传感器的距离及反射强度，同时通过测定激光发射和接收器的三维坐标及激光束在三维空间的偏转角度，计算获得目标点（光斑脚点）的三维坐标，这是一类主动式遥感技术。因为 LiDAR 是通过激光束的偏转扫描获得探测目标表面密集的三维点信息，所以也被称作三维激光扫描技术，其本质上属于主动方式遥感。LiDAR 技术可直接密集、完整地获取各种大型的、复杂的、不规则的实物和地理场景的三维几何形态，为单个目标和地理场景的三维建模、几何参数量测提供了极大的便利。

按照载体的不同，LiDAR 可分为机载 LiDAR、地面 LiDAR、车 / 船载 LiDAR 及手持 LiDAR 等（图 5.18），其中，地面 LiDAR 一般固定在三脚架上，对周边目标进行 360° 或任意角度范围的扫描，测距方式采用相位式或脉冲式，获取的数据范围较小，但精度高；机载和车 / 船载 LiDAR 需要与定位、定姿传感器（GNSS/IMU）集成，才能获得地面目标脚点的三维坐标；手持 LiDAR 是以对小型物体三维形态精密测量与三维建模为目的。虽然不同类型 LiDAR 在工作方式、适用对象上具有一定差别，但其工作的基本原理基本相同。在此，以适合于大面积地理场景的机载 LiDAR 为例，介绍其对地观测的基本工作原理。

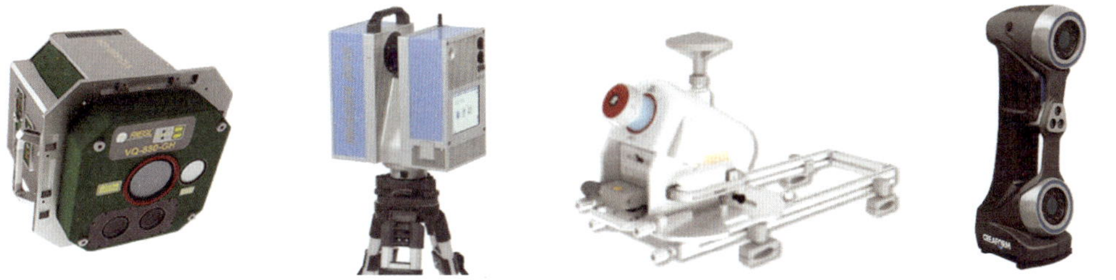

(a) 机载LiDAR　(b) 地面LiDAR　(c) 车/船载LiDAR　(d) 手持LiDAR

图 5.18 不同类型 LiDAR

典型的机载 LiDAR 是一个多设备集成的综合性系统。从机载 LiDAR 激光器发射出的脉冲激光从空中投射到地面目标，如树木、道路、建筑物等表面，引起散射，其中一部分光反射返回，被 LiDAR 的信号接收器接收。接收器记录脉冲发射与接收的时间差 t，即可计算出扫描仪激光发射器到地面目标的距离 $R=ct/2$（c 为光速）。在 LiDAR 扫描过程中，动态差分 GNSS（D-GNSS）实时测定激光发射器在地理空间的位置，IMU 测定激光束在空间的姿态，通过联合解算，可计算出激光脚点在地理空间的三维坐标。由于地面脚点密度极大（10 点 /m^2 以上），将这些具有反射强度和三维坐标的点称为“点云”（point cloud）。

对比航空摄影 CCD 影像和含反射强度的 LiDAR 点云数据（图 5.19）可见，CCD 影像含有光谱信息、可分辨更多地物细节，但像元没有坐标信息；而机载 LiDAR 点云对目标细节表达较弱，其强度仅反映反射激光的能力，经编码后，仅有灰度，但每一点都有精确的三维坐标。

图 5.20 给出了某一区域机载 LiDAR 数据及其滤波、分类后的 DEM 建模结果。

(a) 机载CCD光学影像　　(b) 机载LiDAR点云

图 5.19　机载 CCD 影像与 LiDAR 点云的对比

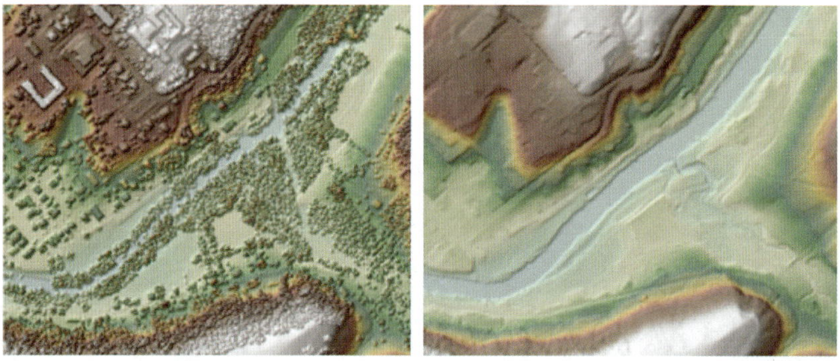

(a) 按高度着色的LiDAR点云　　(b) 滤波后构建的区域DEM

图 5.20　机载 LiDAR 数据及其 DEM 构建结果

5.3.4　合成孔径雷达干涉测量

作为一种主动式微波传感器，合成孔径雷达（sythetic aparture radar，SAR）具有不受光照和气候条件限制，能实现全天时、全天候对地观测的特点，甚至可以透过地表或植被获取其掩盖的信息。除可从 SAR 影像中提取目标的物理信息之外，还可从中提取目标的几何信息，其中一类方法是构成 SAR 立体像对，利用数字摄影测量技术，直接进行影像匹配和目标三维坐标的解析计算；另一类方法是同时利用 SAR 影像具有强度和相位信息，将同一地区不同时间的两幅 SAR 影像或相同时间但不同传感器获取的两幅 SAR 影像构成干涉对，进行干涉处理，获得地表的高度信息，即合成孔径雷达干涉测量（synthetic aperture radar interferometry，InSAR）。InSAR 技术将合成雷达成像技术与干涉测量技术进行有机结合，利用传感器高度、雷达波长、波束视向以及天线基距之间的几何关系，可以精确地计算出影像上每一像元的三维位置及其变化信息。

雷达干涉测量的基本原理是利用具有干涉成像能力的两部 SAR 天线（或一部天线重复观测）来获取同一地区具有一定视角差的两幅具有相干性、同时含有幅度和相位信息的单视复数影像（single looking complex，SLC），通过影像的精确配准、复共轭相乘得到干涉图、去除平地相位、干涉图滤波、相位解缠、轨道精炼和重去平、相位转化为高程与地理编码等环节的处理，得到成像区域的 DEM。

2000 年 2 月 22 日，美国奋进号航天飞机携带 C 波段（波长 5.6cm）和 X 波段（波长 3cm）双天线合成孔径雷达，在高度为 233km 的太空完成了为期 11 天的 SRTM（shuttle radar topography mission）数据采集任务。共采集了覆盖北纬 60° 到南纬 56° 之间、约占全球 80% 陆地的 SAR 影像。经过为期 2 年的 InSAR 处理，获得了覆盖以上区域，平面精度为 ±20m、高程精度为 ±16m，空间分辨率分别为 1 弧秒（约 30m）和 3 弧秒（约 90m）的两种全球 DEM 产品，前者称作 SRTM1，后者称作 SRTM3。2003 年开始，SRTM3 产品（图 5.21）公开对全球发布。

当对同一区域获得三个以上 SAR SLC 影像时，就可将这些 SAR SLC 两两组成干涉对，在计算干涉对干涉相位的基础上，对干涉相位进行差分处理，由此获得地面目标微小的地形变化信息，即差分雷达干涉测量（DInSAR）。理论上，地表变形的监测精度是 SAR 所采用的微波波长的一半（$\lambda/2$）。图 5.22 所示为使用 2010 年 4 月 14 日青海玉树地震前后三期日本 ALOS PAL SAR 影像，利用 DInSAR 技术进行地震地表变形信息提取的结果。

图 5.21　美国奋进号航天飞机 SRTM3 DEM 产品

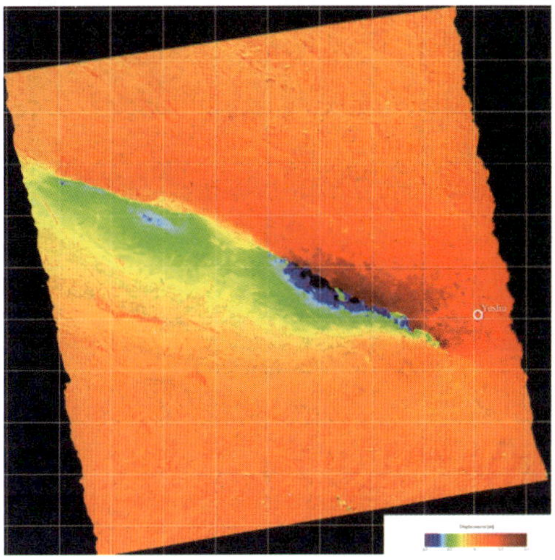

图 5.22　玉树地震 DInSAR 地表变形信息提取

除了 InSAR 和 DInSAR，还可进行多时序雷达干涉测量，利用永久散射体（permanent scatterer，PS）、短基线子集（sinall baseline subset，SBAS）等方法，对持续数年的几十幅 SAR SLC 影像进行时序 InSAR 分析，不仅可以获得地面总的变形量（上升或下沉），还可获得地表的年、季甚至月变化量。

5.3.5　多角度摄影 / 摄像与场景三维几何模型构建

在地面或无人机平台上利用普通数码照相机或摄像机对城市场景尤其是建筑物进行多视角或任意视角的倾斜摄影 / 摄像（属于被动式遥感），利用摄影测量或计算机视觉方法，对这些多视角影像序列进行场景的三维几何重建，获得场景三维模型，是现代摄影测量和计算机视觉领域共同关注的重点技术。其中倾斜摄影通常是指多视角的倾斜摄影，是通过在同一有人或无人机平台上搭载一台集成式或多台面阵 CCD 成像传感器，同时从一个垂直、若干倾斜等多个不同视角获取地面目标全方位影像的过程，如图 5.23 所示。

(a) 多旋翼无人机

(b) 五视角CCD像机

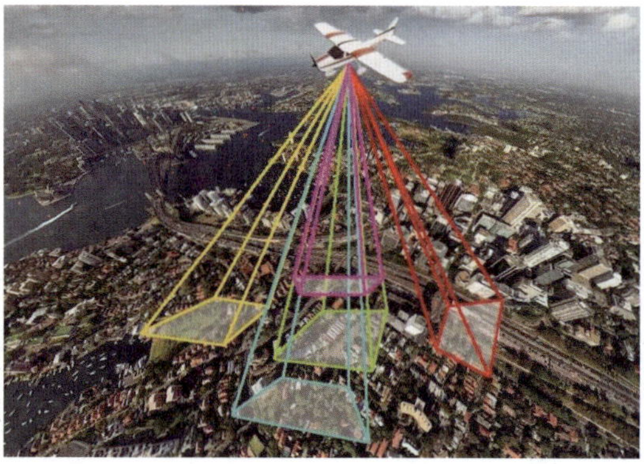

(c) 多视角倾斜摄影

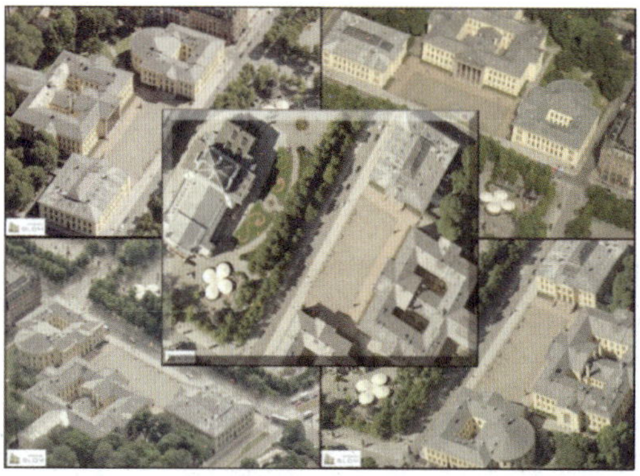

(d) 多视角倾斜摄影影像

图 5.23　无人机多视角倾斜摄影

这些在地面或低空平台上获取的多视角影像，可以更为详尽地表现地物尤其是建筑物的侧面特征，有利于从这些影像上自动提取建筑物的三维几何和纹理特征，特别适合于城市场景的三维建模，能有效降低城市场景三维建模的成本。

无论是地面还是无人机摄影或摄像，都可采用基于小孔成像的透视摄像机模型来表达摄像机成像几何关系，如图 5.24 所示。其中三维空间（世界坐标）某一点 $P(X, Y, Z)$，投影到成像平面上的坐标为 $p(x, y)$，对应的影像像元行列坐标为 $p(u, v)$，其主光轴通过摄像机中心 C 且与投影面垂直正交于 o 点，C 到 o 的距离为摄像机焦距 f，则目标点 $P(X, Y, Z)$ 与影像点 $p(u, v)$ 之间可用通用几何模型（齐次坐标变换模型）来表示。

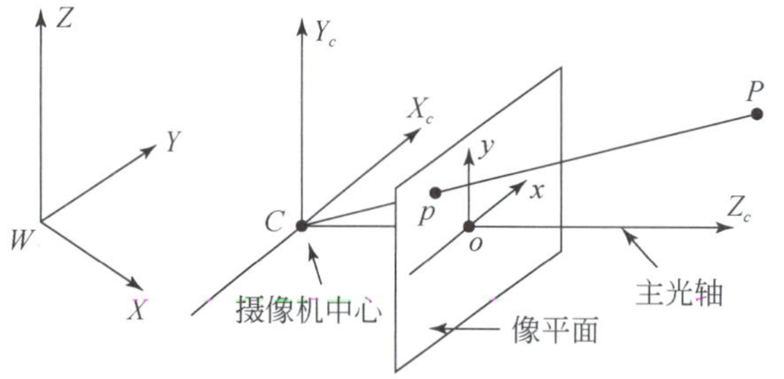

(a) 透视投影

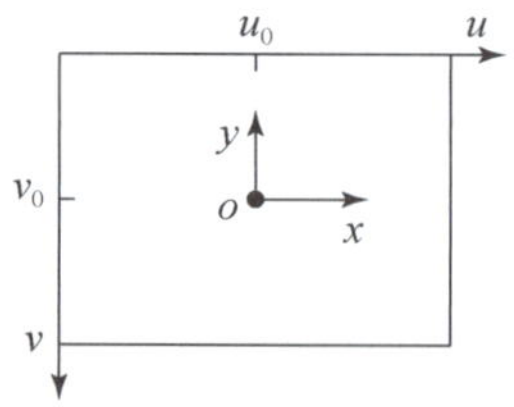

(b) 像素坐标与平面坐标

图 5.24　摄像机模型与透视变换

当在两个不同位置对同一目标成像的两幅影像上，像点间存在极线几何约束关系（图 5.25），即在左影像上的像点必定位于右影像的一条称作极线的直线（过摄像基线及成像点的平面与像平面的交线）上，且极线必然通过极点（两摄像中心的连线——基线与像平面的交点，在两影像上分别为 e 和 e'）。因此，如果知道摄像机的内外参数，那么所有这些极点和极线都是确定的。利用三角交会测量法，对任一目标点，依据它在两影像上同名点（通过影像匹配确定）的影像坐标，就可通过方程的联解，解算出该点在世界坐标系中的坐标 X。

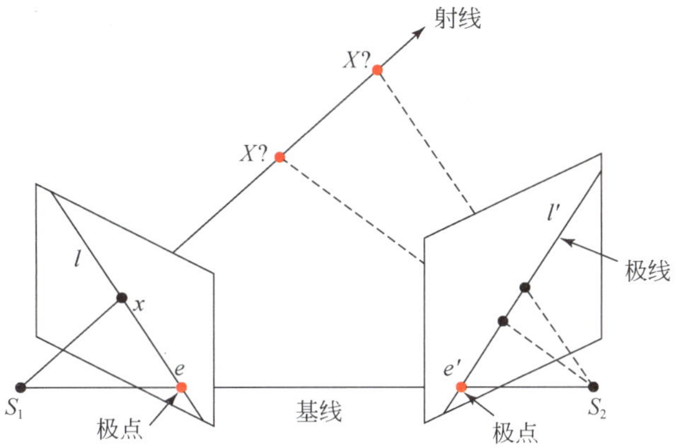

图 5.25 双视图几何关系

当使用单个摄像机或三台以上摄像机从多个位置采集了地物目标的 m 幅（$m \geqslant 3$）序列影像，构成多视图，利用与双视图类似的方式，搜索同一目标点在序列影像上的同名点，按上述类似方式，联立 m 幅影像的方程，采用光束平差（bundle adjustment，也称捆绑调整）解算出地物点的空间三维坐标 X。

依据双视图或多视图计算目标点三维坐标是一种针对小孔成像的理想方案，实际上，摄像机成像过程中存在多种因素导致影像产生畸变；另外，对一个场景或目标的三维重建，不单是计算场景中任意一个点的三维坐标，而且需要计算一系列密集点的三维坐标，构建表面几何模型并增加纹理影像，使重建的三维目标或场景更具真实感。所以，依据对场景或目标拍摄的序列影像，完成三维场景或目标的三维重建，需要对原始影像进行一系列处理，才能达到目的。在计算机视觉中，通常采用运动恢复结构（structure from motion，SFM）方法进行目标的三维重建，其主要过程与结果如图 5.26 所示。在获取场景序列影像并存储在计算机后，通过视觉三维重建方法对这些影像进行处理，获得场景三维模型。

需要注意的是，视觉三维重建得到的三维重建模型与真实大小存在一个比例变换，而且也不是地理空间模型，需要在场景中实测若干点的真实地理空间坐标，对其进行三维坐标变换（或绝对定向），将其变换到地理空间。

图 5.27 所示为在无人机平台上使用普通数码照相机对某校园场景进行多视角倾斜摄影，利用计算机视觉原理和方法进行场景三维重建的结果。

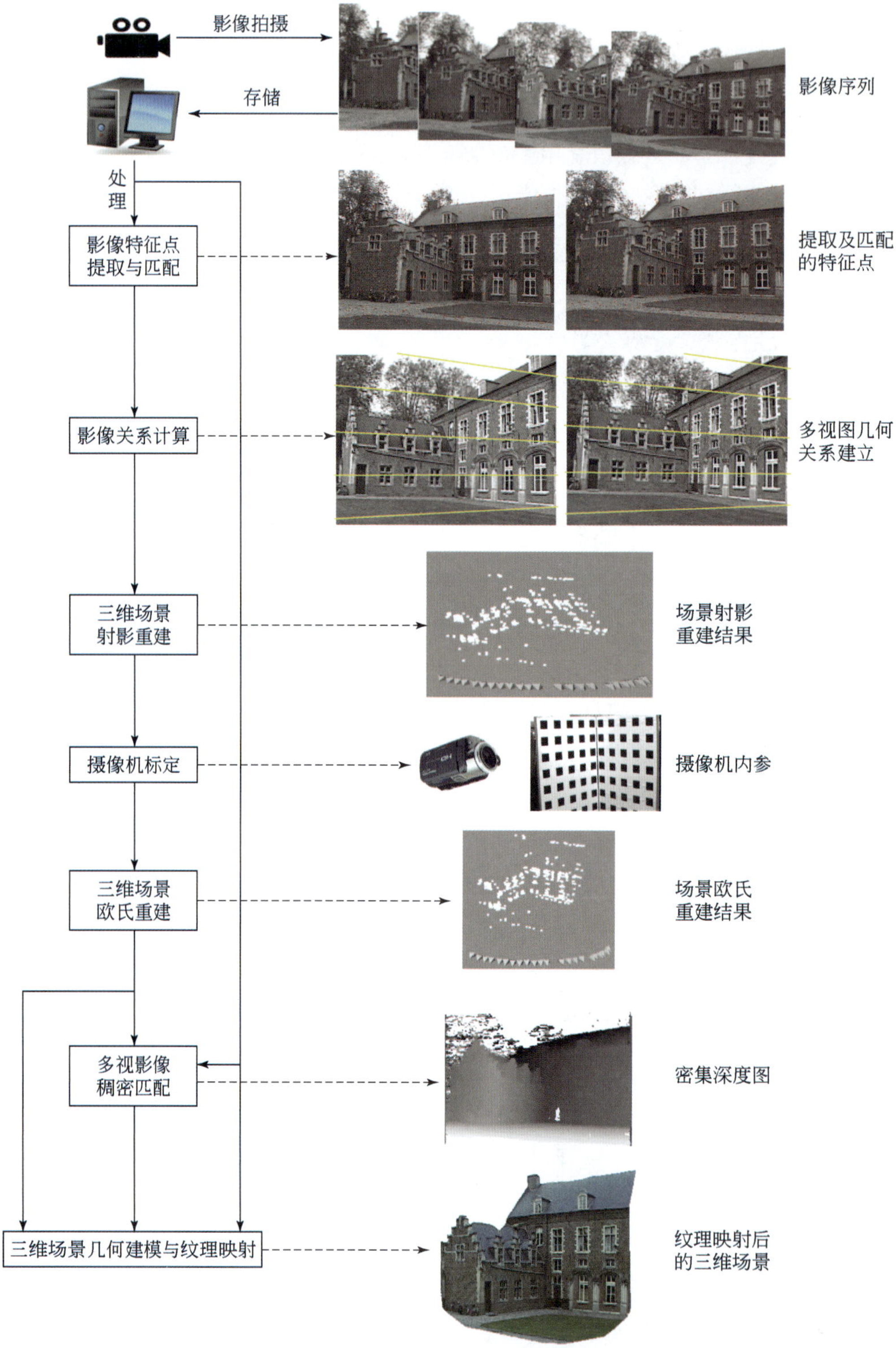

图 5.26　基于序列影像的场景三维建模过程

(a) 场景密集三维点云　(b) 场景三角网表面模型　(c) 纹理映射后的三维场景

图 5.27　基于倾斜摄影序列影像的三维场景建模结果

5.4　物理参数的遥感获取

5.4.1　地物目标的遥感特征与物理参数获取

在以影像为表现形式的遥感数据中，由于不同地物目标与不同波长或频率的波相互作用的性质差异，以及地物目标到传感器的距离不同，导致它们在影像上也呈现出不同的影像特征。按照表现形式可以将地物目标特征概括为“色、形、位”三大类。

（1）色：指地物目标在遥感影像上的颜色，包括地物目标的色调、颜色和阴影等。

（2）形：指地物目标在遥感影像上的形状，包括地物目标的形状、纹理、大小、图形等。

（3）位：指地物目标在遥感影像上的空间位置，包括地物目标分布的空间位置、相关布局，以及目标到传感器的距离等。

这些特征是从影像上识别和确定地物目标是什么（what）、在哪里（where）的基础，也为从影像中提取目标的物理参数（如地表温度与湿度、地表反照率与净辐射、植被叶面积指数、土壤水分与有机质含量等众多水、土、气、生方面的地表物理参数的数量、质量和空间分布）提供了重要依据。

利用遥感影像进行地理环境要素物理信息获取的基本方法主要有：目视解译、影像分类、地表参数定量反演等。

5.4.2　目标的判读识别

遥感影像的判读又称目视解译，或目视判译，即凭借解译者对目标波反射或辐射特性和地学规律的掌握及其经验，从分析影像上地物目标的遥感特征入手，从影像的亮度、色调 / 颜色、位置、形状、大小、纹理、阴影、距离、图案等方面建立直接解译标志，以及依据水系、地貌、土质、植被、地形高度、人文活动等其他地物在影像上表现出的特征及其组合关系进行地物类别判断的间接解译标志，确定地物目标的类型及其分布。

目视判读的方法有：直接判读法、对比分析法、逻辑推理法、综合分析法、地理相关分析法等。遥感影像目视解译遵循从已知到未知、先难后易、先整体后局部、先山区后平原、先地表后地下、先宏观后微观、先面后线的顺序，在对影像整体特征分析的基础上，逐步确定影像上的各个目标。图 5.28 所示为某一区域土地利用遥感影像解译结果。

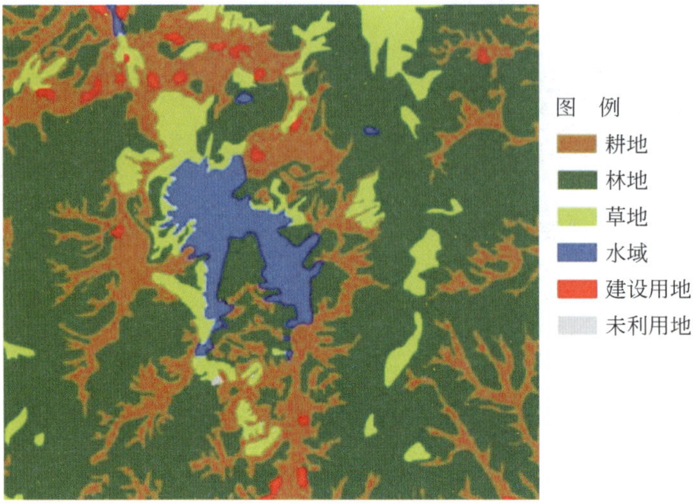

图 5.28 土地利用类型遥感影像解译结果

5.4.3 目标的自动分类与识别

遥感影像的自动识别是利用计算机，依据影像的信息特征，对影像的内容进行分析和判别，弄清影像上线条、轮廓、色调、图案、纹理等内容对应于地面目标的属性及其所处的状态。影像识别的本质是分类，而影像分类是计算机利用多波段遥感或融合了多源信息（如 LiDAR 距离信息、DEM 高程信息等）的影像中各像元的强度（亮度）信息，采用一定的数学方法，确定每一像元的地理要素类别归属，再将其图斑化，得到地理要素的数量、质量和空间分布。计算机自动分类方法包括了基于光谱特征的分类方法、基于空间结构特征的分类方法及光谱与空间结构结合的分类方法。从影像分类过程中人的干预程度，可将遥感影像分类分为监督分类和非监督分类两大类。

监督分类又称“训练场地法”“先学习后分类法”，是以建立统计识别函数为理论基础、依据典型样本训练方法进行分类的技术。即从影像上抽取已知目标类型的图像区域作为训练区样本，通过对训练区样本像元的分析，求出特征参数作为决策依据，采用判别分析、最大似然分析、特征分析、序贯分析和图形识别等方法建立决策规则和分类器对各待分类像元进行类别归属的判别。在监督分类中，训练区的选取对分类结果的精度有极大影响，要求训练区应覆盖所有待分类类别（典型性），而且每一类别的训练区应有足够数量的像元（代表性）。图 5.29 显示了对某城市区域土地利用的监督分类结果。

非监督分类也称作“聚类分析”“边学习边分类法”，它在多光谱影像中自动搜索、定义其自然相似光谱集群组。非监督分类不需要先验知识，即事先不需要对研究区有所了解，不需要人工选择训练区，而仅需要给定待分类的数量或特征组数目，计算机自动根据像元的亮度或空间特征将每一像元按照特征相同或相似的原则进行聚类，得到所需类别数量的分类结果（图 5.30）。

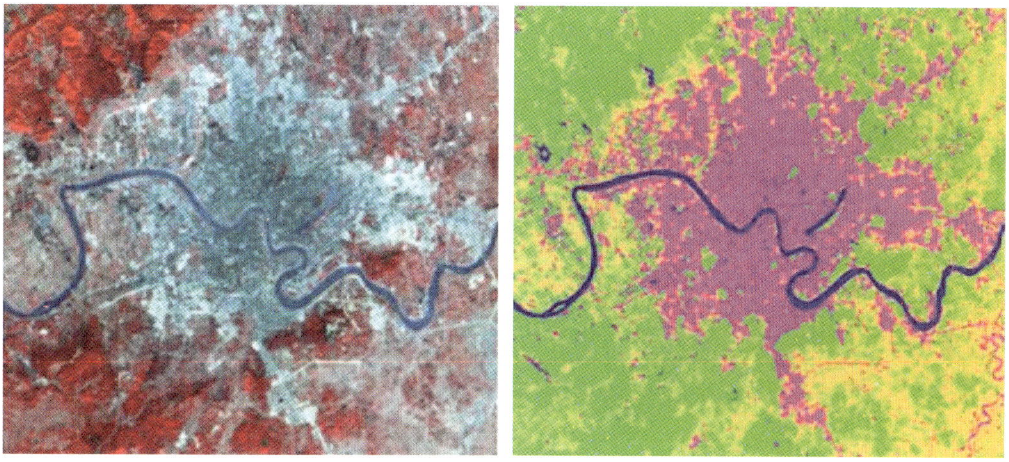

(a) 多波段彩色合成影像　　(b) 监督分类结果

图 5.29 遥感影像的监督分类

除了遥感影像分类，对影像目标的识别还包括对特定目标如建筑物、道路、林地、耕地等部分专题地理要素的提取。虽然遥感影像专题要素提取也采用影像分类方法，但与遥感影像分类需要确定全部像元的类别归属不同的是，遥感影像专题要素提取仅从遥感影像中搜索和寻找（特征分类）特定的专题目标，如水体、道路、绿地、建筑物等，并将其提取出来进行结构化表达。图 5.31 所示为从卫星遥感影像中提取河流要素的结果。

图 5.30 遥感影像非监督分类

图 5.31 遥感影像中河流要素的提取

近些年来，遥感影像的自动识别技术得到快速发展，从数据源角度，不仅针对多波段、高光谱影像，还将不同来源的数据进行集成和融合，如将 SPOT5 的 HRV 多光谱影像与 Radarsat 2 的 SAR 影像融合、Landsat8 ETM+ 影像与 DEM 数据集成、QuickBird Ⅱ高分辨率影像与机载 LiDAR 数据融合，等等，以利用不同遥感数据源的各自特点提高目标分类、提取和识别的可靠性与精度；从影像识别方法角度来看，除传统的判别分析法、距离分析法、最大似然法、编码法之外，还发展了如光谱角制图、支持向量机分类、神经网络分类、深度学习等新型影像分类方法，为提高遥感影像的识别精度提供了技术手段。

5.4.4 物理参数的遥感定量反演

遥感影像数据富含了丰富的信息，不仅能根据色调、形状、纹理等影像特征识别地物目标的类型，量测其形态、大小、高度等几何参数，还可根据遥感影像反演地理环境的物理参数。这是因为遥感成像过程经历了从辐射源→大气层→地球表面（植被、土壤、水体等多种介质）→探测器，所得到的影像是传感器对地理环境特征的综合反映，其中也隐含了众多地理环境的物理参数，如太阳辐射和天空散射，大气中的悬浮微粒、水蒸气、臭氧与碳含量、温度、湿度等，植被组分的光学参数、结构参数和长势、干物质量等，土壤的粗糙度、含水量、表面结构、重金属含量等，水体中的悬浮物含量、蓝绿藻浓度、有机物含量等。

如果以遥感影像为已知量，去推算地理环境中某个影响遥感成像的未知参数，即将遥感数据转变为人们实际需要的地理环境各种特性的物理参数，这个过程就是遥感定量反演。近年来，定量遥感技术得到快速发展，通过定量地分析遥感信息机理，建立地理环境物理参数反演模型，为众多水、土、气、生的地理环境物理参数的提取和计算提供了可能。

遥感定量反演的基础是建立遥感数据与地理环境物理参数间的定量关系模型。目前，通过将数学、物理理论与遥感实践相结合，人们建立了上百种基于不同遥感信息源并针对不同物理参数的遥感反演模型，这些反演模型大体上可分为统计模型（或经验模型）、物理模型和半经验模型。其中统计模型最为简单，只需分析地表参数与遥感数据间的相关关系，建立回归方程即可；其优点是需要的变量较少，建模容易，但其精度较低、缺乏普适性且不能解释因果关系。物理模型依据地表参数对遥感成像过程的作用机理，建立两者定量关系的严密数学表达式，具有明确的物理意义，如描述植被二向反射的辐射传输模型、几何光学模型，描述作物生长过程的动力学模型等；此类模型的优点是能很好地解释模型的因果关系，可移植性强，但其输入的外部参数多、模型复杂、实用性较差，且对非主要因素有过多的假定或忽略。半经验模型则综合了统计模型和物理模型的优点，模型所用的参数往往是经验参数，但模型本身具有物理意义。

遥感定量反演面临的主要问题是尺度问题和“病态反演”问题。遥感尺度问题是指遥感数据的空间尺度对信息提取精度的影响，可行的解决方案是实行尺度转换（从高分辨率转换为低分辨率或反之），目前实现尺度转换的方法有线性分解、小波分解、机器学习等方法。遥感反演在本质上是病态反演，这是因为地表本身的多变性以及遥感成像过程的复杂性（如涉及辐射源、大气、地物光谱效应、探测器响应等），每个环节都涉及众多的参数，而多光谱遥感数据仅提供像元的若干光谱信号值，使得遥感反演中信息量不足；以少量观测数据估计复杂地表系统的当前状态存在着极大的不确定性。解决病态反演的关键在于引入新的知识，增加反演所需要的信息量，以保证反演结果的稳定性和可靠性。

以区域叶面积指数的遥感反演为例，阐述地表参数遥感反演的应用。叶面积指数（leaf area index，LAI）是指单位土地面积上植物叶片总面积占土地面积的倍数。即：叶面积指数 = 叶片总面积 / 土地面积。叶面积指数是重要的植被结构参数，影响生态系统的物质和能量循环，是作物生长、陆面过程、水文和生态等模型的输入参数或状态变量。例如，使用我国 FY-3 中分辨率成像光谱仪遥感数据对某省的 LAI 进行遥感反演。再如利用美国 MOS 卫星搭载的中分辨率成像光谱仪（MODIS）数据对我国华东地区冬季大气层中的气溶胶光学厚度（气溶胶光学厚度 AOD 或 AOT 定义为介质的消光系数在垂直方向上的积分，用于描述气溶胶对光的衰减作用，可用于分析和评价大气雾霾、大气污染和水汽含量等）进行遥感反演。

5.5 遥感地学分析、应用与服务

5.5.1 遥感地学分析

遥感数据或图像反映的是某一区域特定地理环境中的综合信息。它由相互依存、相互制约的各种自然 - 人文景观、地理要素等所构成，同时隐含了地球各圈层间的能量与物质交换，综合反映了地球系统各要素的相互作用、相互连接等相关性，那么，各要素或地物的遥感信息特征之间也必然具有一定的相关性。因此当人们在利用遥感技术手段时，必须充分考虑和利用这种信息相关。遥感地学分析就是通过对遥感影像进行处理和分析，利用典型的遥感信息源进行植被、土壤、水环境、地质环境、大气等直观和隐含信息的分类、提取、反演和解算，从而得到地理环境的相关信息，为国防、林业、农牧业、气象、生态环境保护、城市规划、资源保护、防灾减灾、工程建设等众多应用领域提供决策支持和基础依据。

为了尽可能地从遥感影像中获取地理环境要素的相关信息，通常采用一些地学分析方法，对影像进行综合分析和判断。

（1）地学相关分析法。因为一个地区地理环境中各要素（地质、地貌、水文、土壤、植被等）之间既相互独立，又相互联系、相互依赖、相互制约，具有一定的相关性，所以可以利用地物之间以及地物与遥感信息之间的相关性，推断和识别目标本身。可分为主导因子相关分析法、多因子相关分析法、指示标志分析法。

A. 主导因子相关分析法。为了取得较好的分析结果，通常首先考虑与目标关系最为密切的主导因子；当主导因子不明显时，再考虑与目标相关的其他因子。例如，在影响地表生态环境形成的各因素中，地形（包括高度、坡度、坡向等）无疑是主导性因素，它决定了地表水、热、能量的重新分配，从而引起地表结构的分异。地形因子的差异造成区域土壤、植被分布的差异。所以在利用遥感影像进行土壤、植被性质的识别时，将地形作为一个主导因子，通过建立相关分析模型，提高其识别的准确率和可靠性。

B. 多因子相关分析法。在遥感影像分析过程中，由于待识别目标受到多种要素的影响和干扰，影像特征往往不明显，且相关因素较多，难以确定相对于影像特征较明显的主导因子。为此采用多因子数理统计方法，通过因子分析，从多个因子中选择有明显效果的相关变量，再进行这些变量的相关分析，达到识别目标的目的。例如，在遥感找矿应用中，在影像上提取地质构造、出露地层、植被覆盖类型、矿点分布等的基础上，结合物探和化探资料，进行多因子相关分析，圈定成矿范围。

C. 指示标志分析法，也称环境本底法。研究一个地区的地理环境首先要搞清楚该地区地理环境总的概况，即空间分布规律、正常背景值等，在此基础上找出异常、异常的特点与规律，以及引起异常的原因。在遥感中，通过寻找在正常背景下的异常来达到识别或提取特定目标的目的。例如，利用SAR影像，在沙漠地区寻找地下水源，由于沙下潜水区（河）在影像上与正常的沙地在色调上存在较大反差，从而为水源的识别与定位提供了依据。再如遥感找矿中，利用一些指示植物，如我国的"铜草"（海州香薷）就是铜矿的典型指示植物，在遥感影像上识别出铜草及其分布，就可推断其地下赋存铜矿。

（2）分层分类法。地表表面的各类地理环境要素复杂多样，且处于不断的运动变化中，它们在覆盖范围很大的遥感影像上呈现的影像特征及其组合关系也异常复杂，导致它们的可区分性和不可区分性也随位置的不同而变化。显然面对影像上复杂多变的这些景物和现象，不可能采用一个统一的分类模式来进行区域地物目标的分类和识别。然而，通过研究它们的总体规律和内在联系，理顺其主次或因果关系，建立分类树来说明各类要素之间的复杂关系，并根据分类树的结构逐级分层把所关注的目标一一区分、识别出来。例如，将地表要素分为水体、植被、裸地、人工特征等类别，这些类别又被进一步划分为适当的子类，如植被又被分为天然植被和人工植被；天然植被又分为森林、灌丛、草地等。在分类树的不同层次上，通过选择合适的遥感数据源和适宜的分析方法，逐层实现不同类别要素的提取和识别。

（3）系统制图法。地理环境的各种地理要素有它本身的特点和规律，这些特点、规律与其他要素有着不同程度的联系，要系统地研究它们之间的特点和关系，就需要从不同的专业领域视角，在影像中提取各专业的主题信息，并制作成各种专题图件。通过对这些系列图件的分析、对比，从中寻找出相容或相互矛盾的地理要素，保留相容的要素，而对相互矛盾的要素进行甄别，从而提高目标分类与识别的可靠性。

（4）信息复合法，也称多源信息集成或融合法。通过对不同平台、不同类型传感器获取的遥感数据（如高分辨率与中分辨率影像、全色波段影像与多光谱或高光谱影像、多光谱影像与 LiDAR 数据、光学影像与 SAR 影像等）的复合，以及遥感数据与非遥感数据（如多光谱影像与地面实测数据）的复合，可以突破单一遥感数据源难以区分地物目标的局限。通过多源信息的精确配准、集成或融合，构成新的增强数据集，再以此进行目标的识别，可大大提高地物目标的识别率及可靠性。

在不同的应用领域，针对不同的应用目的，所采用的遥感地学分析方法不是一成不变的，而是需要根据应用目标灵活地选择合适的信息源、数据处理方法，只要能有效地分析和提取出所需要的某类地理环境要素的空间分布，就是适用的方法。例如，将 IKONOS 高分辨率卫星影像与机载 LiDAR 数据融合后，进行地物目标的识别，不仅可利用地物的光谱信息还可利用其高度信息，从而大大提高了不同地物的区分度（图 5.32）。

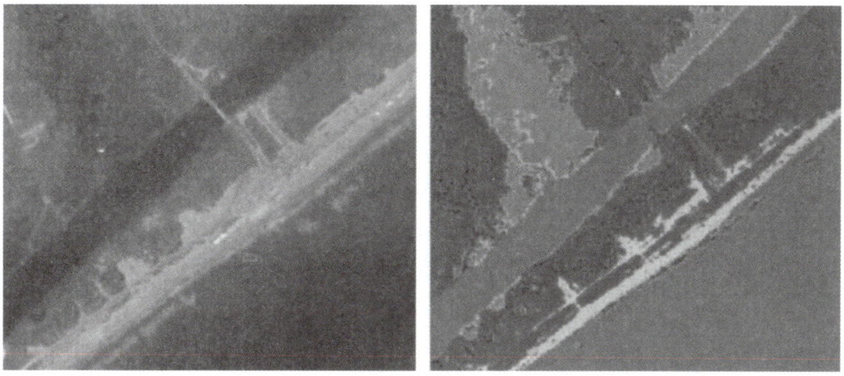

(a) IKONOS影像融合LiDAR DSM数据　　(b) 依据融合数据的要素识别

图 5.32　多源数据融合的地物要素识别

5.5.2　遥感地理环境变化检测

自然界的变化和人类的各种活动每天都在改变着地球景观及其利用方式，人口的快速增长和城市化水平的提高，加速了这种变化，从而对地球资源和环境带来深远的影响。因此，及时、有效地监测和掌握这些地理环境要素的变化，对资源管理与规划和环境保护等职能部门做出科学决策至关重要。遥感尤其是卫星遥感的周期重复观测能力无疑是监测地表变化的最佳手段。

遥感变化检测就是从不同时期的遥感数据中，提取、描述感兴趣目标或现象随时间的变化特征，并定量地分析、确定其变化的类型、分布状况与变化量的技术方法，涉及五方面的内容：①检测并判断是否发生了变化，即感兴趣目标或现象是否随时间发生了变化；②定位发生变化区域的位置、提取变化区域的轮廓并度量发生变化区域的面积；③评估变化检测的精度和可靠性；④分析、鉴别变化的类型，确定变化前后目标的类型；⑤分析和评估在时间和空间上的分布模式，对其规律进行描述和解释，并对未来的变化进行预测。

遥感变化检测所依据的数据源可以是同源不同时期的遥感影像（其空间分辨率、波谱分辨率和辐射分辨率一致，是最好的选择），也可以是不同源、不同分辨率的遥感影像（但其俯视角、空间分辨率和波谱段应尽量相近），甚至是 GIS 数据、地形图或通过其他手段获得的地物描述信息。变化检测的前提条件是不同时相的信息源之间具有可比性。

除根据变化检测的对象选择合适的多时相遥感信息源外，还要进行一系列图像处理工作，包括几何配准、辐射纠正与归一化、要素时态特征提取、变化检测、精度评估和变化检测结果输出等。其中，几何配准处理是以其中一个时相的影像为基准，通过在不同时相影像上人工或自动选取均匀分布的若干同名点，对其他时相的遥感影像进行几何变换与重采样，使不同时相的影像在几何上严格配准或对齐，其配准几何误差（中误差）应小于半个像元；辐射纠正与归一化处理是为了使不同时相的遥感影像色调具有可对比性，仍以其中一个时相的影像灰度直方图为基准，对其他时相的影像进行灰度直方图匹配和灰度调整，使得检测目标在不同时相影像上的灰度和反差保持一致；要素时态特征提取是利用特征（如灰度、纹理等）提取方法从不同时相影像上提取感兴趣的变化目标，并对特征进行描述，这是可选环节。

变化检测是整个遥感变化检测过程的核心，通过选用不同的算法来增强和区分出相对变化的区域。变化检测的算法多达数十种，可将其分为像元级、特征级和决策级三个层次，或将其分为可视化分析方法(人工目视判别)、代数运算方法(差值法、比值法、回归分析法、植被指数法、变化矢量分析法等）、变换类方法（主成分分析法、穗帽变换法、M 变换法等）、分类方法（分类后比较法、多时相影像直接分类法等）、GIS 分析法（利用 GIS 分析工具将变化检测的结果叠加在 GIS 数据上，确定变化的地物和类型），以及难以归类的其他方法，如空间相关分析法、变化曲线法、光谱结构差异法、面向对象的检测法等。

例如，利用我国资源二号（CBERS-2）卫星两期全色波段影像，在进行几何配准、辐射纠正和归一化处理后，采用比值法进行某地区土地覆盖 / 土地利用变化的自动检测，其结果如图 5.33 所示。图中变化区域大部分是小麦从刚播种到快成熟的植被覆盖变化，还有一部分是农田转化为建设用地。

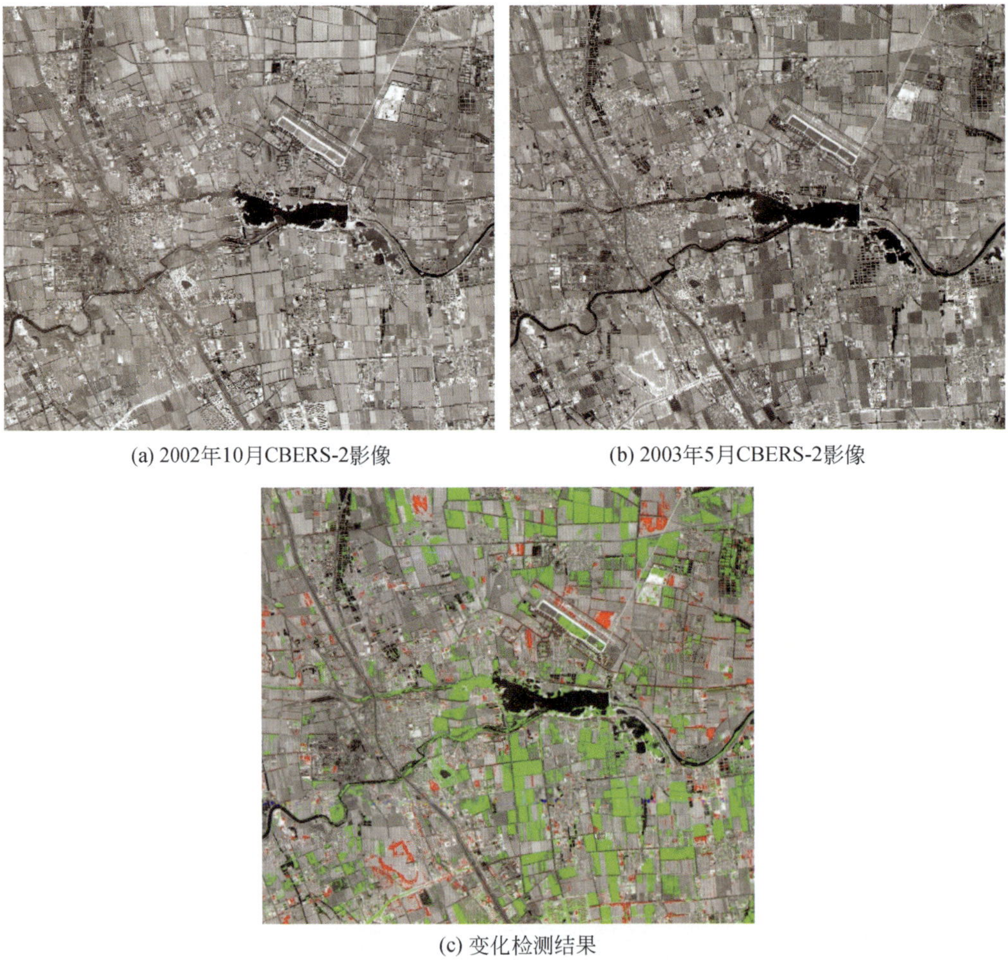

(a) 2002年10月CBERS-2影像

(b) 2003年5月CBERS-2影像

(c) 变化检测结果

图 5.33　土地覆盖遥感变化检测

5.5.3 遥感制图与信息服务

为了实现遥感信息的领域应用，通常将遥感影像本身、加工产品及从影像中通过专题信息解译、提取和识别得到的结果制作成地图，向专业部门、公众等提供信息服务。

1. 遥感专题制图

遥感专题制图是采用地图制图原理，根据制图目的，以遥感影像或从影像上提取或识别的专题要素为信息源，按适当的比例尺，对要素的空间分布进行图形化处理和符号化直观表示的过程。遥感地图包括遥感影像地图和专题地图两大类。

遥感影像地图是一类带有地面目标遥感影像特征的地图，是利用航空或卫星遥感影像，通过正射几何纠正、镶嵌、投影变换和比例尺归化，运用一定的地图符号、注记，直接反映制图对象地理特征及空间分布的地图。影像地图具有影像内容、线划要素、数学基础、图廓整饰等基本地图要素（图 5.34）。与普通地图相比，影像地图具有丰富的地面信息、内容层次分明、图面信息直观的特点。

图 5.34 遥感影像地图示意

遥感专题地图则是以遥感数据为信息源，通过影像目视解译、计算机图像自动分类、要素提取或反演，得到反映与主题密切相关的一类或几类要素，对其空间分布所进行的地图表达。遥感专题地图的编制过程是综合运用遥感、制图及地学等学科知识能力的一种体现。遥感专题地图制图的基本过程是：①制图信息源的选择，包括根据制图目的选用恰当的空间分辨率、波谱分辨率、辐射分辨率、时间分辨率（时相）的遥感影像、与成图比例尺相适应的基础地图（国家基本比例尺地形图）；②影像数据处理，包括影像几何纠正、辐射纠正、影像增强、多源信息复合等；③专题要素识别或提取，采用目视解译或自动分类、提取或反演方法从遥感影像及其复合数据中提取所关注的制图要素的空间分布特征；④地理底图的编制，从基础地图中选取部分重要的要素如行政边界、骨干道路、水系、重要地名等作为专题图的几何控制骨架，形成与专题地图比例尺、数学基础一致的地理底图；⑤专题要素与地理底图的复合与制图，将经提取的专题要素与地理底图复合，经符号设计、色彩设计、图面配置等一系列编辑处理后，形成专题地图。图 5.35 为基于美国 EOS 卫星 MODIS 多光谱遥感影像进行河南省夏季植被指数专题地图制图的示例。

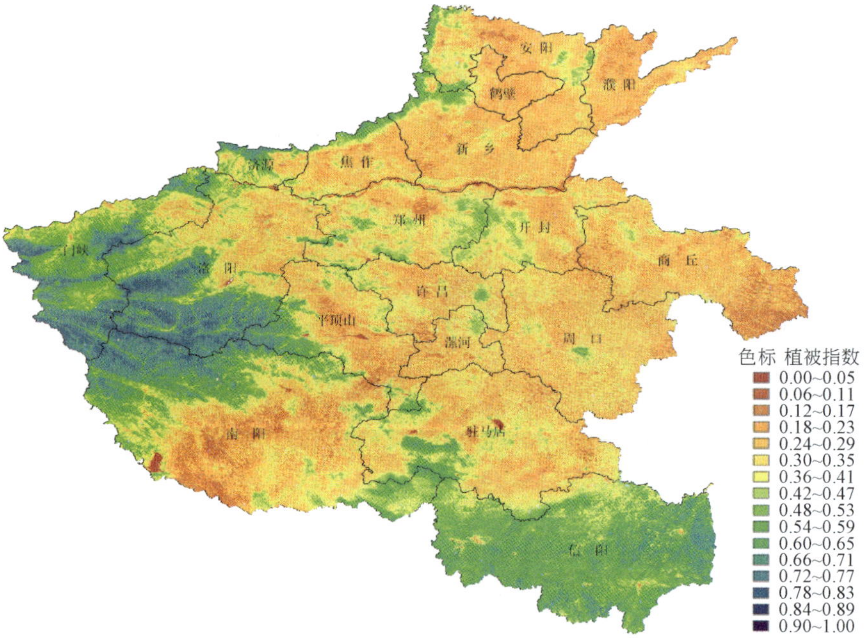

图 5.35　遥感专题地图

2. 遥感信息服务

促进不同类型遥感数据及其加工产品的社会共享和对外服务，一直得到我国科技政策的支持。许多机构纷纷利用现代 Web 技术，构建遥感信息服务平台，对外提供遥感信息服务。例如，中国科学院对地观测与数字地球科学中心（http://www.ceode.cas.cn/ sjyhfw/sjdg/sjcx/）对外提供 ALOS 卫星、Landsat TM、SPOT、Radarsat-1/2、P6、ERS-2、ENVISAT、ASTER 等存档数据的查询、订购服务。中国资源卫星应用中心建设的陆地观测卫星数据服务平台 http://36.112.130.153:7777/DSSPlatform/index.html，对注册用户提供我国自主卫星遥感平台资源卫星系列（CB04、CBERS2B、ZY-3 等）、高分辨率卫星系列（GF1、GF2、GF3、GF4 等）、环境卫星（HJ1A、HJ1B 和 HJ1C 等）、SJ9A 等各类传感器、不同加工等级的标准影像产品及其经影像处理、信息提取得到的专题产品如 DEM、DOM 等的数据查询、订购、下载服务（图 5.36）。

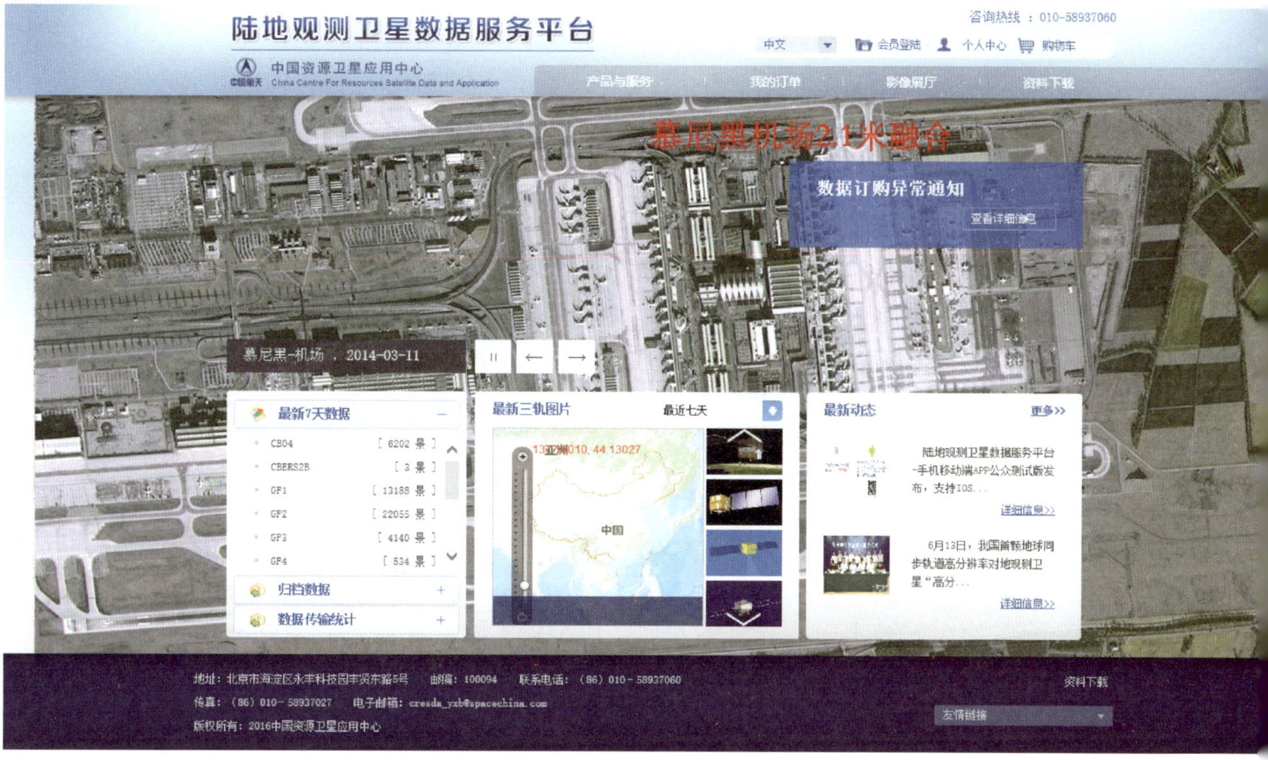

图 5.36　陆地观测卫星数据服务平台

国家卫星气象中心数据服务平台（风云卫星遥感数据服务网 https://satellite.nsmc.org.cn/portalsite/）除向外提供我国风云系列极轨卫星（FY-1C、FY-1D、FY-3A、FY-3B、FY-3C）、二氧化碳卫星（TANSAT）、风云系列凝视静止卫星（FY-2C、FY-2E、FY-2F、FY-2G）、美国极轨气象卫星（NOAA-15、NOAA-16、NOAA-17、NOAA-18）、EOS 极轨卫星（AQUA、TERRA）、静止轨道气象卫星 Meteosat-5、GOES-9，日本多功能卫星（MTSAT-1R、MTSAT-2）等卫星平台包括无线电掩星探测仪（GNOS）、可见光红外扫描辐射计（VIRR）、红外分光计（IRAS）、微波辐射计（WTSM）在内的 20 余种成像和非成像传感器的 1 级加工数据服务之外，还对外发布依据这些卫星观测数据分析、反演的，按日、旬、月等时间段生产的多达近 50 种数据产品。这些数据产品可分为大气产品（如陆上气溶胶 ALS、大气密度廓线 ADP 等）、陆表产品（如叶面积指数 LAI、植被指数 NVI、土壤水分 VSM 等）、海洋产品（如海表水色 OCC、海表温度 SST 等）和太阳辐射产品（如地面入射太阳辐射 SSI、大气顶辐射和云 FTS 等）4 大类（图 5.37）。

中国生态遥感信息服务网（http://rsapp.nsmc.org.cn/uus/index.jsp）则通过对我国气象卫星系列遥感数据的分析，得到气象应用产品（如彩色云图、云顶温度、水汽、降水估计等）以及地理环境监测信息，包括灾害天气（热带气旋、暴雨、沙尘、雾霾）、农业生态（土

图 5.37　国家卫星气象中心数据服务平台

地干旱、地表温度、植被变化、相对蒸散发）、地表灾害（洪涝水情、积雪、海冰）及环境评估（蓝藻水华、海藻分布、城市热岛）等地理环境物理参数，并与我国“天地图”电子地图平台合作，将这些参数发布到天地图平台上，可实现参数的查询、浏览、下载等应用。

商业化运作的“遥感集市”（http://www.rscloudmart.com/）是一家集数据获取、制图生产、成果发布于一体的遥感云端操作平台，除对注册用户提供覆盖全球的 Planet、GF1、GF2、GF4、ZY1-02C、ZY-3、Terra、Aqua、哨兵 2A 等光学卫星，GF3 雷达卫星（SAR）的标准数据服务，以及针对以上卫星的定制数据的服务外，还可根据用户的要求，对卫星影像数据进行各种处理，提取专题信息后提供给用户；还提供部分在线处理功能并允许用户在平台上发布软件工具和处理成果。平台提供卫星地图查看、遥感资源交易、遥感软件下载及遥感云工作台等产品与服务。

思　考　题

1. 遥感对地观测技术发展的动力是什么？
2. 遥感技术系统由哪些部分构成？各部分的作用是什么？
3. 航空和航天摄影测量有哪些相同和不同之处？
4. 遥感影像目视解译的依据是什么？
5. 为什么能从遥感数据中反演出地理环境要素的物理参数？
6. 遥感地学分析的常用分析方法有哪些？
7. 登录典型的遥感信息服务平台，查询、浏览可供共享、下载的遥感数据源及其分析加工产品。

延 伸 阅 读

何秀凤，何敏．2012. InSAR 对地观测数据处理方法．北京：科学出版社

李德仁，王树根，周月琴，等．2008. 摄影测量与遥感概论．北京：测绘出版社

盛庆红，肖晖．2016. 卫星遥感与摄影测量．北京：科学出版社

盛业华，张卡，杨林．2018. 空间数据采集与管理．北京：科学出版社

吴俐民，左小晴，倪曙，等. 2013. 卫星遥感影像专题信息提取. 成都：西南交通大学出版社

张仁华. 2016. 定量遥感若干关键科学问题研究. 北京：高等教育出版社

章毓晋. 2017. 计算机视觉教程. 2 版. 北京：人民邮电出版社

Carter J，Schmid K，Waters K，et al. 2012. Lidar 101：An Introduction to Lidar Technology，Data and Applications. https://coast.noaa.gov/data/digitalcoast/pdf/lidar-101.pdf

第六章　地理动态数据采集、传输与物联网技术

地理动态数据是研究地理现象的时空分异规律和演化过程特征的数据基础。随着应用需求的变化和观测技术的进步，动态地理过程数据的获取方法与手段也在不断地发展。尤其进入 21 世纪后，对地理动态数据逐步实现多层次、立体化的获取，覆盖了从区域到全球，从要素到系统，从某一时刻点到全过程，从自然到人文的不同时空尺度、不同要素类型、不同属性特征、不同机理过程的数据和信息。在大数据时代背景下，各种传感器技术与通信技术飞速发展推动了物联网技术的诞生。在物体编码、自动识别技术和传感器技术等一系列技术的支持下，物联网对物质空间的观测逐渐迈向全面感知，实现对现实世界的透明管理、智能分析、优化决策和约束控制。本章重点介绍地理动态数据采集传输技术的发展，物联网的组成与功能，以及基于物联网系统的动态地理数据采集方法与技术。

6.1　地球系统监测与动态地理信息需求

6.1.1　动态地理信息获取的需求

地理过程研究是地理学研究的重要内容。地理对象和地理现象都是随时间而不断发展和变化的，其变化过程也是有一定规律的。因此，要揭示地理现象的时空分异规律和演化过程特征就必须根据其特点获取其动态变化的数据。这些动态变化的数据一方面用于构建刻画地理规律的模型，另一方面用于对模型的验证。

地理对象和地理现象的复杂多样，决定了其随时间变化的过程数据也极为丰富。例如，地球物理学中的地球重力场、磁场、电场、地震等动态数据；地貌学中重力、风沙、流水、海岸、黄土等的侵蚀、搬运与堆积的地貌发育过程数据；气象气候学中的大气物理、化学特性以及大气现象的动态数据；水文学中水体的物理、化学、生物特性以及水文现象的动态数据；土壤学中土体的物理、化学、生物特性及其过程数据；生态学中生物群落的演替过程及环境变化特征数据；人文科学中各类社会、经济、文化现象的发展过程数据等。

6.1.2　地球观测与动态地理信息获取手段发展历程

随着需求的变化和技术的进步，动态地理过程数据的获取方法与手段也在不断地发展。

20 世纪以来，人类的创举就是离开地球来观测地球。人们首先用气球，然后用飞机平台，采用摄影测量方法，从空中观测地球（图 6.1），绘制地图。这一过程用了大约半个世纪的时间，实测了大约 70% 陆地面积的地形图。此后，利用声呐、地磁、重力、地震等探

测手段（图 6.2），加深了对地球形状及其物理、化学等特征的认识和了解，板块运动得到进一步验证（图 6.3）。如今利用卫星遥感方法对地球进行系统观测，实现了地球全覆盖、地学分支领域全覆盖的数据获取，孕育了“数字地球”（图 6.4）。遥感对地观测加深了对陆地、大气、海洋系统及其之间动力学机理的理解，不仅促进了地球系统科学的诞生（图 6.5），而且有效提升了对自然灾害预测预报的能力，提高了对自然资源的勘探水平，促进了资源集约化利用和地理工程建设的科学化水平，推动了循环经济和可持续发展理论的进步。

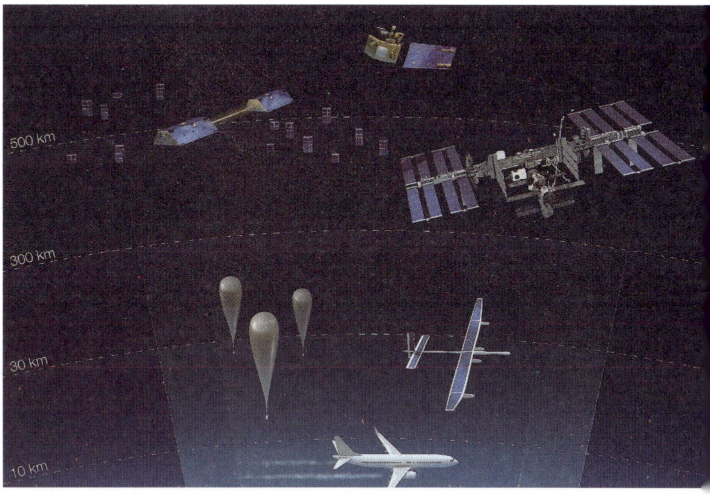

图 6.1　气球、飞机、卫星等立体对地观测平台

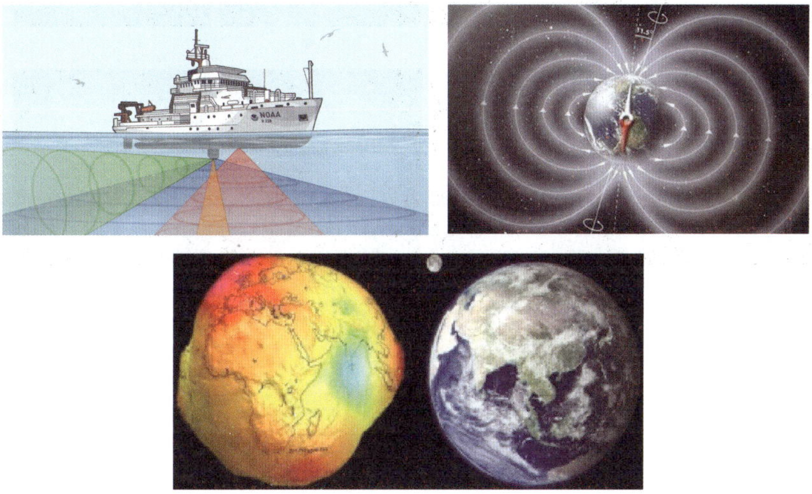

图 6.2　声呐、地磁、重力、地震探测手段

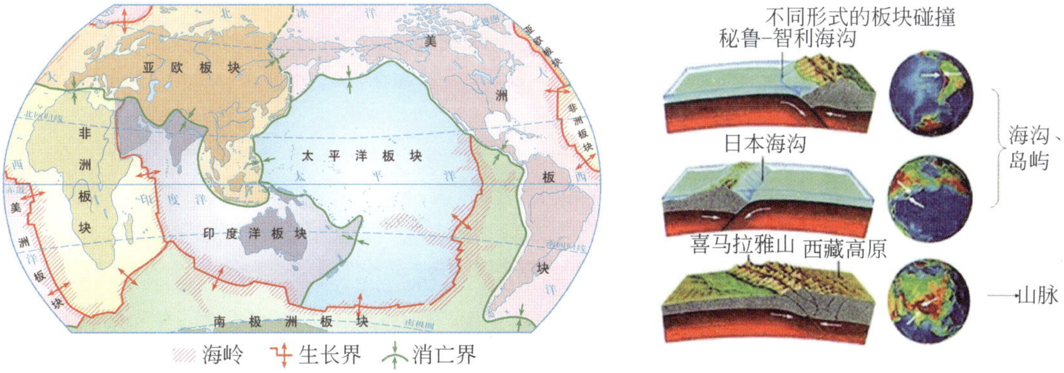

图 6.3　板块运动动力学

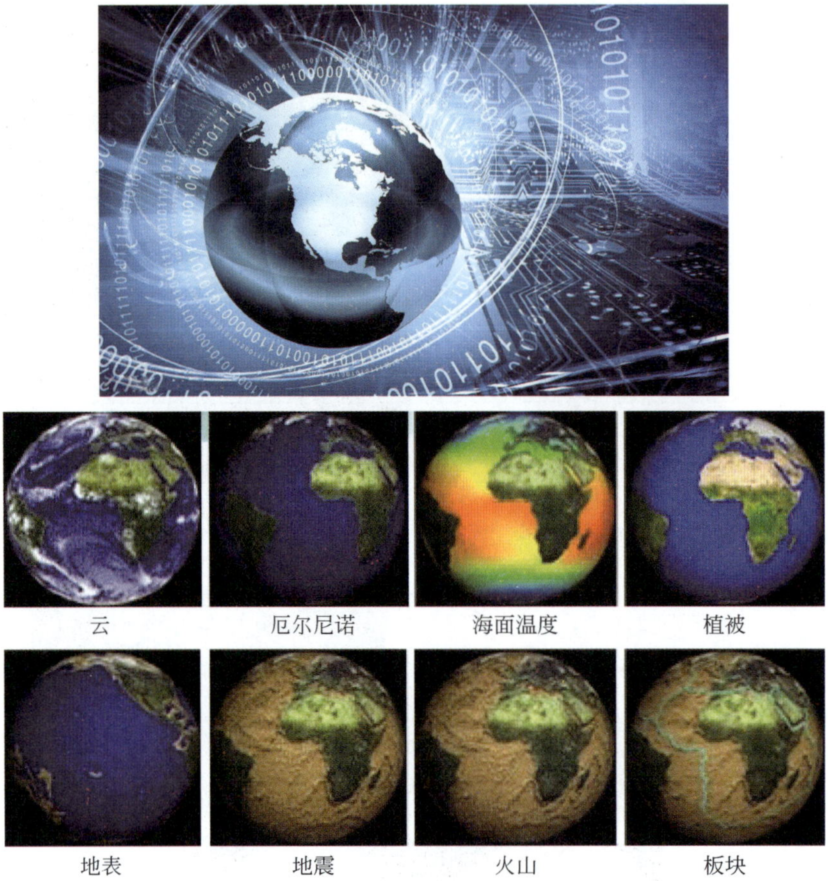

图 6.4　数字地球

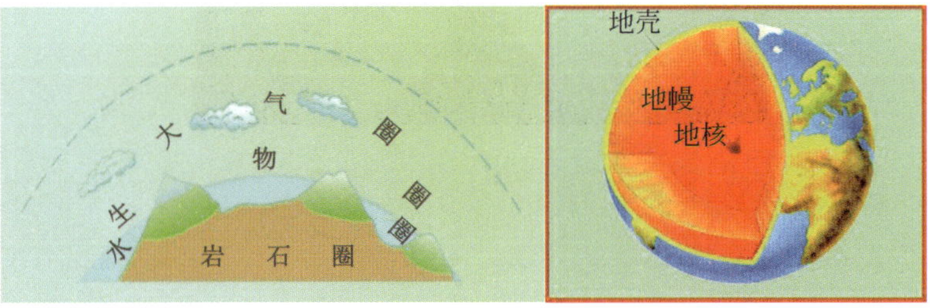

图 6.5　地球系统圈层结构

21 世纪，人类进入了空间时代和信息社会，对地球的观测朝着实现多层次立体化方向发展，空间站、卫星、飞机、飞艇、气球、塔、车辆、地面、海面、水下、地下等各类观测平台（图 6.6）如雨后春笋不断涌现，星罗棋布。各类分析测试技术和传感器信息获取手段不断诞生，几乎达到无所不在，无所不能，不断获取着固体地球、大气、陆地、海洋等地球系统的各类信息，覆盖了从区域到全球，从要素到系统，从某一时刻点到全过程，从自然到人文的不同时空尺度、不同要素类型、不同属性特征、不同机理过程的数据和信息。

图 6.6　对地观测立体网络

6.1.3　网络及通信技术的进步

从 1845 年无线电短波电码电报通信开始，到 20 世纪初的电缆通信、微波通信等机械式电传通信，再到 20 世纪 60 年代的卫星通信、光纤通信等计算机数据通信，直到今天的量子通信。通信技术的每一次发展都对科技进步、社会发展起到重大的推动作用，当然对动态地理数据的获取和信息的传输也起到了重要的支撑作用。

特别是以互联网（图 6.7）、无线网（图 6.8）为代表的现代通信技术，正在将全球的每个人、每个地物目标联系起来，将对地观测的各类平台联系起来，将实验分析的各种仪器设备联系起来，将数据资源、模型资源、计算资源联系起来，将各类通信资源整合起来，实现了无论何人（whoever）、无论何时（whenever）、无论何地（wherever）、无论何事（whatever）、无论为谁（whomever）的“5W”无缝全覆盖和顺畅连接的构想。现代通信技术在网络覆盖上实现了“无处不在”、在内容、平台上实现了“无所不包”、在通信主体上实现了“无所不能”，使人类在任何时间（anytime）、任何地点（anywhere）和任何人（anyone）、任何物（anything）（“4A”）都能顺畅地通信。

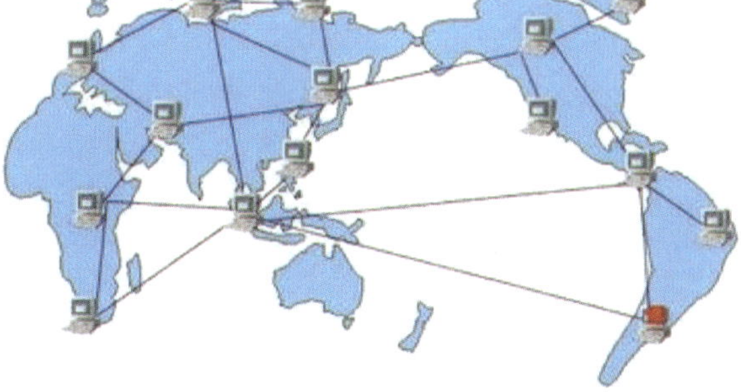

图 6.7　互联网

图 6.8　无线网

图 6.9　智慧地球

数据获取技术日新月异，传感器技术飞速发展，通信技术不断突破，大数据时代悄然而至。这对地理现象时空分异格局、演化过程特征，以及要素间相互作用机制等地理规律认识的深入，对地球系统，特别是人地系统的运行机理的进一步探究提供了良好的数据支撑和技术支持，造就了“智慧地球”（图 6.9）的诞生，催生着“未来地球”的发展。

6.1.4　人类交流方式的变化

交流是与物质需求同样重要的人类最基本的需求。

随着人类社会文明的进步，人类交流的符号与信息传递的载体都发生了翻天覆地的变化。信息交流内容的符号从原始社会所使用的手势、口头语言、结绳，到文明时代的文字，再到融合了声音、图形、影像、动画、视频、场景等信息表达形式。体现了人类交流的从静到动，从无声到有声，从抽象到具体的多媒体的发展过程，也印证了地理学语言从自然语言—地图语言—地理信息系统语言—地理场景语言的发展过程。

信息传递的载体，也从龟甲、竹木、帛布，到现代文明时代的纸张和工业文明时代的缩微胶片，再到数字化时代的电子载体，以及以电波、光信号为主的电磁通信、光纤通信等。由此造成了人们的交流方式正逐步从传统的“面对面”交流，“线下”交流，变成“线上”交流，以及“线上线下”交流。

电报是一种最早用电的方式来传送信息的、可靠的即时远距离通信方式。而电话则是一种可以传送与接收声音的远程通信方式，与电报相比，它不需要编码，实现了人类直接通过语音进行远距离交流。

当代网络技术的发展，使得人类交流的方式不断改进和增加。从最初的电子公告牌（BBS）、电子邮件（Email），到后来即时通信（QQ、MSN）、网络电话（VoIP），再发展到基于 Web2.0 的博客、微博、微信等社交网络媒体。而光纤通信技术的出现，使得信息传输容量进一步加大，传播耗时明显缩短，传输能力进一步提高。泛在网络和社交媒体日新月异的发展，使得图形、图像、视频，以及地图、场景、虚拟地理环境等海量信息能高效顺畅地进行传输，促进了各种信息，包括地理信息在网络中进行融合，不同交流语言的协同整合，使得我们每个人都是信息采集与传递的志愿者。

当今的智能手机，已经配置了相机、摄像机、麦克风、卫星定位接收器、加速度计、陀螺仪、磁感应器、距离传感器、光线传感器、重力传感器等模块，可以帮助人们随时、随地采集包括地理数据在内的各种数据，发送数据、整合数据与应用数据，使得手机成为重要的地理数据采集的传感器和地理信息应用终端。

6.2　互联网与物联网

6.2.1　互联网

互联网（Internet）是由多个计算机网络按照一定的协议组成的国际计算机网络。是通过全球唯一的网络逻辑地址（IP）链接在一起，通过“传输控制协议和互联网协议（TCP/IP）”（图 6.10）进行通信，让公共用户或者私人用户享受现代计算机信息技术带来的高水平、全方位服务的网络系统。

互联网始于 1969 年，是根据美军的 ARPA（阿帕网）协议，将若干所大学、科研院所、政府和企业的计算机逐渐连接起来的一个计算机网络通信工程。互联网的最初设计是为了能提供一个互联互通的通信网络，希望网络在有些节点不能正常工作的情况下，不影响网络整体的运行。

互联网是基于 TCP/IP 实现的（图 6.11），TCP/IP 协议让不同的网络设备可以彼此通信。而 TCP/IP 协议由很多协议组成，不同类型的协议又被放在不同的层，包括链路层、网络层、传输层、应用层等。其中，位于应用层的协议就有很多，如 FTP（文件传输协议）、SMTP（简单邮件传输协议）、HTTP（超文本传输协议）。只要应用层使用的是 HTTP 协议，就称为万维网（World Wide Web，WWW）。在浏览器里输入百度网址时，能看见百度网提供的网页，就是因为您的个人浏览器和百度网的服务器之间使用的是 HTTP 协议。

IP 是为计算机网络相互连接进行通信而设计的协议，而 IP 地址则是给互联网上的每台电脑主机（Host）一个编号，也就是说每台联网的主机都需要有 IP 地址才能正常通信。如果把每台电脑比作一部电话，那么 IP 地址就相当于电话号码，而互联网中的路由器，就相当于程控式交换机。

IPv4 采用的是 32 位地址长度，分为 4 段，每段 8 位，用十进制数字表示，每段数字范围为 0～255，段与段之间用句点隔开，如 159.226.1.1。由于互联网接入的资源不断增加，要使得所有接入资源都能分配到唯一编码，得到实名的身份认证，就需要扩展 IPv4 地址资源，IPv6 应运而生。IPv6 采用了 128 位地址长度，可为运营商提供足够多的 IP 地址资源，给每一个真实用户分配一个固定的 IP 地址。这样任何时间在互联网上所做的任何事情都和唯一 IP 地址绑定，如果所用的网络设备是可以空间定位的，那么就可以对互联网的时间、地点、人物、事件等进行信息采集。

因为 IP 地址是数字标识的，使用时难以记忆和书写，所以在 IP 地址的基础上又发展出一种与之相对应的符号化地址方案，这就是域名。域名由两个或两个以上的词构成，中间由点号分隔开，.com 用于商业机构、.net 可用于任何组织或个人、.org 用于各种组织。国家代码是由两个字母组成的顶级域名，如 .cn，.uk，.de 和 .jp。

互联网自 20 世纪 90 年代进入商用以来迅速拓展，目前已经成为当今世界支撑科技创新，推动经济发展和社会进步的重要信息基础设施，有力地推动了全球信息化进程。互联网服务的产业发展十分活跃，像 Google（图 6.12 和图 6.13）、Yahoo、eBAY、Facebook、阿里、腾讯、百度（图 6.14）、超图（图 6.15）、ESRI（图 6.16）等这样一批互联网服务提供商不断涌现。

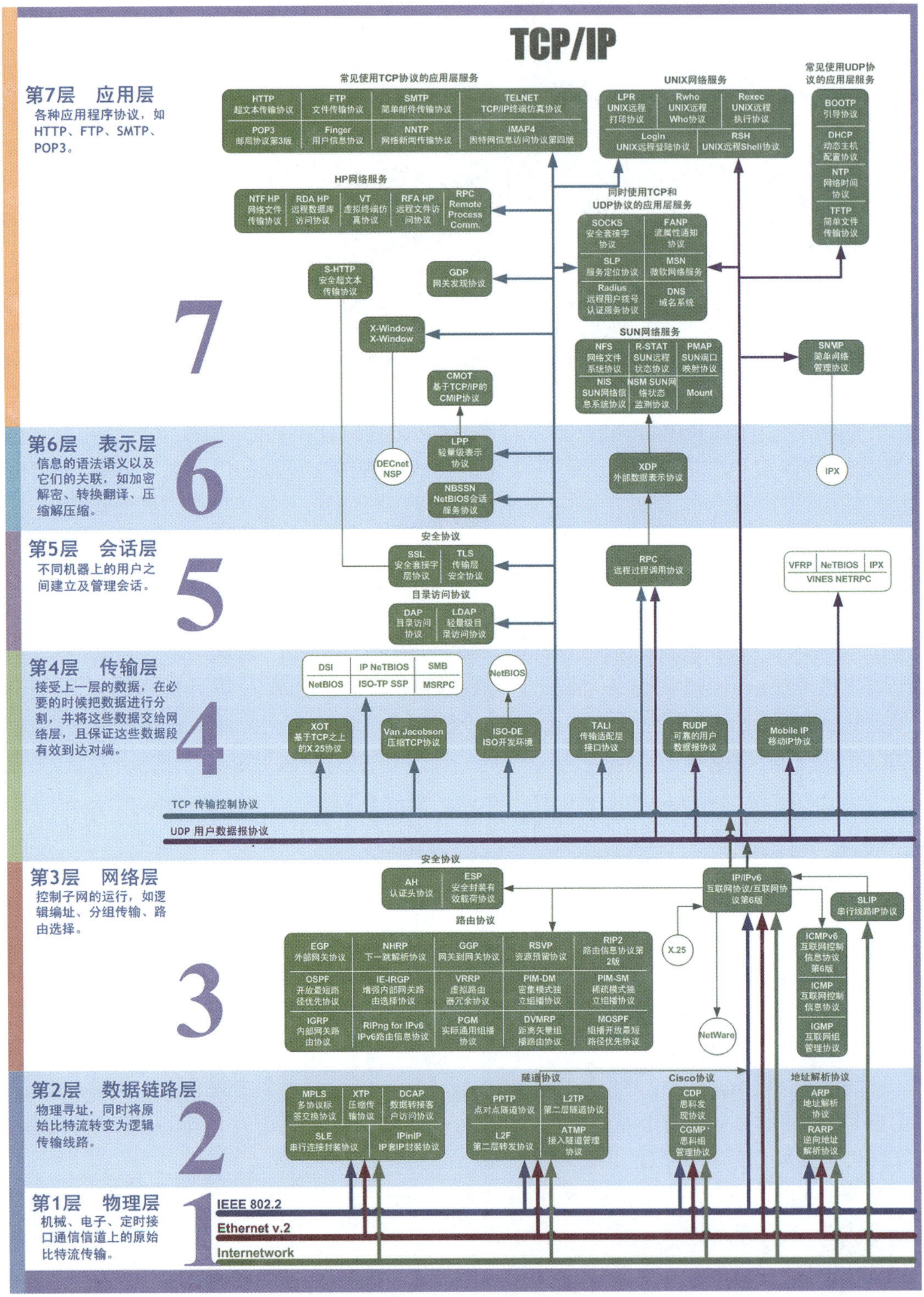

图 6.10 互联网络结构图（OSI 七层模型）

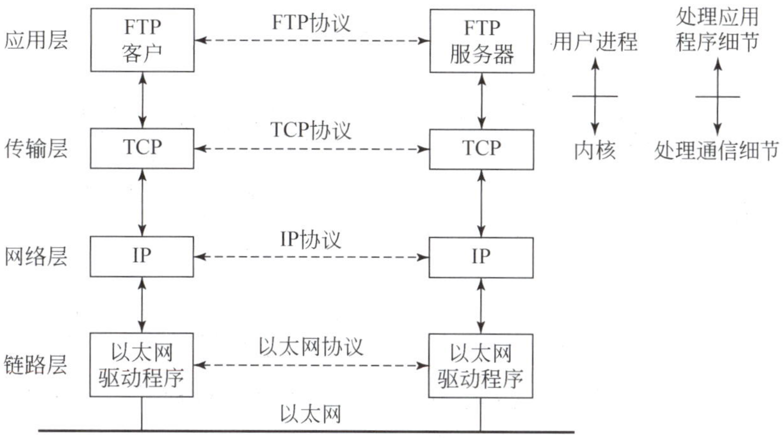

图 6.11　TCP/IP 协议

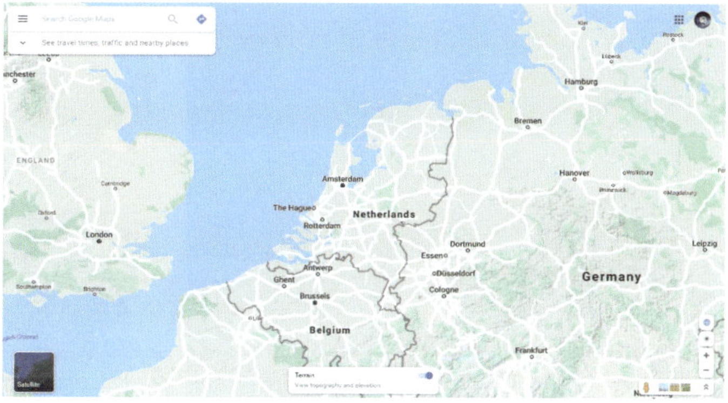

图 6.12　谷歌地图

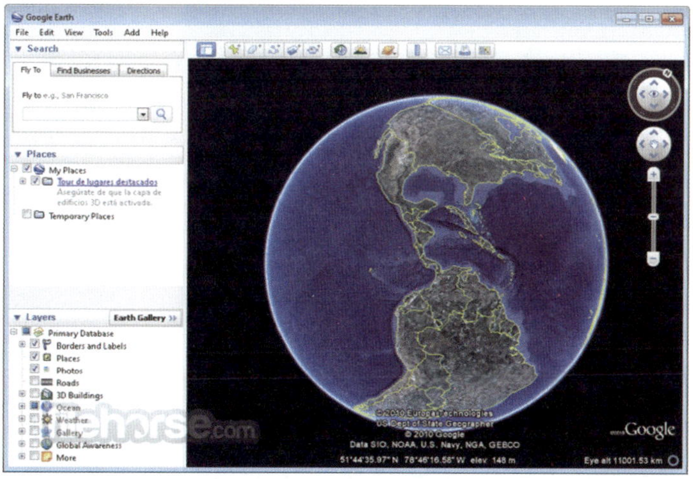

图 6.13　Google 地球

图 6.14 百度街景

图 6.15 超图地图

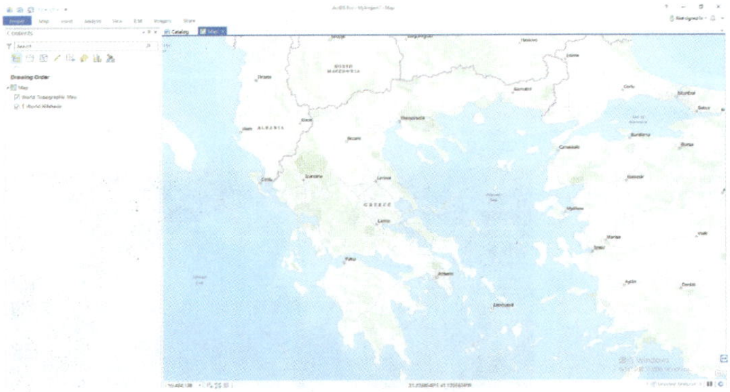

图 6.16 ESRI 地图

6.2.2 物联网

1999 年，美国记者 Neil Gross 这样写道："在下个世纪，在行星地球上将附着上一层电子皮肤。"该电子皮肤由上百万个嵌入式电子测量器件（传感器）组成，包括温度计、压力计、污染检测仪、摄影机、麦克风、血糖仪、心电图仪和脑电图仪等，它用通信网络作为骨架来支持和传输各种感知信息。这层电子皮肤可以测量和监测固体地球、大气、海洋和生物，用于电子政务、电子商务，用于我们的日常生产、生活，人们的对话、身体乃至我们的梦境。

Neil Gross 所描绘的这层电子皮肤就是今天所谓的“物联网”（图 6.17）。

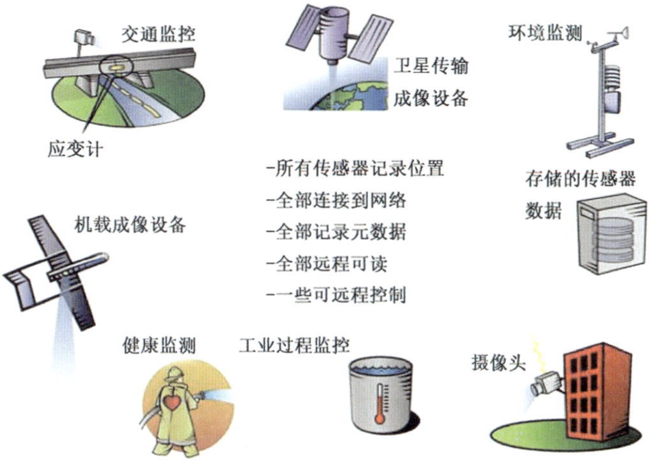

图 6.17　智能传感器网络（smart sensor web）

2005 年国际电信联盟（ITU）将物联网定义为“The Internet of Things”，即“物与物相连的互联网”。

物联网是指通过各种传感设备，按照约定的协议，把任何物品与互联网连接起来，进行信息的交换和通信，以实现智能化识别、定位、跟踪、监控和管理的一种互联网络（图 6.18）。包括两层含义，一是物联网的核心和基础仍然是互联网，是在互联网基础之上延伸和扩展的一种网络；二是其用户端延伸和扩展到了任何物品，人与物可以通过互联网进行信息的交换和通信。

图 6.18　物联网的概念

物联网的问世，实现了物理基础设施和信息技术基础设施的融合，世界的万物都将相连，并将“物体赋予智能”，提高对物质世界的感知能力，实现对现实世界的透明管理、智能分析、优化决策和约束控制。

全面感知是物联网的“皮肤”和“五官”，主要功能是识别物体、采集信息。它利用条码、射频识别、摄像头及其他传感器等多种感知、捕获和测量的技术手段，实时对物体进行信息的采集和获取。

物联网的全面感知所追求的不仅是信息的“广泛和透彻”，而且强调信息的“精准和效用”，要求地球上任何地方的任何物体，凡是需要感知的，都可以随时随地提取、测量、捕获和标识；同时，还需要精准获取和快速处理信息，并高效精准地应用到特定的行业和场景。

在全面感知方面，物联网主要涉及物体编码、自动识别技术和传感器技术。物体编码用于给每一个物体（或地理实体）一个“身份”，其核心思想是为每个物体提供唯一的标识符，实现对全球对象的唯一有效编码，也就是为物体或地理实体发放“身份证”；自动识别技术用于识别物体，其核心思想是应用一定的识别装置，通过被识别物品和识别装置之间的身份检测，自动地获取被识别物品的相关信息。传感器技术用于感知物体，其核心思想是通过在物体上植入各种微型感应芯片使其智能化，这样任何物体都可以变得“有感觉、有思想”，包括可以自动采集实时数据、自动执行与控制等。

网络的互联互通解决的是信息传输的问题，是物联网的血管与神经，其主要功能是信息的接入和信息的传递。互联互通是指通过各种通信网，如我国的电信网、广播电视网等与互联网的融合，将物体的信息接入网络，实时进行信息的可靠传递和共享。

物联网在信息传送的方式上，可以是点对点、点对面或面对面，通过 3G、4G，乃至 5G，通过通信卫星、导航卫星或互联网等适当的平台，获取相应的资讯或指令，或传递相应的资讯或指令。

互联互通要求网络具有“开放性”，全面感知的数据可以随时接入网络，这样才能带来物联网的包容和繁荣。互联互通要求数据传送的准确性，这就需要传送环节具有更大的带宽、更高的传送速率、更低的误码率。互联互通还要求数据传送的安全性，由于无处不在的感知数据很容易被窃取和干扰，这就需要保障网络的信息安全。

互联互通会带来网络“神经末梢”的高度发达。互联互通就是利用互联网的“神经末梢”，将物体的信息接入互联网。它将带来互联网的扩展，让网络的触角伸到物体之上，网络将无处不在。在技术方面，建设“无处不在的网络”，不仅要依靠有线网络的发展，还要积极发展无线网络，其中 WiFi、3G、4G、5G、ZigBee、蓝牙（Bluetooth）、无线射频（radio frequency identification，RFID）、红外数据组织（infrared data association，IrDA）、近场通信（near field communication，NFC）、超宽带（ultra wideband，UWB）等技术都是组成“网络无处不在”的重要技术。

智慧运行解决的是计算、处理和决策的问题，是物联网的大脑和神经中枢。主要功能是利用数据管理、数据处理、模糊识别和云计算等各种智能计算技术，对跨地区、跨行业、跨部门的数据和信息进行分析和处理，以便整合和分析海量、复杂的数据信息，提升对物理世界、经济社会、人类生活各种活动和变化的洞察力，实现智能决策与控制，以更加系统和全面的方式解决问题。

智慧运行不仅要求物服从人，也要求人与物之间的互动。在物联网内所有的系统与节点都有机地连成一个整体，起到互帮互助的作用。对于物联网来说，通过智能处理可以增强人与物的一体化，能够在性能上对人与物的能力进行进一步扩展，增加人们之间的交流和互动，通过互动衍生出种种可利用的资源。

6.3　物联网组成与功能

物联网是一个层次化的网络，大致可以划分为感知层、网络层和应用层三层（图6.19）。在各层之间，信息非单向传递，有交互或控制。在所传递的关于物的信息中，包括物的识别码、物的静态信息和动态信息等。

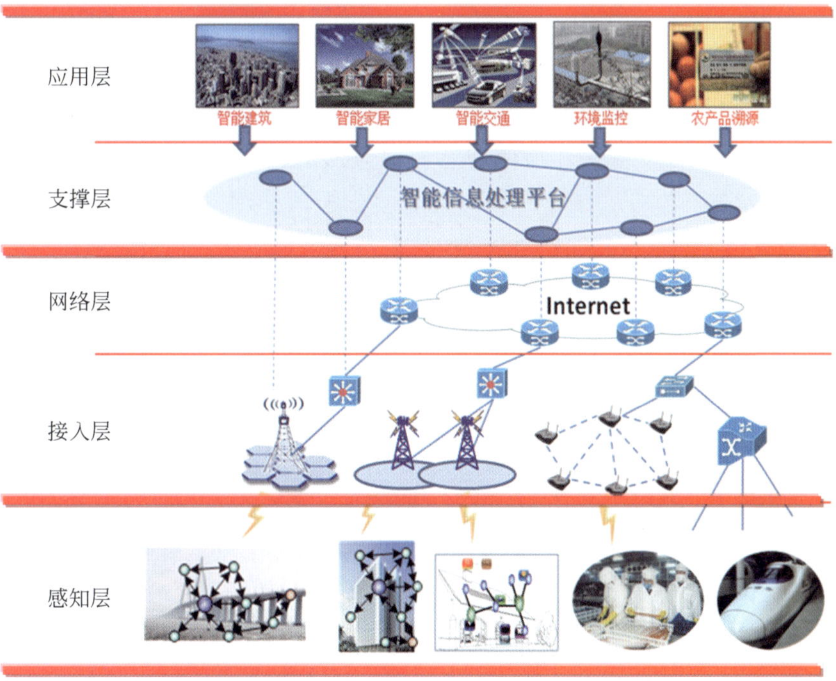

图 6.19　物联网的体系结构

物联网与传统网络的主要区别在于，物联网扩大了传统网络的通信范围。物联网不仅局限于人与人之间的网络通信，还将网络的触角伸到了物体之上。感知层在物联网的实现过程中，用于完成对物体的全面感知和信息采集，与传统网络相比，体现出了“物”的特色。也就是说，物联网中的“物”是通过感知层来实现的。

6.3.1　感知层功能

感知层主要解决人类社会和物理世界数据获取和数据收集的问题，用于完成信息的采集、转换、收集和整理。感知层主要包含两个部分，其一是用于数据采集和最终控制的终端装置，这些终端装置主要由电子标签和传感器等构成，负责完成信息获取；其二是信息的短距离传输，这些短距离传输网络负责收集终端装置采集的信息，并负责将信息在终端装置和网关之间双向传送。实际上，感知层信息获取、信息短距离传输这两个部分有时交织在一起，同时发生，同时完成，很难明确区分。

1）信息获取

首先，信息获取与物品的标识符相关。为了有效地收集信息，感知层需要给物联网中的每一个“物”都分配唯一的标识符，这样“物”的身份可以通过标识符来加以确定和辨识，解决信息归属于哪一个“物”的问题。

其次，信息获取与数据采集技术相关。数据采集技术主要有自动识别技术和传感技术。自动识别技术用于自动识别物体，其应用一定的识别装置，通过被识别物品和识别装置之间的接近活动，自动获取被识别物品的相关信息。传感器技术用于感知物体，其通过在物体上植入各种微型感应芯片使其智能化，这样任何物体都可以变得有“智慧”，如可以感觉周围的温度等。

传感器在一定意义上讲是人类感觉器官的延伸，是人类获取信息的主要途径与手段。光敏传感器对应人的视觉，声敏传感器对应人的听觉，气敏传感器对应人的嗅觉，化学传感器对应人的味觉，压敏、温敏、流体传感器对应人的触觉。传感器的分类如表 6.1 所示。

表 6.1　物联网传感器分类

分类体系	传感器类型
按工作原理分类	物理型、化学型、生物型等
按用途分类	方位、距离、能耗、速度、加速度、烟雾、温度、湿度、辐射强度等
按输出信号分类	模拟、数字、开关等
按材料类别分类	金属、聚合物、陶瓷、混合物等 绝缘体、半导体、导体、磁性材料等 单晶、多晶、非晶材料等
按工艺分类	集成、薄膜、厚膜、陶瓷工艺等
按能量的转换方式分类	有源、无源
按接触方式分类	接触式、非接触式
按控制形式分类	单向控制式、双向（反控）交互式
按对数据采集的时间特征分类	实时与非实时、连续与间断采集
按对数据的传输分类	实时传输（即采即传输）、非实时传输（打包传输）
按对采集数据和时空数据是否统一编码分类	分离、统一

由此可见，与遥感系统所使用的传感器相比，物联网传感器的类型更为多样，用途十分广泛。

2）信息短距离传输

信息短距离传输是指收集终端装置采集的信息，并将信息在终端装置和网关之间双向传送。这里需要强调的是，信息短距离传输与信息获取这两个过程有时同时发生，感知层很难明确区分这两个过程。

信息短距离传输有多种方式，包括 ZigBee 技术、蓝牙技术、RFID 技术、IrDA 技术、NFC 技术、UWB 技术等。在上述信息短距离传输的方式中，IrDA 属于红外通信技术，其余都属于射频 / 微波无线通信技术。这些通信方式也经常作为空间定位的重要方法，其定位原理已经在第四章介绍过了。

ZigBee 技术是一种近距离无线组网通信技术，其特点是近距离、低复杂度、自组织、低功耗、低数据速率、低成本，可以嵌入各种设备，主要用于近距离无线连接（图 6.20）。

蓝牙是一种支持设备短距离通信（一般 10m 内）的无线技术，主要用于数据的接入（图 6.21）。它是一种无线数据与语音通信的开放性全球规范，以低成本、近距离无线连接为基础，为固定与移动通信环境建立一个特别的连接，有效地简化了移动通信的终端设备，也简化了设备与互联网之间的通信，使数据传输变得更加迅速高效，为无线通信拓宽了道路。

图 6.20 ZigBee 近距离通信技术

图 6.21 蓝牙短距离通信技术

低功耗蓝牙（BLE）是蓝牙 4.0 规范的核心技术，是一种专门面向低成本和低功耗的无线方案。iBeacon 是苹果公司在 BLE 技术的基础上封装研发的协议（图 6.22）。iBeacon 技术的主要应用场景是室内定位、移动支付以及基于地理位置的信息推送。

RFID 通过无线电波进行数据的传递，用射频信号自动识别目标对象，是一种非接触式的自动识别技术（图 6.23）。RFID 以电子标签来标志某个物体。电子标签内存储着物体的数据，通过无线电波将物体的数据发送到附近的读写器，读写器对接收到的数据进行

图 6.22 基于低功耗蓝牙的 iBeacon 技术

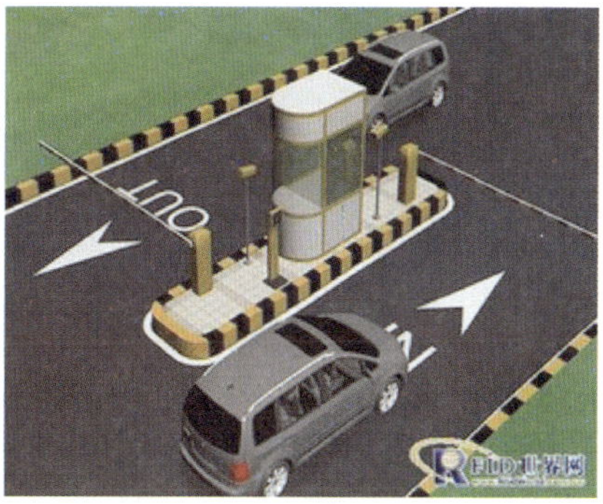

图 6.23 RFID 无线射频识别技术

收集和处理。RFID 主要工作在高频和超高频频段，其中高频频段电子标签与读写器相距几厘米，超高频频段电子标签与读写器相距几米到几十米。

IrDA 红外连接技术是指利用红外线的频率高于微波而低于可见光的特点，进行短距离的点对点的直线数据传输（图 6.24）。红外通信技术有着成本低廉、连接方便、简单易用和结构紧凑的特点，在小型移动设备中获得了广泛的应用，主要使用在笔记本电脑、掌上电脑、机顶盒、游戏机、移动电话、计算器、寻呼机、仪器仪表、MP3 播放机、数码照相机、打印机等设备中。

NFC 是一种短距高频的无线电技术，能在短距离内与兼容设备进行识别和数据交换（图 6.25）。运行频率为 13.56MHz，通信距离为 20cm，传输速度有 106 kbit/s、212 kbit/s 或者 424 kbit/s 三种。NFC 采用主动和被动两种读取模式，可以用于门禁钥匙、交通一卡通、信用卡、支付卡等。

图 6.24 IrDA 红外连接技术

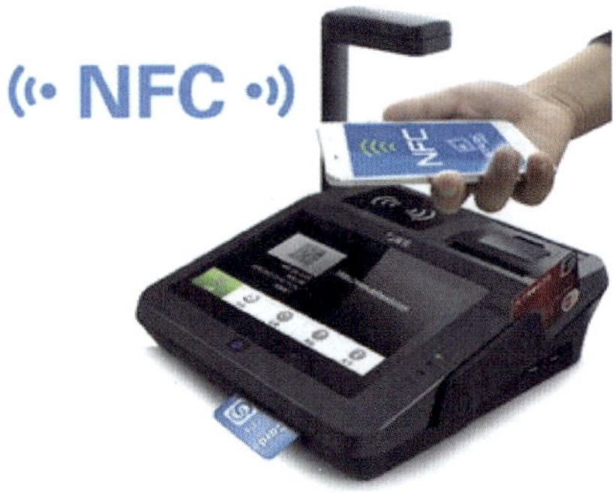

图 6.25 NFC 短距高频无线电通信技术

图 6.26 UWB 超宽带无线通信技术

UWB 无线通信是一种采用时间间隔极短（小于 1ns）的脉冲进行通信的方式，也称无载波通信方式（图 6.26）。其占用的带宽非常宽，频谱的功率密度极小，具有扩频通信的特点。UWB 通过在较宽的频谱上传送极低功率的信号，能在 10m 左右的范围内实现数百兆比特 / 秒至数吉比特 / 秒的数据传输速率。它具有抗干扰性能强、传输速率高、带宽极宽、消耗电能小、发送功率小等诸多优势，主要应用于室内通信、高速无线 LAN、家庭网络、无绳电话、安全检测、位置测定、雷达等领域。

6.3.2 网络层功能

物联网当然离不开网络。网络层是物联网的神经系统，负责将感知层获取的信息进行处理和传输。

网络层是一个网络体系，用于整合和运行整个物联网。

网络层包括接入网与互联网的融合网络、网络管理中心和信息处理中心等。接入网有现在的移动通信网、有线电话网等，通过接入网能将信息传入互联网。网络管理中心和信息处理中心是实现以数据为中心的物联网中枢，用于存储、查询、分析和处理感知层获取的信息。

物联网的网络层包括接入网和核心网。接入网是指骨干网络到用户终端之间的所有设备，其长度一般为几百米到几千米，因而被形象地称为“最后一公里”。核心网是基于IP的统一、高性能、可扩展的分组网络，支持移动性以及异构接入。

接入网技术包括无线接入技术、光纤接入技术、同轴接入技术、电力网接入技术等。

无线接入技术采用微波、卫星、无线蜂窝等无线传输技术，能够实现多个分散用户的业务接入。无线接入技术通过无线介质将终端与网络节点连接起来，以实现用户与网络之间的信息传递，具有建设速度快、设备安装灵活、成本低、使用方便等特点。

物联网要求利用网络的“神经末梢”，将物体的信息接入互联网，实现网络“无处不在”。这就要在有线网络发展的基础上，更积极发展无线网络，解决“最后一公里”问题。目前，最常用的无线接入有3G、4G、WiFi、WiMAX、铜缆接入技术、光纤接入技术和同轴接入技术、电力网接入技术等。

互联网是由计算机网络相互连接而成。计算机网络要完成数据处理和数据通信两大功能，因此在结构上可以分成两个部分：负责数据处理的主计算机与终端；负责数据通信处理的通信控制处理设备与通信线路（图6.27）。

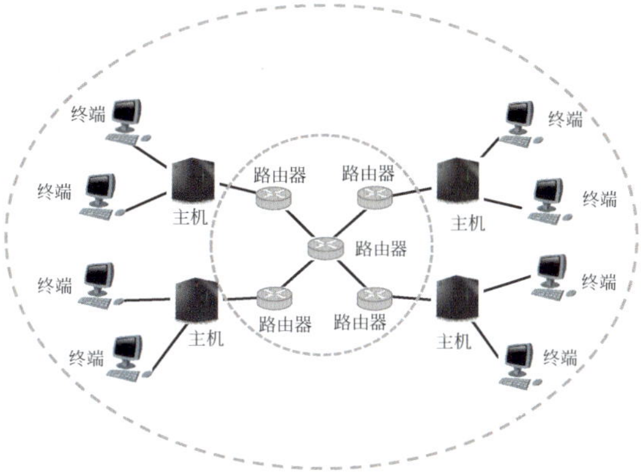

图6.27 计算机网络的基本结构

互联网的功能主要有数据通信、资源共享和分布处理三方面。

（1）数据通信。数据通信是计算机最基本的功能，能够实现快速传送计算机与终端、计算机与计算机之间的各种信息。利用数据通信的功能，互联网可实现将分散在各地的计算机或终端用网络联系起来，进行统一的调配、控制和管理。

（2）资源共享。这里的“资源”是指网络中所有的软件资源、硬件资源、数据资源和通信信道资源，所谓“共享”可以理解为共同享受、共同拥有。相应地，资源共享即硬件资源共享、软件资源共享、数据资源共享和通信信道资源共享。

（3）分布处理。当某台计算机负担过重，或该计算机正在处理某个进程又接收到用户新的进程申请时，网络可将新的进程任务交给网络中空闲的计算机来完成。这样处理能均衡各计算机的负担，提高网络处理问题的实时性。

对于大型综合问题，可将问题的各部分交给不同的计算机并行处理，这样可以充分利用网络的资源，提高计算机的综合处理能力，增强实用性。对解决复杂问题来讲，多台计算机联合使用可以构成高性能的计算机体系，这种协同工作、并行处理，比单独购置一台高性能的大型计算机要便宜得多。

6.3.3 应用层功能

应用层是把感知和传输来的信息进行分析和处理，做出正确的控制和决策。应用层主要基于软件技术和计算机技术来实现，其中云计算作为海量数据存储和分析的平台，也是物联网的重要组成部分。

物联网应用层解决的是信息处理和人机交互的问题，网络层传输而来的数据在这一层进入各行各业、各种类型的信息处理系统，并通过各种设备与人进行交互。应用层主要由两个子层构成：一是物联网中间件，二是物联网应用场景。各种各样的物联网应用场景通过物联网中间件接入网络层（图 6.28）。

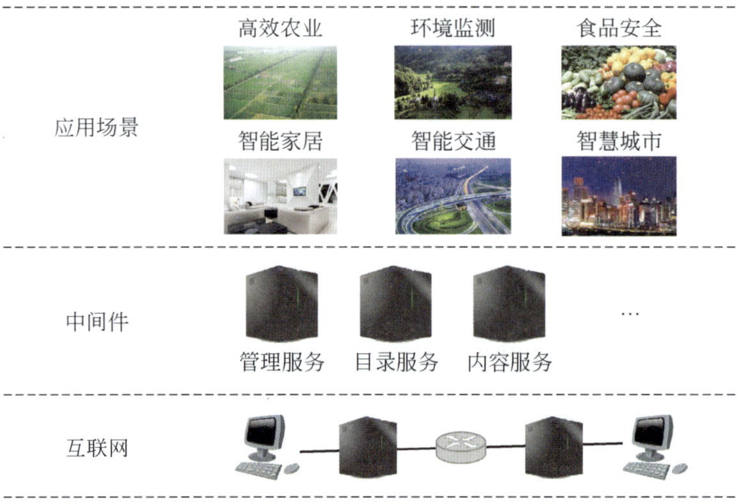

图 6.28　物联网应用层的架构

物联网中间件是一种软件，处于操作系统与应用程序之间，总的作用是为处于自己上层的应用软件提供运行和开发的环境，屏蔽底层操作系统的复杂性，使程序设计者面对简单而统一的开发环境，减轻应用软件开发者的负担。物联网中间件包括一组服务，以便于运行在一台或多台机器上的多个软件通过网络进行交互。物联网中间件能够管理计算机资源和网络通信，相互连接的系统即使具有不同的接口，通过中间件仍能交换信息。

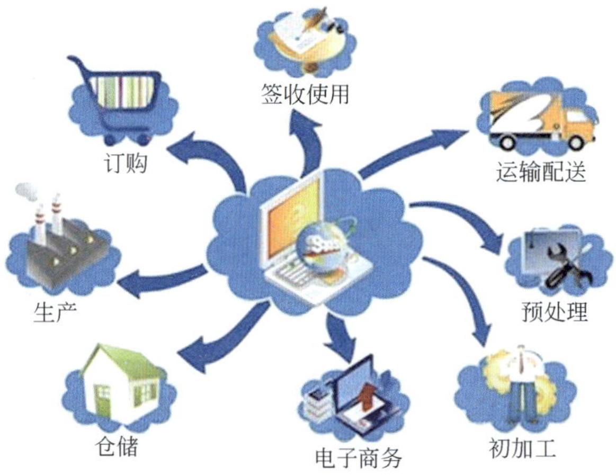

图 6.29　物联网的主要应用领域

物联网现在已经应用于交通、物流、军事等领域，未来将逐渐普及到所有领域，成为我们日常生活的一部分（图 6.29）。

物联网作为互联网的下一站，在广度和深度上都有超过互联网对科技发展、人类社会进步影响的可能，因此世界各国都把物联网提升为国家战略，物联网已经成为国家综合竞争力的体现。

6.4 基于物联网系统的动态地理数据采集

物联网技术在地理学中的应用已经较为普及，例如，气象观测网络台站系统、水文观测网络台站系统、生态网络台站系统、流域观测网络系统、电网运行监控系统、通信网络运行监控系统、供水监控系统等。这里我们以自动气象观测系统为例，介绍其组成与应用。

6.4.1 自动气象观测系统

我国的国家级地面气象观测站和自动气象站的安装情况如图 6.30 所示。

图 6.30 国家级气象站

自动气象站是一种能自动地观测和存储气象观测数据的设备、网络与系统，主要由数据传感器和采集器、通信网络、计算机系统组成。根据搭载的平台，可分为固定式、移动式、便携式和车载自动气象站系统。

随着观测环境的气象条件的变化，各传感器的感应元件将相应的气象参数转换成电信号（如电压、电流、频率等）。这种变化量被 CPU 实时控制的数据采集器所采集，经过线性化和定量化处理，实现工程量到要素量的转换；再对数据进行筛选，得出各个气象要素数值；再由通信系统将采集到的数据通过有线或无线传输方式传送给数据中心或用户，或存储在介质上。

自动气象站所观测项目主要包括环境温度、环境湿度、露点温度、风速、风向、气压、太阳总辐射、降水量、地温（包括地表温度 、浅层地温、深层地温）、土壤湿度、土壤水势、土壤热通量、蒸发、二氧化碳、日照时数、太阳直接辐射、紫外辐射、地球辐射、净全辐射、环境气体共 20 项数据指标。数据采集频率较高，往往以分钟为单位采集并存储一组观测数据。

自动气象站根据对自动气象站人工干预情况也可将自动气象站分为有人自动站和无人自动站。

自动气象站往往被放置在供电网络和通信网络内。现在，由于太阳能电池板、风力涡轮机、移动通信技术和卫星通信技术的普及使用，使自动气象站能在供电网络和通信网络外，实施无线通信型监控与信息传输。

自动气象站常用的传感器有：气压，振筒式气压传感器、膜盒式电容气压传感器；气温，铂电阻温度传感器；湿度，湿敏电容湿度传感器；风向，单翼风向传感器；风速，风杯风速传感器；雨量，翻斗式雨量传感器；蒸发，超声测距蒸发量传感器；辐射，热电堆式辐射传感器；地温，铂电阻地温传感器；日照，直接辐射表、双金属片日照传感器。

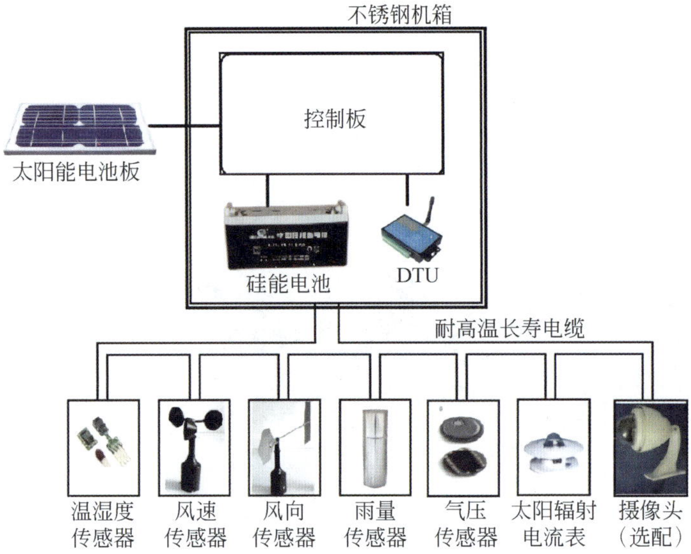

图 6.31 数据采集器

数据采集器是自动气象站的核心，其主要功能是数据采样、数据处理、数据存储及数据传输（图 6.31）。采集器的电源至少要保证 7 天正常工作，数据存储器至少能存储 3 天的每分钟气压、气温、相对湿度、1 分钟平均风向和风速、降水量数据，能在计算机中形成规定的数据文件。

自动气象站各类数据通过表格或曲线视图对数据进行分析，通过多种通信方式，可动态组网，可支持百台以上监测站点并发通信。

自动气象站广泛应用于大中专院校、科研机构、机场及环境监测、交通运输、军事、农林、水文、极地考察等诸多领域。

6.4.2 ETC 不停车电子收费系统

ETC（electronic toll collection）不停车收费系统是目前世界上最先进的路桥收费方式（图 6.32），也是一种典型的物联网系统，是车辆大数据获取的重要手段，所采集的数据是典型的动态地理数据。ETC 系统通过安装在车辆挡风玻璃上的车载电子标签（也称 IC 卡，图 6.33）与在收费站 ETC 车道上的微波天线之间的微波专用短程通信（图 6.34），利用计算机联网技术与银行进行后台

图 6.32 ETC 不停车收费系统

结算处理，从而达到车辆通过路桥收费站不需停车而能交纳路桥费的目的。

图 6.33 ETC 使用的电子标签（IC 卡）

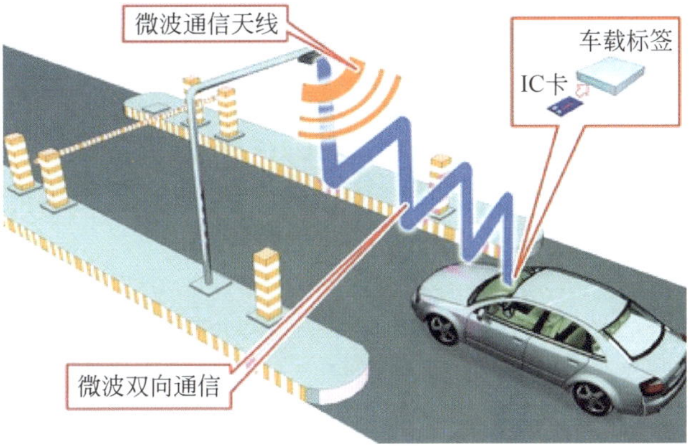

图 6.34 微波专用短程通信系统

ETC 技术以 IC 卡作为数据载体，通过无线数据交换方式实现收费计算机与 IC 卡的远程数据存取功能。计算机可以读取 IC 卡中存放的有关车辆的固有信息（如车辆类别、车主、车牌号等）、道路运行信息、收费状态信息，按照既定的收费标准，通过计算，从 IC 卡中扣除本次道路使用通行费。当然，ETC 也需要对车辆进行自动检测和分类。

ETC 车道主要由 ETC 天线、车道控制器、费额显示器、自动栏杆机、车辆检测器等组成（图 6.35）。

ETC 采用的关键技术包括：自动车辆识别、自动车型分类、短程通信、逃费抓拍、红外数据采集等技术。

ETC 车道上采用的传感器包括：车道控制器、电子标签读写器、车辆检测器（抓拍线圈以及落杆线圈）、抓拍摄像机、费额显示器 / 通行信号灯 / 声光报警器、自动栏杆、字符叠加器等。

ETC 使用的工业控制计算机（工控机）主要用于信息同步、通信控制，以及与联网计算机的数据交换。

车辆进入 ETC 通道后的处理流程是：当车辆进入通信范围时，车道上的读写天线与

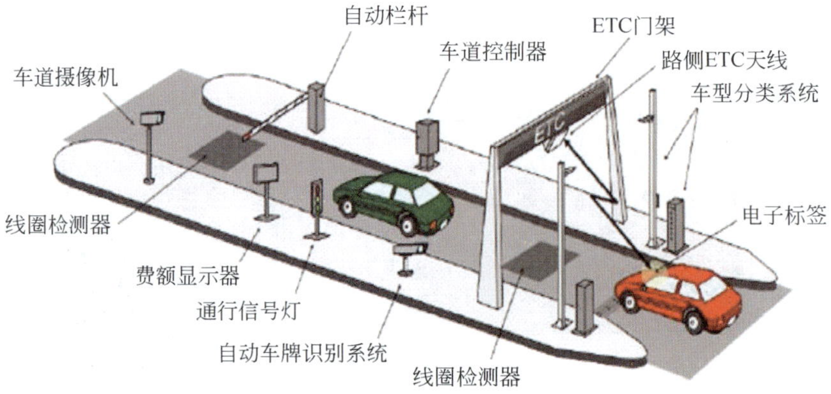

图 6.35 ETC 车道组成部分

车辆上的电子标签和 CPU 卡进行通信，获取车辆类别、车主、车牌号、充值余额等信息。同时当车辆碾压到抓拍线圈时，摄像机获取车辆照片，采集车牌号，并在显示牌上显示准备经过车辆的车牌号、IC 卡中的余额。这时工业控制计算机（工控机）实时比对判别车辆信息。如系统判别有效，控制栏杆抬升，通行信号灯变绿，车辆可以通过。在车辆通过自动栏杆下的落杆线圈后，栏杆自动回落，通行信号灯变红，系统等待下一辆车进入。如系统判别无效，则报警并封闭车道，直到车辆离开检测线圈。

车辆出 ETC 通道后的处理流程与车辆进入不同的是，当工控机判别出收费站的车辆信息有效时，工控机与收费系统实时联网，计算出收费金额和 IC 卡上的余额，在显示牌上显示车辆车牌号、收费金额、IC 卡中的余额信息，同时将余额信息写回到 IC 卡上。

不停车收费技术特别适用于在高速公路或交通繁忙的桥隧环境下采用。可以允许车辆以几十千米以至一百多千米每小时的速度高速通过，可大大提高公路的通行能力、降低收费管理的成本，有利于提高车辆的营运效益，也可以大大降低收费口的噪声水平和废气排放、缩小收费站的规模，节约基建费用和管理费用。ETC 系统更重要的作用是作为交通大数据的重要组成部分，对车辆轨迹、道路物流、路网承载、社会经济分析具有重要支撑。

思 考 题

1. 地球系统科学的发展对地理信息的动态获取提出了哪些要求？
2. 如何从技术层面来看待物联网和互联网的区别与联系？
3. 在大数据物联网时代，如何保证在大数据使用过程中用户的隐私不被泄露？
4. 如何看待互联网地图服务不赚钱，但却是互联网公司的核心业务。你认为互联网地图服务对于互联网公司哪些业务有重要影响？
5. 目前可以预见的 iBeacon 技术的主要应用场景有哪些，你认为这些应用场景下 iBeacon 技术应用的限制因素会是什么？

延伸阅读

柴彦威，赵莹，马修军，等. 2010. 基于移动定位的行为数据采集与地理应用研究. 地域研究与开发，29(6)：1-7

崔铁军 . 2015. 地理空间数据获取与处理 . 北京：科学出版社

李德仁，童庆禧，李荣兴，等 . 2012. 高分辨率对地观测的若干前沿科学问题 . 中国科学（地球科学），42（6）：805-813

刘云皓 . 2010. 物联网导论 . 北京：科学出版社

陆锋，张恒才 . 2014. 大数据与广义 GIS. 武汉大学学报（信息科学版），39（6）：645-654

汪明峰，宁越敏 . 2004. 互联网与中国信息网络城市的崛起 . 地理学报，59（3）：446-454

Cazzorla A，De Angelis G，Moschitta A，et al. 2013. A 5. 6GHz UWB position measurement system. IEEE Transactions on Instrumentation and Measurement，62（3）：675-683

Gast M S，Matthew S. 2014. Building Applications with iBeacon：Proximity and Location Services with Bluetooth Low Energy. Sebastopol：O-Reilly Media

Hu S，Dai T. 2013. Online Map Application Development Using Google Maps API，SQL Database and ASP. NET. International Journal of Information and Communication Technology Research，3（3）：102-110

Keary M. 2016. The Internet of Things. Cambridge：The MIT Press

Sand S，Dammann A，Mensing C. 2014. Positioning in Wireless Communications Systems. Hoboken：John Wiley & Sons

Shirehjini A A N，Yassine A，Shirmohammadi S. 2012. An RFID-based position and orientation measurement system for mobile objects in intelligent environments. IEEE Transactions on Instrumentation and Measurement，61（6）：1664-1675

Verma P，Bhatia J S. 2013. Design and development of GPS-GSM based tracking system with Google map based monitoring. International Journal of Computer Science，Engineering and Applications，3（3）：33

Xia F，Yang L T，Wang L，et al. 2012. Internet of things. International Journal of Communication Systems，25（9）：1101-1102

第七章　地理数据处理与地理信息系统

地理信息是人类各种活动所必需的基础信息，是人类在长期生产实践过程中对地理对象与地理现象的抽象描述与表达。自人类文明萌芽以来，就不断探索着地理信息采集、存储、分析、表达、传输、应用的技术与方法，从早期不精确象形文字的描述，到后来利用严密数学法则的地图记录，到以现代科学技术为基础的 GIS 数字化表达，再到实时动态多维场景，逐步形成了一个现代学科领域——地理信息系统。本章重点介绍地理现象认知、分析、表达的基本概念和方法，地理信息系统的数据存储、管理、分析与表达，以及典型地学与大众应用。

随着遥感对地观测、物联网数据获取、实验室样品分析、地理模型模拟、大数据挖掘等技术方法的广泛应用，地理数据呈现爆炸式增长。地理信息通过几何图形、代数方程、信息图谱等多种描述手段实现对地理对象和地理现象的空间定位、几何形态、属性特征、要素关系、演化过程和语义特征的描述，地理信息的内涵得到极大丰富。

对多源、异构、海量地理数据进行高效存储、管理，并进行专业化处理或大数据分析，从而挖掘出地理现象的内在规律，这是地理信息技术需要长期面对和不断解决的重要问题。随着计算机科学与技术的快速发展和地理信息对地理规律描述与表达机制理解的深入，以计算机硬件、网络、软件为支撑的地理信息系统成为地理数据采集、加工、处理、管理、分析、表达、传输、发布的综合性技术系统。

人们常常将地理信息系统比喻为人的大脑，将遥感技术和空间定位技术比喻为人的两只眼睛（一只眼获取目标的位置信息，另一只眼获取目标的几何信息、物理信息等）。由此可见，地理信息系统在地理信息技术中占据着极其重要的位置。

7.1　人脑作用与电脑意义

从电脑问世至今 70 多年的发展史来看，它的应用范围越来越广，存储和处理信息的能力也越来越大。早期的电脑能进行数值计算、处理文字和图像，进行数据管理等。特别是 20 世纪 50 年代以来，在控制论和信息论的推动之下，人们又进一步研制了包括模拟人的触觉、视觉、听觉、味觉直至大脑功能在内的控制系统，即智能机器人。电脑也开始能够部分模拟人脑的某些功能。

7.1.1　人脑的结构和功能

人类大脑既是人类思维活动的核心，也是人类信息存储的载体。根据脑组织沟纹的位置可以区分大脑的不同区域，每个区域功能都不同。大脑皮层的四个主要区域及其负责的功能分别为：枕叶——视觉能力、顶叶——触觉和空间能力、颞叶——听觉和综合感知能力、额叶（有两个部分，一是运动皮层，协调肢体运动，二是前额皮层，其功能是理解、记忆、判断）。

人类很多行为都需要大脑整合存储各种感觉信息才能完成，如思考数学题、识谱弹琴、在键盘上打字等，这些都是需要人脑进行多个阶段过程信息的感知和整合才能完成的行为。当外界环境中的刺激作用于视觉、听觉、嗅觉等人的感觉器官之后，包括感觉器官将外部刺激转化为神经冲动传向大脑，并给大脑带来信号，大脑再进行加工。这些外部输入在中枢神经系统进行汇总，和来自别的脑区的信息（如记忆）整合，最后形成了我们对外部世界的认知。当代认知心理学家们认为，信息必须以一定的方式进行编码，然后人脑对这种编码进行译码，才能被人识别。例如，人们读书时，字词是外部刺激，经感受器（视网膜）转换以后，由光刺激模式转换为神经冲动的特定模式（编码），这是由物理形式转化为生理形式的信息。视神经的冲动模式由大脑破译（译码），就形成了特定感受，并在大脑中以视觉代码（或称视觉码）的方式储存下来，这是由生理形式转化为心理形式的信息。同样道理，我们在大脑中除了视觉码之外，还有听觉码、嗅觉码、肤觉码等（图 7.1）。

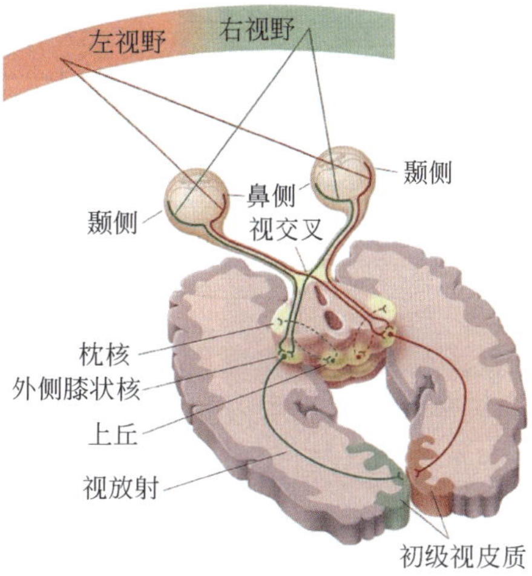

图 7.1　人脑视觉系统的通路（Gazzaniga et al.，2011）

与人类听觉、视觉等感知密切相关的语音、图像信息，在当今社会、经济和国家安全等领域中越来越重要。这类信息可被人类的感觉器官直接感知并被人脑加工和理解，也可用计算机对这些信息进行处理，但与计算机的逻辑运算和思维能力相比，人脑对信息的分析处理能力无论是逻辑推理还是思维运算上都非常强大。

7.1.2　电脑的结构和功能

人脑经感官接收到外界的复杂信息后会自动将其分类和过滤，电脑的“感官”即输入端所能接受的信息不仅有限而且数量相对小得多，它对外界信息输入的限制主要由计算机程序确定。计算机程序语言是数字化形式的，在 CPU（中央处理器）中必须有识别这些数字化指令的硬件设备，否则程序无法运行。计算机的文本、图像信息也是数字化信息，因此计算机必须有足够强大的软件完成转化和识别工作，这些数字化信息才有意义，否则计算机对这些信息也无能为力。

1. 硬件、软件、网络结构

1）硬件系统

1946 年美籍匈牙利科学家冯•诺依曼（John von Neumann）提出关于计算机组成和工作方式的基本设想，确立了现代计算机的基本结构，并第一次提出“存储程序”的概念。计算机的物理装置，即计算机硬件（computer hardware）系统指计算机系统中由电子、机械和光电元件等组成的各种物理装置的总称，是看得见、摸得着的一些实实在在的有形实体。计算机硬件的功能是输入并存储程序和数据，以及执行程序把数据加工成可以利用的形式。在用户需要的情况下，以用户要求的方式进行数据的输出。硬件是整个系统运行的物理平台，计算机的性能，如运算速度、存储容量、计算精度、可靠性等，很大程度上取决于硬件的配置（图 7.2）。

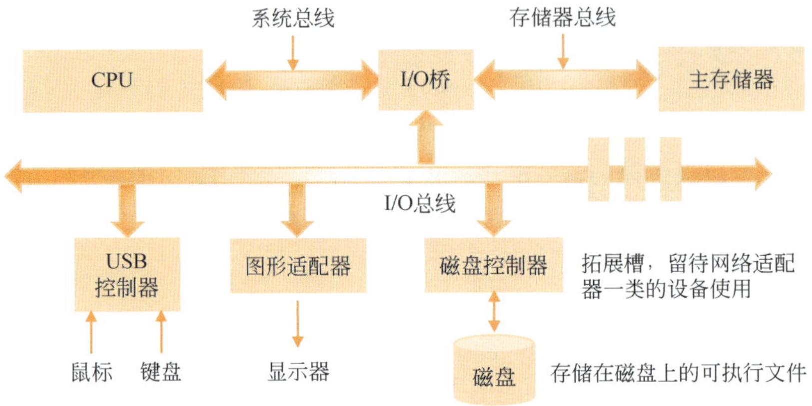

图 7.2 典型计算机系统的硬件组成（Bryant and O’Hallaron，2006）

2）软件系统

所谓计算机软件系统（computer software）是指运行、管理和维护计算机而编制的各种程序、数据和文档的总称，程序是完成某一任务的指令或语句的有序集合；数据是程序处理的对象和处理的结果；文档是描述程序操作及使用的相关资料。计算机软件是计算机硬件与用户之间的一座桥梁。

常用的计算机软件包括操作系统、应用软件、编程软件等。操作系统管理计算机的硬件设备，使应用软件能方便、高效地使用这些设备。常见的有：Windows、MacOS、Linux、UNIX 等。应用软件是和系统软件相对应的，是用户可以使用的各种程序设计语言，以及用各种程序设计语言编制的应用程序的集合，分为应用软件包和用户程序，如 Office 办公软件、学习软件、游戏软件、驱动程序、图像处理软件等实用软件。编程软件指专用于编写程序代码的专业软件，如 Visual Studio 等。

3）网络结构

网络或计算机通信网络是指将各个孤立的设备进行连接，通过信息交换实现人与人、人与计算机、计算机与计算机之间通信的网络。

网络按照地理位置划分为局域网（LAN）、城域网（MAN）、广域网（WAN）和个人网；按照传输介质划分为有线网、光纤网和无线网；按照拓扑结构划分为星型网络、环形网络和总线型网络结构。

互联网（Internet）是由遍布全球的各种网络系统、主机系统，通过统一的协议 TCP/IP 联结在一起所组成的世界性计算机网络系统。WWW（World Wide Web）是 Internet 一种最有活力的服务形式，也称为 Web 服务。访问 WWW 资源需要使用一种称为“浏览器”的客户端程序（图 7.3）。

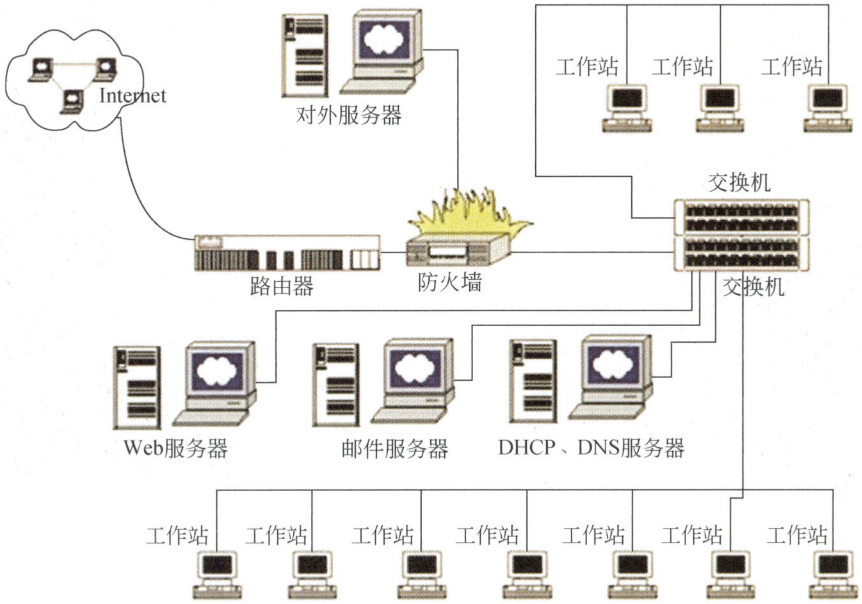

图 7.3 计算机网络结构

2. 存储功能

计算机存储数据的功能主要是实现将所有需要计算机加工的数据都保存在计算机的存储介质上，包括计算机运行所需的系统文件数据。计算机存储数据主要通过文件存储和数据库存储进行。

文件系统是操作系统的重要组成部分，用来管理和存储大量的文件信息，负责对文件的存储空间进行分配和管理，并对存入其中的文件进行保护和检索，同时为用户提供包括文件创建、删除、命名、读写、访问控制等一系列功能。例如，KML 文件是一种基于 XML 语法与格式的、用于描述和保存地理信息（如点、线、图像、多边形和模型等）的编码规范，可以被 Google Earth 和 Google Maps 识别并显示（图 7.4）。KMZ 文件是压缩过的 KML 文件，它不仅能包含 KML 文本，也能包含其他类型的文件。

数据库系统是由数据库及数据库管理软件组成的系统，是存储介质、处理对象和管理系统的集合体。数据库就是存放各种数据的仓库。Microsoft Access 就是利用数据库中的各种对象进行记录和分析各种数据的数据库软件。

例如，利用 Access 软件创建的学籍管理系统（图 7.5），可以对学生数据进行记录、整理，如新生登记；添加新课程：对于教学中新开设的课程进行添加和编辑；查询：设计多种形式的查询，快速查找到所需的记录；针对一门课程，列出每个同学的成绩等相关操作。

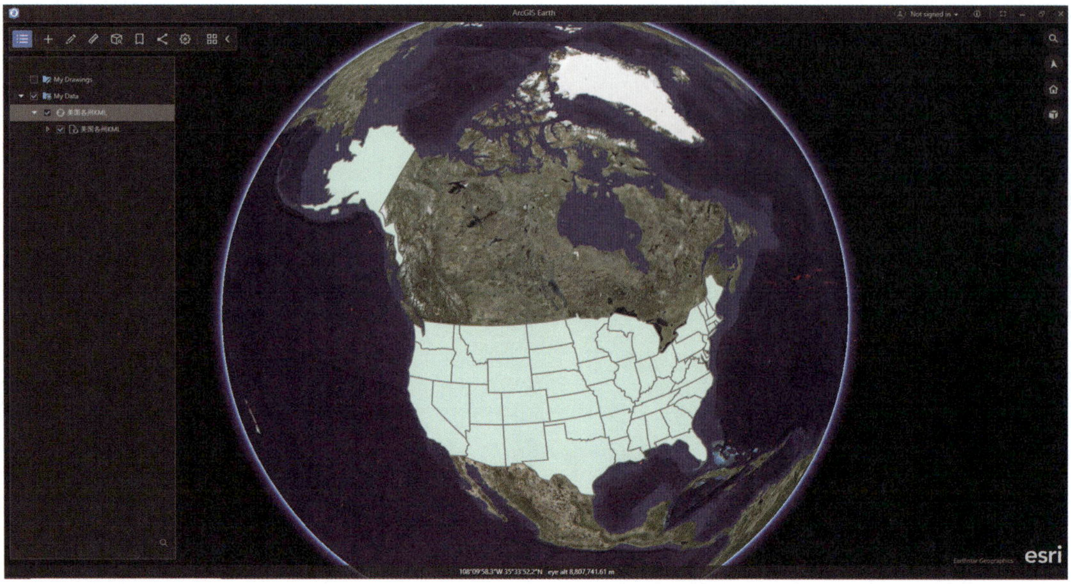

图 7.4　加载 KML 文件示例

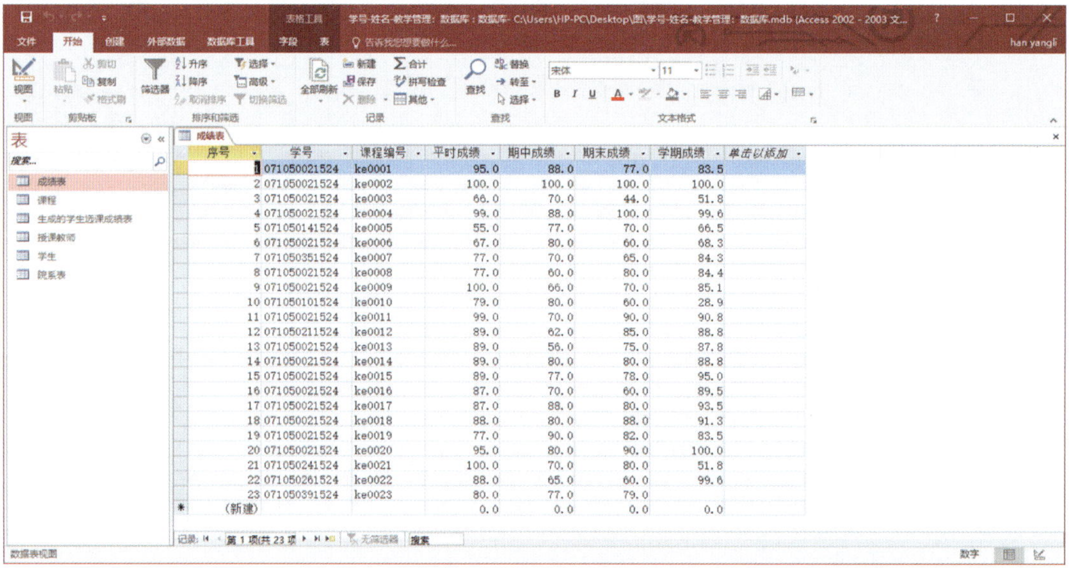

序号	学号	课程编号	平时成绩	期中成绩	期末成绩	学期成绩	单击以添加
1	071050021524	ke0001	95.0	88.0	77.0	83.5	
2	071050021524	ke0002	100.0	100.0	100.0	100.0	
3	071050021524	ke0003	66.0	70.0	44.0	51.8	
4	071050021524	ke0004	99.0	88.0	100.0	99.6	
5	071050141524	ke0005	55.0	77.0	70.0	66.5	
6	071050021524	ke0006	67.0	80.0	60.0	68.3	
7	071050351524	ke0007	77.0	70.0	65.0	84.3	
8	071050021524	ke0008	77.0	60.0	80.0	84.4	
9	071050021524	ke0009	100.0	66.0	70.0	85.1	
10	071050101524	ke0010	79.0	80.0	60.0	28.9	
11	071050021524	ke0011	99.0	70.0	90.0	90.8	
12	071050211524	ke0012	89.0	62.0	85.0	88.8	
13	071050021524	ke0013	89.0	56.0	75.0	87.8	
14	071050021524	ke0014	89.0	80.0	80.0	88.8	
15	071050021524	ke0015	89.0	77.0	78.0	95.0	
16	071050021524	ke0016	87.0	70.0	60.0	89.5	
17	071050021524	ke0017	87.0	88.0	80.0	93.5	
18	071050021524	ke0018	88.0	80.0	88.0	91.3	
19	071050021524	ke0019	77.0	90.0	82.0	83.5	
20	071050021524	ke0020	95.0	80.0	90.0	100.0	
21	071050241524	ke0021	100.0	70.0	80.0	51.8	
22	071050261524	ke0022	88.0	65.0	60.0	99.6	
23	071050391524	ke0023	80.0	77.0	79.0		
(新建)			0.0	0.0	0.0	0.0	

图 7.5　学生学籍管理系统

3. 计算功能

计算机广泛地应用于科学和工程技术方面的计算，这是计算机应用的一个基本方面，也是我们比较熟悉的。如卫星轨迹的计算，导弹发射的各项参数的计算，房屋抗震强度的计算等。用计算机对数据及时地加以记录、整理和计算，加工成人们所要求的形式，是计算机的数据处理功能。数据处理与数值计算相比较，它的主要特点是原始数据多，处理量大，时间性强，但计算公式并不复杂。

在计算机应用普及的今天，计算机已经不再只是进行科学计算的工具，它更多地应用在数据处理方面，如进行文字录入、排版、制版和打印，比传统铅字打印速度快、效率高，并且使用更加方便。用计算机通信即通过局域网或广域网进行数据交换，可以方便地发送与接收数据报表和图文传真。

4. 信息传输

计算机通信正沿着数字化、宽带化、高速化、智能化、综合化、网络化的方向迅速发展。例如，由通信网络与多媒体联机数据库和计算机组成的一体化网络信息高速公路，向人们提供语音、数据、图形图像等快速通信，可以实现信息资源高速度共享。通信业务种类不断增加，传统已有的电话、传真等基础通信业务发展到数据、图形图像、可视电话、会议电视、多媒体等通信业务，社交网络、物联网、车联网等新概念陆续出现。

社交网络在当代社会生活中扮演着越来越重要的角色。社交网络的出现，不仅改变了我们的信息获取方式，也改变了信息本身的传播方式。例如，当下国内流行的社交网络QQ、微信等，还有国外的Facebook、Twitter等。

物联网是新一代信息技术的另一重要组成部分，其核心和基础仍然是互联网，是在互联网基础上的延伸和扩展的网络，同时其用户端延伸和扩展到了任何物品与物品之间，人与物品之间，以及人与人之间进行信息交换和通信。

车联网（Internet of vehicles）就是一类物联网，它是由车辆位置、速度和路线等信息构成的巨大交互网络。通过卫星定位、激光传感器、摄像头图像处理等装置，车辆可以完成自身环境和状态信息的采集；通过互联网技术，所有的车辆可以将自身的各种信息传输汇聚到中央处理器；通过计算机技术，这些大量车辆的信息可以被分析和处理，从而计算出不同车辆的最佳路线、及时汇报路况和安排信号灯周期（图7.6）。

7.1.3 人机协同

自1946年世界上第一台数字计算机诞生以来，计算机为扩展人的能力提供了巨大的帮助。作为计算机系统的一个重要组成部分，人机交互一直伴随着计算机的发展而发展。人机交互的发展过程，也是人适应计算机到计算机适应人的发展过程。

最原始的人机交互方式是鼠标与键盘。鼠标的出现，使人们更流畅地进行人机交互。与键盘中的方向键相比，它显然更加符合人的自然习惯。这是人机交互的第一次革命。键盘与鼠标的人机交互组合，从PC时代一直延续到互联网时代，并无太大改变，直到智能手机和多点触摸的出现。迅速普及的多点触摸技术，是人机交互史上的第二次革命。

当前，虚拟现实、移动计算、普适计算等新技术发展迅速，对人机交互技术提出了新的挑战和更高的要求，同时也提供了许多新的机遇。在这一阶段，自然的人机交互方式得到了一定的发展，其主要特点是基于语音、手势、姿势、视线跟踪、表情等输入手段的多通道交互式，目的是使人能以声音、动作、表情等自然方式进行交互操作。

在自然和谐的人机交互的发展过程中，人们除了致力于研究开发友好的逼真三维的用户界面和基于多通道的自然交互方式，还发明了大量的新的交互设备，例如，麻省理工的

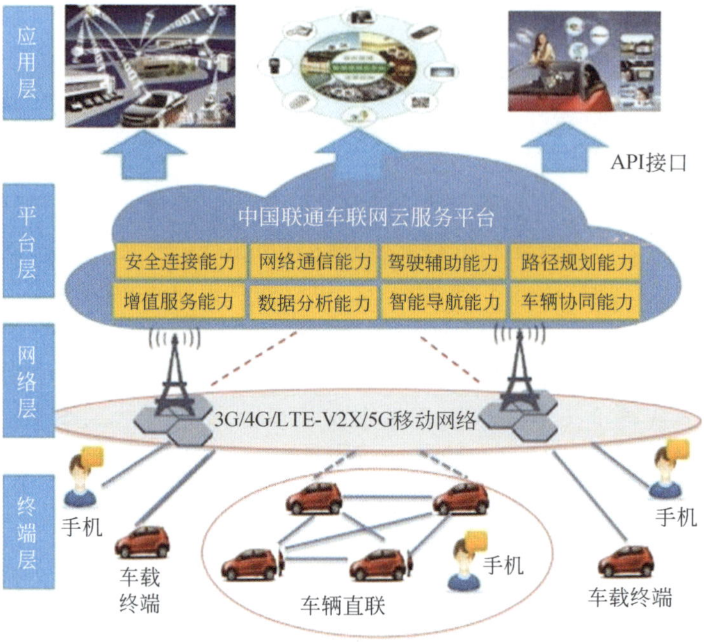

图 7.6　车联网的基本架构

图 7.7　头盔式设备交互

Sutherland 1968 年开发了头盔式立体显示器，为现代虚拟显示技术奠定了基础；1982 年 VPL 公司开发了第一副数据手套，用于如指示等简单手势的输入。借助于这些设备人们能够多通道的和计算机模拟的虚拟世界打交道（图 7.7）。

体感交互是借助于用户的手势和身体语言与计算机进行互动的技术，打破了传统外设对人们身体的束缚，使得人们能够更加自然的和虚拟世界或增强现实世界打交道。当前最有代表性的就属微软开发的体感器 Kinect（图 7.8），Kinect 可以无需任何手持设备即可完成三维人机交互，它通过捕捉用户的肢体运动，完成骨骼节点跟踪、动作捕捉、影像辨识、麦克风输入等，并将采集的数据输入到游戏机或 PC 来驱动虚拟模型的运动。这种自然体感人机交互摆脱了传统的鼠标键盘和复杂动作的捕捉设备，极大地降低了沉浸式虚拟实验系统的成本。

2018 年冬奥会闭幕式上的 8 分钟现场表演，中国首次以人工智能（artificial intelligence，AI）形式，用人机互动的方式，完美诠释了 2022 年北京冬奥会“人文奥运”和“科技奥运”精神（图 7.9）。全程人机协同表演，也成为百年奥运历史上的第一次。

图 7.8 Kinect 体感交互

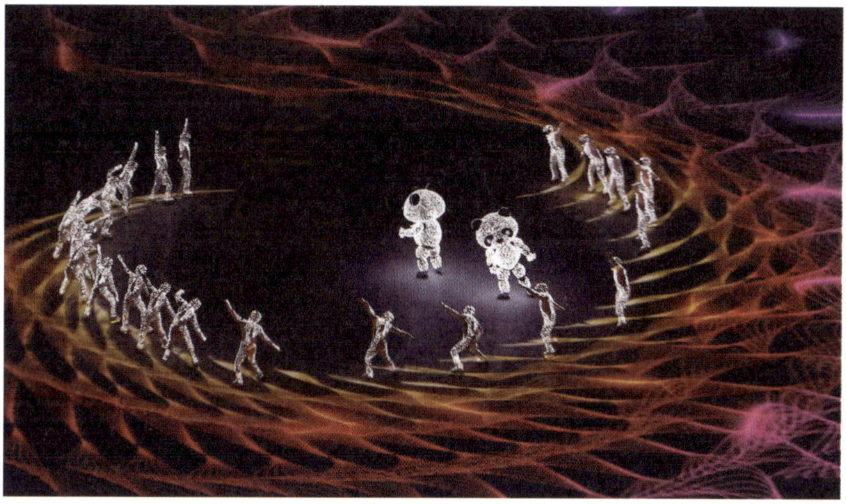

图 7.9 2018 年冬奥会中国 AI 人机交互表演

7.1.4 人脑与电脑之间的关系

随着计算机软硬件计算能力的飞速发展，模拟人脑神经网络以实现智能这一研究思路再次活跃，类脑计算研究逐渐兴起。这些研究一方面在体系结构和底层功能上更多地借鉴了人脑，力图对人脑神经网络进行“逼真”模拟，另一方面在网络规模上也向人脑看齐。

人脑是人类长期进化的产物，是一个有着高度信息处理能力的极复杂的系统，其处理信息的机制与传统计算机有着迥然不同的特点，如平行信息处理，神经元间信息的交互性传递，信息处理的高度可塑性等。根据这些特点，科学家们开始研发新的信息处理系统——新一代的人工智能系统，让计算机这种机器能够像人一样思考，图 7.10 所示为围棋人机大战场面。

人工智能（AI）是研究、开发用于模拟、延伸和扩展人的智能的理论、方法、技术及应用系统的一门新的技术科学。人工智能有两条途径可以实现：一是跟人脑的工作原理毫不相关，即不考虑人脑的工作机制，仅从计算科学的角度来设计和考虑；二是受人

图 7.10　围棋人机大战

脑的工作原理的启发，借鉴人脑处理信息实现智能的特点来推进人工智能的研究，即类脑人工智能。

类脑人工智能的核心在于脑科学、计算科学、信息科学和医学等学科领域密集的交叉融合，它将有力地推进新的产业革命，甚至改变社会范式。不仅如此，它还将为人脑功能和结构研究提供有力的方法和手段，乃至提供崭新的思路。

大脑是人类的神经中枢。作为人体最重要的器官之一，它承担着维系人类生存的基本任务。与此同时，几乎所有的高级神经活动都在脑部完成。如果将人体视为一台计算机，那么大脑就是运算核心。普通计算机可以通过外接硬盘、外接显卡、外接内存等方法提高性能，所以有科学家认为，这样的“改良”同样可以适用于人脑。这种观点最终推动了脑机接口研究。

脑机接口是指创建在人类或动物脑（或者脑细胞的培养物）与外部设备间的直接连接通路（图 7.11）。在该定义中，“脑”指的是有机生命形式的脑或神经系统，而并非仅仅

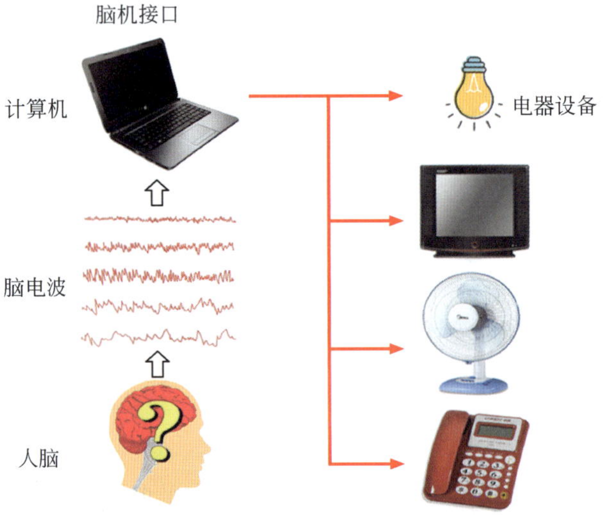

图 7.11　脑机接口

是抽象的心智或情感。“机”意指任何处理或计算的设备，其形式可以是简单电路、硅芯片或外部设备。“接口”即“用于信息交换的中介物”。脑机接口是一门多学科交叉技术，核心的学科涉及认知科学、神经工程、神经科学等。

脑机接口理论研究都在努力解决这两个问题中的一个或两个：第一，“从脑到机”，如何从大脑中获取正确的信息？第二，“从机到脑”，如何将正确的信息发送到大脑？目前来说，“从脑到机”已经取得一些研究成果，相比之下，“从机到脑”的研究要缓慢很多，原因是目前神经科学对于神经编码的具体方式还处于未知状态，而由“从机到脑”对神经编码知识的需求要远大于“从脑到机”。神经科学在单神经元的研究也算是逐渐明朗了，但大脑的各种神奇之处尚无法解释。

7.2　地理数据的数据存储

7.2.1　地理数据

地理数据是以地球空间位置为参照，描述自然、社会和人文景观的数据，主要包括文字数据、视频数据、音频数据、图表数据、图像数据、矢量和栅格地图数据等。

（1）文字数据。来源于实测数据、文字报告或地图中的各类符号说明，以及通过遥感影像数据解译得到的信息等。

（2）视频数据。是一种数据量大、蕴涵信息丰富、具有时空两维结构的数据类型。视频数据获取设备有：传统的手持视频采集器（如摄像机）或数码摄像机、GPS 接收机、数字罗盘等。

（3）音频数据。包括视频图像的背景音乐、文字介绍录音、区域环境解说和导航语音提示等，是可视化表达和传输地理信息的“听觉变量”。

（4）图表数据。结构化的数据，如通过商业智能工具分析的结果，指标的统计数据、数据挖掘的结果等。

（5）图像数据。主要来源于卫星遥感、航空遥感和摄影测量等。主要有 TIFF 格式（标签图像文件格式）、IMG 格式（如 SPOT 卫星的影像格式）等。

（6）矢量地图数据。利用点、线、面、体等及其组合来表示地理实体空间分布的一种数据组织方式。

（7）栅格地图数据。基于栅格模型的数据结构简称为栅格数据结构，指将空间分割成有规则的网格，在各个网格上给出相应的属性值来表示地理实体的一种数据组织形式。

7.2.2　数据存储

计算机文件系统是负责存取和管理文件信息的软件结构。具体地说，它负责为用户建立文件，存入、读出、修改、转储文件，控制文件的存取，当用户不再使用时撤销文件等。地理文字数据、视频数据、音频数据、图表图像等数据都通过文件系统以文件夹形式存储，如 ESRI 的 shapefile 文件、DXF CAD 文件、GML 数据文件等。

地理空间数据库存储系统可以实现对地理栅格和矢量数据的存储。例如，ESRI 公司推出的一种空间数据引擎——ArcSDE 将地理特征数据和属性数据统一存储在关系数据库管理系统（RDBMS）中，如 Orcale Server 等，利用从关系数据库环境中继承的数据库管理功能对地理空间数据和属性数据进行统一而有效的管理（图 7.12）。

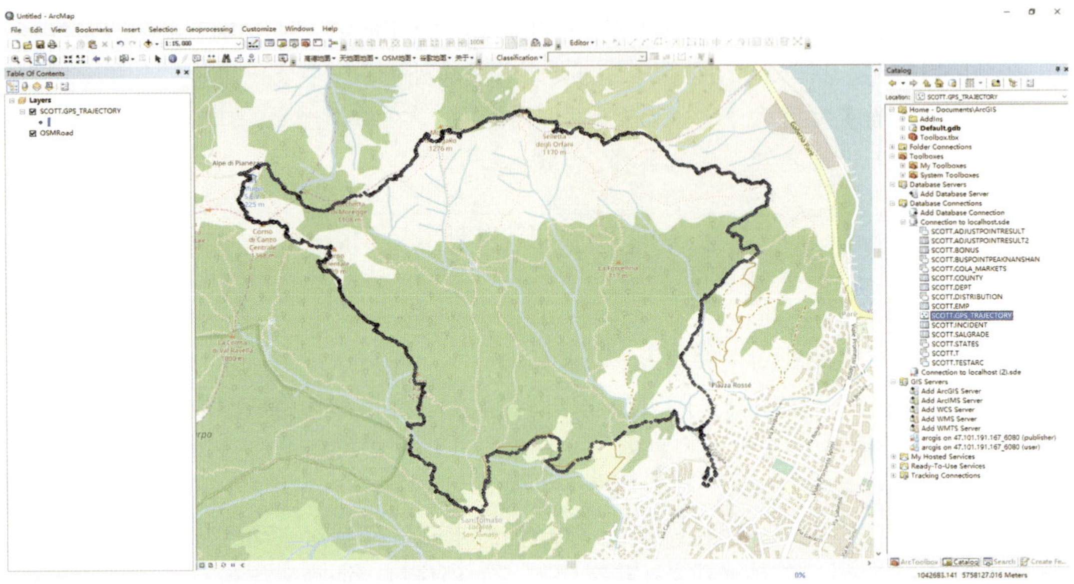

图 7.12　ArcSDE 与 Orcale Server 结合存储矢量数据实例

传统的地理空间数据存储系统，通常是在关系型数据库基础上，根据空间数据模型特点进行扩展。现在正面临着横向扩展困难、计算性能不足等严峻挑战，难以提供高效的海量空间数据处理和服务能力。

云存储指通过集群应用、网格技术或分布式文件系统等功能，将网络中大量各种不同类型的存储设备通过应用软件集合起来协同工作，共同对外提供数据存储和业务访问功能的一个系统，能够保证数据的安全性，并节约存储空间。简单来说，云存储就是将储存的资源放到云上供使用者存取的一种新兴方案，使用者可以在任何时间、任何地方，通过任何可联网的装置连接到云上方便地存取数据。

近年来，突破传统关系数据的 NoSQL 数据库开始兴起。NoSQL 是一个云计算背景下蓬勃发展的分布式、非关系型数据库系统，支持半结构化、结构化数据的高并发读写，存储键值、列族、文档、图形等多种数据类型。NoSQL 具有良好的可伸缩性和可扩展性，能够有效利用云计算所提供的海量数据存储管理、分布式并行计算能力。目前，Google、Microsoft 等大型云服务商都结合 NoSQL 技术，实现了海量栅格数据云存储并提供地图服务，并运用云计算与 NoSQL 分布式数据库技术相结合的方法，开展云环境下栅格矢量一体化空间数据组织模型、访问机制、管理策略的设计，形成一个新的空间数据云存储架构（图 7.13）。

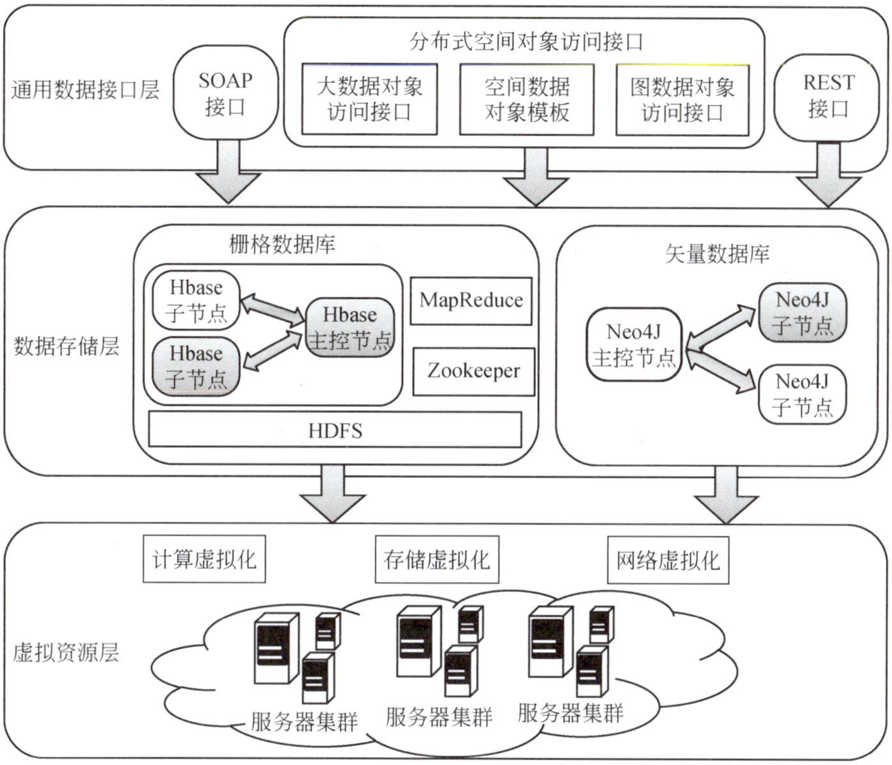

图 7.13　分布式空间数据云存储架构（陈崇成等，2013）

7.3　地理分析与模拟

建模是构造现实世界中与研究对象相关的模型的过程。在建模中，首先观测研究对象，然后在忽略次要因素和不可观测因素的基础上，使用物理和数学的方法进行抽象，建立与实际对象近似的模型。建模的重点是探讨研究对象与模型之间的关系，同时，所建立的模型要尽可能地接近研究对象。

模拟是一种实验方法，是模型构建和应用的过程。模拟首先是针对特定的研究对象构建一个模型，然后利用该模型对研究对象进行各种实验，其目的是为了研究对象的行为，评估在一定的限制条件下研究对象的各种变化和不同对策所产生的结果。常用的分析模型包括基本空间分析、统计分析、时序分析、智能分析与机理过程分析模型等。

7.3.1　空间分析

1. 查询

空间数据查询属于空间数据库的范畴，一般定义为从空间数据集中找出所有满足属性约束条件和空间约束条件的地理对象。查询的过程大致可分为三类：①直接复原数据集中的数据及所含信息，来回答人们提出的一些比较“简单”的问题；②通过一些逻辑运算完成一定约束条件下的查询；③根据数据集中现有的数据模型，进行有机地组合构造出复合模型，模拟现实世界的一些系统和现象的结构、功能，来回答一些“复杂”的问题，预测一些事务的发生、发展的动态趋势。空间数据查询的一般过程如图 7.14 所示。

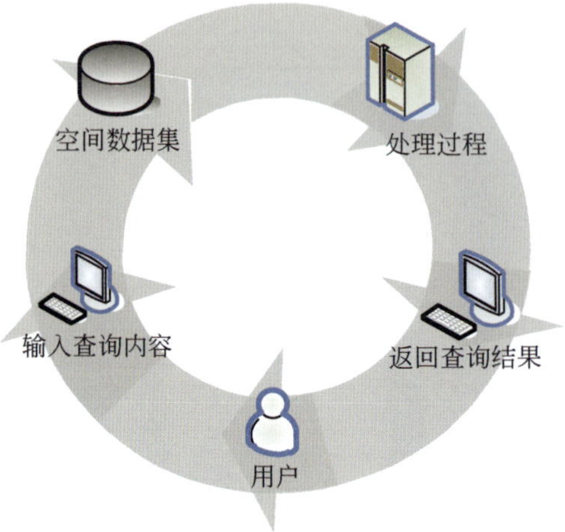

图 7.14　空间数据查询的一般过程（汤国安等，2007）

空间数据查询的方式主要有两大类，即“属性查图形”和“图形查属性”。属性查图形，主要是用 SQL 语句来进行简单和复杂的条件查询。地理信息系统软件通常都支持标准的 SQL 查询语言。

如图 7.15 所示，找出 902 号建筑物周围 500m 内的所有建筑物，将符合条件的建筑物的属性与图形关联，然后在图上高亮度显示给用户。

```
SQL> SELECT a.building_id
  2>   FROM base_buildings a,
  3>        base_buildings b
  4>  WHERE b.building_id = 902
  5>    AND MDSYS.SDO_WITHIN_DISTANCE(
  6>         a.Location, b.Location,
  7>         'distance=500 unit=meter')
  8>        = 'TRUE';
```

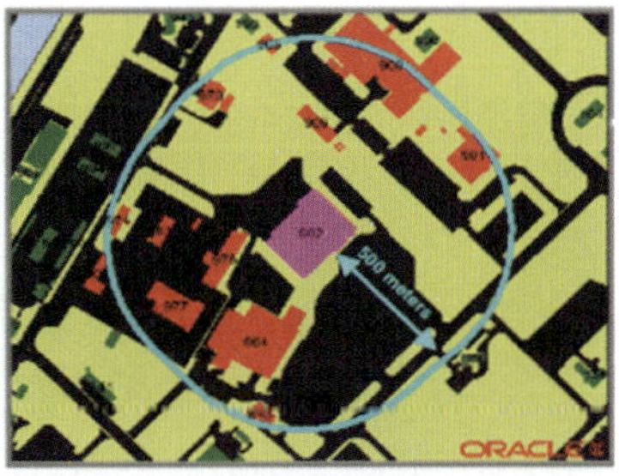

图 7.15　查找 902 号建筑物周围 500m 内的所有建筑物

图 7.16 为“图形查属性”示例，既可以通过点、矩形、圆和多边形等图形来查询所选空间对象的属性，也可以查找空间对象的几何参数，如两点间的距离，线状地物的长度，面状地物的面积等。

空间数据查询的内容很多，可以查询空间对象的属性、空间位置、空间分布、几何特征，以及和其他空间对象的空间关系。查询的结果可以通过多种方式显示给用户，如高亮度显示、属性列表和统计图表等。

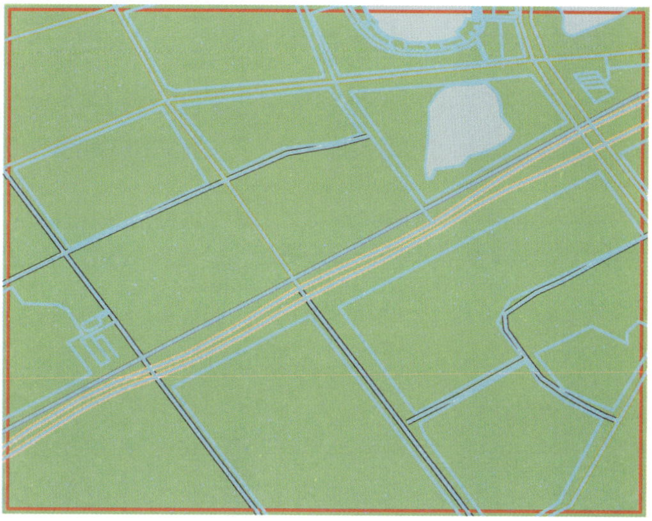

图 7.16 查询矩形框内的地图要素

2. 量测

1）距离

“距离”是人们日常生活中经常涉及的概念，它描述了两个实体或事物之间的远近或亲疏程度。距离的量算与度量空间的介质有关，可区分为匀质空间和非匀质空间（图 7.17）。

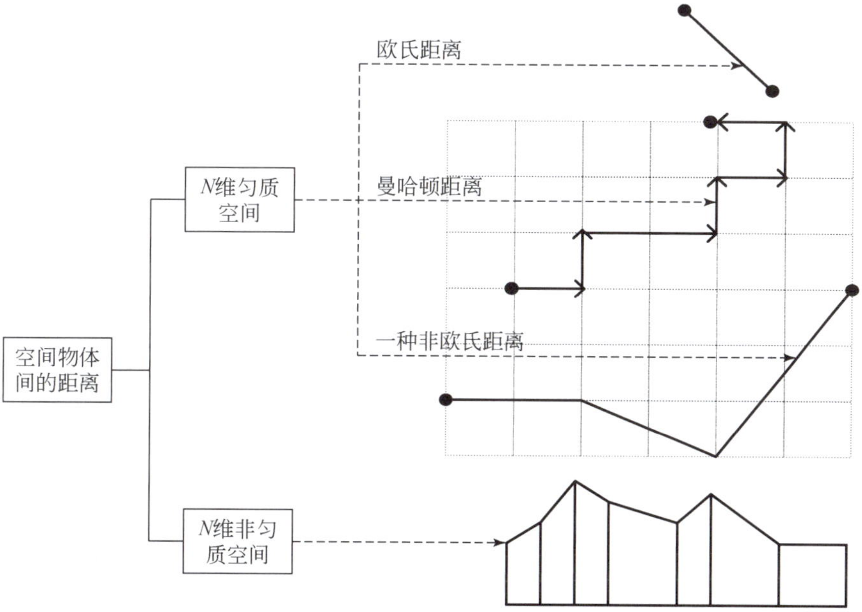

图 7.17 匀质空间与非匀质空间的距离量算（汤国安等，2007）

2）面积

面积是面状地物最基本的参数。在 GIS 中，梯形法是进行多边形面积量算的主要方法之一，其基本思想是：在平面直角坐标系中，按多边形定点顺序依次求出多边形所有边与 x 轴（或 y 轴）组成的梯形的面积，然后求其代数和（图 7.18）。

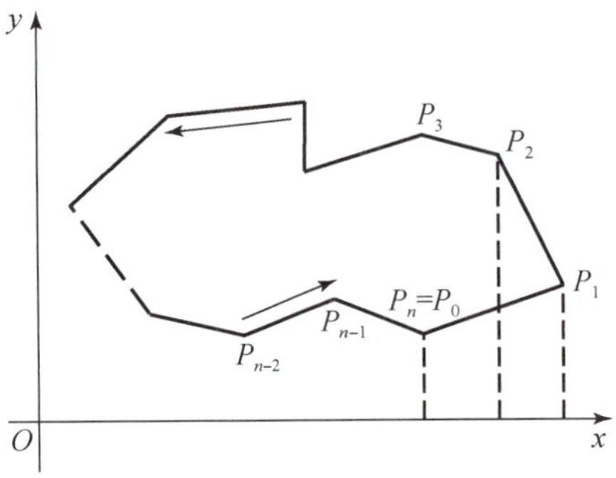

图 7.18 矢量数据面积量算示意图（汤国安等，2007）

3）形状

不同的二维平面物体的形状有不同的测度，相似的形状应有描述该物体形状的近似数值。

与用类似平行四边形、梯形和三角形等几何形状来描述多边形形状特征相比，用圆来描述最简单、最紧凑。圆有理想的凸度，因为圆的表面没有凹面或锯齿形。用圆来描述多边形形状特征的测量方法叫做测量多边形的凸度或凹度方法。

4）质心

质心是描述地理对象空间分布的一个重要指标。质心通常定义为一个多边形或面的几何中心，当多边形比较简单，如矩形，计算就比较简单；当多边形复杂时，计算也会更复杂。

在某些情况下，质心描述的是分布中心，而不是绝对几何中心。以某区域的人均年收入为例，当绝大部分人均年收入明显集中于该区域的一侧时，可以把质心放在分布中心，这种中心称为平均中心或重心。

质心量测经常用于宏观经济分析和市场区位选择，还可以跟踪某些地理分布的变化，如人口变迁、土地类型变化等。

5）坡度

地表面任一点的坡度是指过该点的切平面与水平地面的夹角。坡度表示了地表面在该点的倾斜程度，在数值上等于过该点的地表微分单元的法矢量与 z 轴的夹角（图 7.19）。

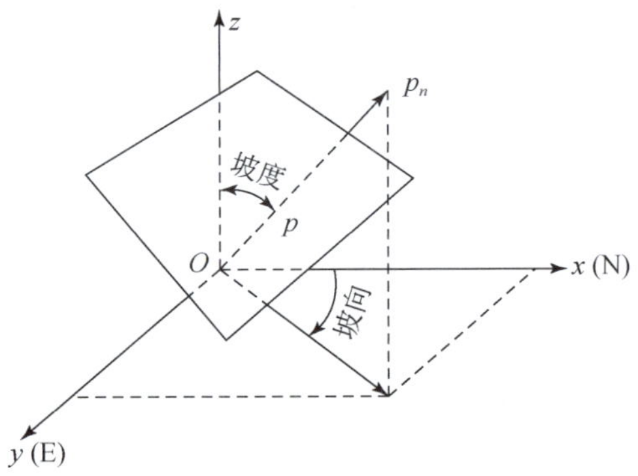

图 7.19 地表单元坡度、坡向示意图

6）坡向

坡向定义为：地表面上一点的切平面的法线矢量 n 在水平面的投影 n_{xoy} 与过该点的正北方向的夹角（图 7.19）。

对于地面任何一点来说，坡向表征了该点高程值改变量的最大变化方向。在输出的坡向数据中，坡向值有如下规定：正北方向为 0°，按顺时针方向旋转计算，取值范围为 0°～360°。

3. 缓冲区

缓冲区分析是地理信息系统中常用的一种空间分析方法，是对空间特征进行度量的一种重要手段。缓冲区分析是研究根据数据库的点、线、面实体，自动建立其周围一定宽度范围内的缓冲区多边形实体，从而实现空间数据在水平方向得以扩展的分析方法。

缓冲区是地理空间目标的一种影响范围或服务范围在尺度上的表现。它是一种因变量，随所研究的要素的形态而改变。从数学的角度来看，缓冲区是给定空间对象或集合后获得的它们的邻域，而邻域的大小由邻域的半径或缓冲区建立的条件来决定。

缓冲区建立的形态多种多样，这是根据缓冲区建立的条件来确定的，常用的对于点状要素有圆形，也有三角形、矩形和环形等；对于线状要素有双侧对称、双侧不对称或单侧缓冲区；对于面状要素有内侧和外侧缓冲区。这些形体各不相同，可以适合不同的应用需求。但是从总体上来说，都是根据空间目标的不同建立的不同缓冲区，所以从缓冲区对象方面来看，最基本的缓冲区可分为点缓冲区、线缓冲区和面缓冲区。

1）点缓冲区

点缓冲区是选择单个点、一组点、一类点状要素或一层点状要素，按照给定的缓冲条件建立缓冲区结果（图 7.20，不同的缓冲条件下，单个或多个点状要素建立的缓冲区不同）。例如，工厂、飞机场和其他设施对周围产生的噪声污染的区域大小。

2）线缓冲区

线缓冲区是选择一类或一组线状要素，按照给定的缓冲条件建立缓冲区结果（图 7.21）。例如，在林业方面规定距河流两岸一定范围内禁止砍伐树木。

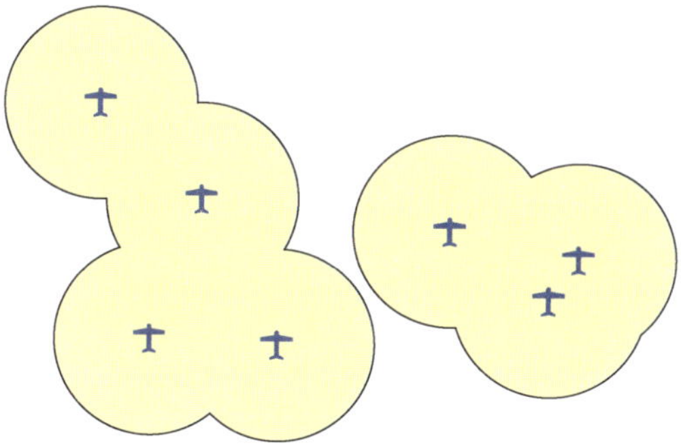

图 7.20 飞机场对周围 500m 产生的噪声污染区域

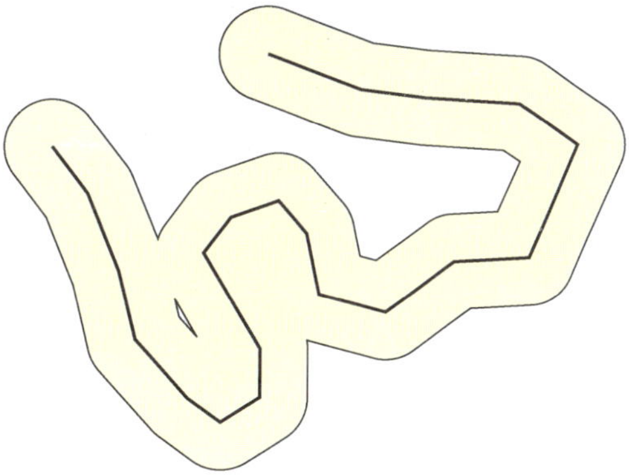

图 7.21 河流两岸 1000m 范围内禁止砍伐树木的地带

3）面缓冲区

面缓冲区是选择一类或一组面状要素，按照给定的缓冲条件建立缓冲区结果。面缓冲区由于自身缓冲区建立的原因，存在内缓冲区和外缓冲区之分。外缓冲区是仅仅在面状地物的外围形成缓冲区，内缓冲区则在面状地物的内侧形成缓冲区，同时也可以在面状地物的边界两侧形成缓冲区（图 7.22）。例如，为失火区域找到距其 500m 范围内所有的消防水管。

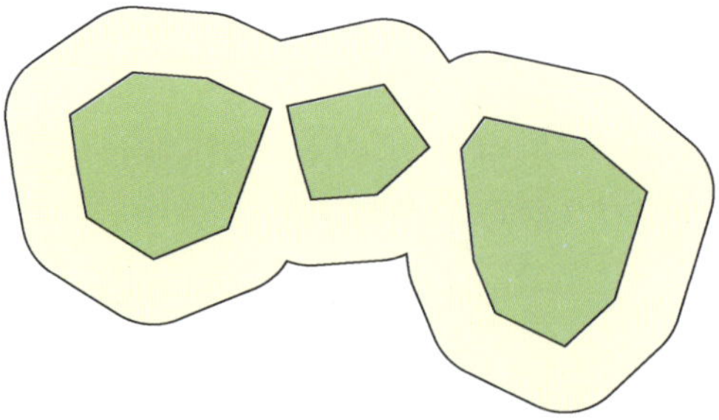

图 7.22　为失火区域找到距其 500m 范围内所有的消防水管

图 7.23 给出的是一个关于缓冲区分析的实例：某城市医院的服务影响范围。首先选择全部医院，以医院的大小的量化值作为缓冲距离建立缓冲区，并对这些缓冲区进行图形叠加，得到未被影响范围覆盖的区域。图上深色区域即为得到的缓冲区。

图 7.23　缓冲区分析实例（汤国安等，2007）

4. 叠置分析

叠置分析是将有关主题层组成的各个数据层面进行叠置产生一个新的数据层面，其结果综合了原来两个或多个层面要素所具有的属性，同时叠置分析不仅生成了新的空间关系，而且还将输入的多个数据层的属性联系起来产生新的属性关系。其中，被叠加的要素层面必须是基于相同坐标系统的、基准面相同的、同一区域的数据。

按照 GIS 中最常用的两种数据结构将叠置分析分成矢量数据叠置分析和栅格数据叠置分析，如图 7.24 所示。

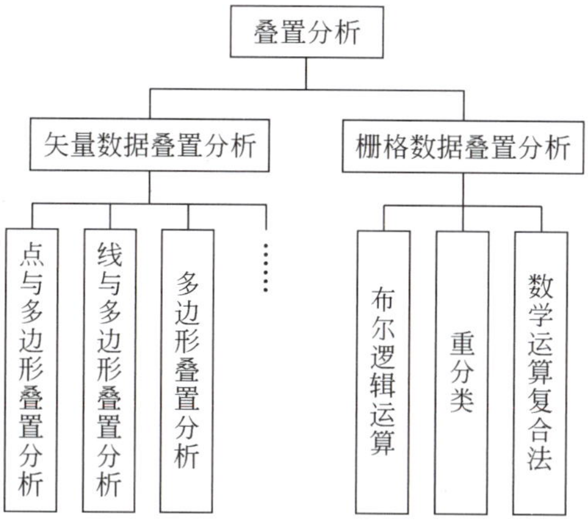

图 7.24 叠置分析结构框架（汤国安等，2007）

根据操作要素的不同，可以将矢量数据叠置分析分成点与多边形叠加、线与多边形叠加、多边形与多边形叠加；栅格数据叠置分析分为单层与多层栅格数据叠置分析。

例如，一个县各乡镇农作物产量图与该县的乡镇行政图进行叠置分析后，更新点属性表，可以计算各乡镇有多少种农作物及其产量，或者查询哪些农作物在哪些乡镇有分布等信息（图 7.25）。

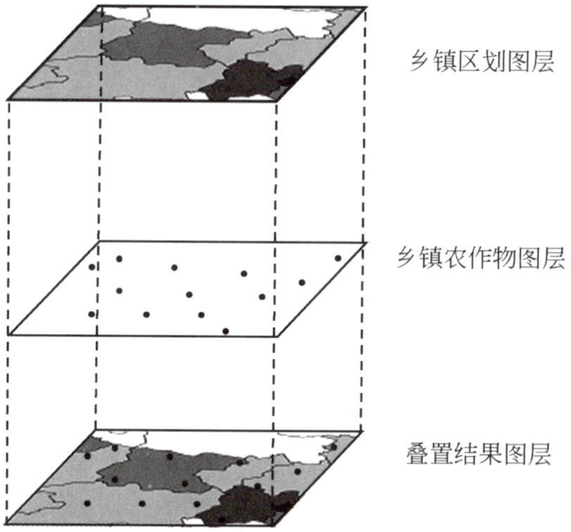

ID	名称
1	大王镇
2	张家村
3	李家村
…	…

ID	农作物产量
1	600
2	2000
3	1000
…	…

ID	名称	农作物产量
1	大王镇	600
2	大王镇	2000
3	李家村	1000
…	…	…

图 7.25 点与多边形叠置分析（汤国安等，2007）

例如，河流网络与乡镇区划图进行叠置分析，这样河流网络图层中的各个河流的线属性表，将不仅包含原河流的信息，还含有该河流所在行政区的标号和其他信息，可以依此得到任意省市内的河流的分布密度和长度等（图 7.26）。

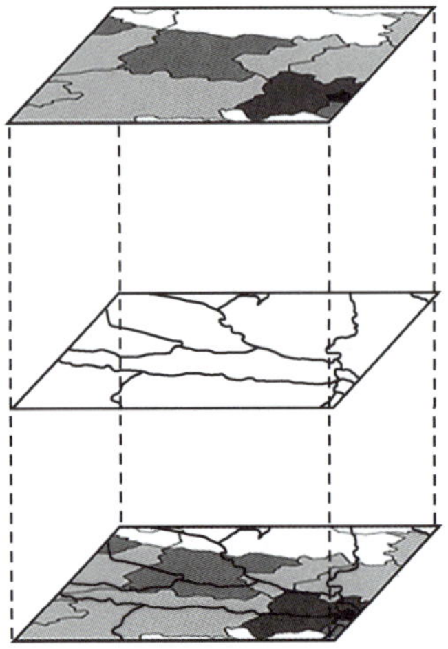

ID	名称
1	大王镇
2	张家村
3	李家村
…	…

ID	河流
1	裕河
2	昌河
3	十里沟
…	…

ID	名称	河流
1	大王镇	裕河
2	大王镇	昌河
3	李家村	昌河
…	…	…

图 7.26　线与多边形叠置分析（汤国安等，2007）

5. 网络分析

现实世界中，若干线状要素相互连接成网状结构，资源沿着这个线性网流动，就构成了一个网络。在 GIS 中，作为空间实体的网络与图论中的网络是不同的。空间实体的网络作为一种复杂的地理目标，除具有一般网络的边、结点间抽象的拓扑含义之外，还具有空间定位上的地理意义和目标复合上的层次意义。具体说来，网络就是指现实世界中，由链和结点组成的、带有环路，并伴随着一系列支配网络中流动之约束条件的线网图形。它的基础数据是点与线组成的网络数据。

网络分析通过模拟、分析网络的状态以及资源在网络上的流动和分配等，研究网络结构、流动效率及网络资源等的优化。对地理网络、城市基础设施网络进行地理分析和模型化，是地理信息系统中网络分析的主要功能。进行网络分析研究的数学分支是图论和运筹学，它的根本目的是研究、筹划一项基于网络数据的工程如何安排，并使其运行效果最好，如一定资源的最佳分配，从一地到另一地花费的时间最短等。研究内容主要包括选择最佳路径，选择最佳布局中心的位置，资源分配，结点弧段的遍历等。其基本思想则在于人类活动总是趋向于按一定目标选择达到最佳效果的空间位置。这类问题在生产、社会、经济活动中不胜枚举，因此研究此类问题具有重大意义。目前网络分析在电子导航、交通旅游、各种城市管网和配送、急救等领域发挥着重要作用。生活中应用网络分析的实例有很多，例如，从甲地到乙地的最短路径是什么？如何设定一个服务中心？特定位置的服务中心的服务范围？从一个位置到另一个位置的通行程度如何？从出发地到目的地，有多少条可行路线？如何在图上定位发生的事件？如图 7.27 中加粗线即为通过网络分析得到的从南京师范大学仙林校区到新街口的最佳路径。

资源分配模型可用来进行城镇中心、商业中心或港口等地的吸引范围分析，以用来寻找区域中最近的商业中心，进行各种区划和港口腹地的模拟等（图 7.28）。

图 7.27 最短路径的寻找示例

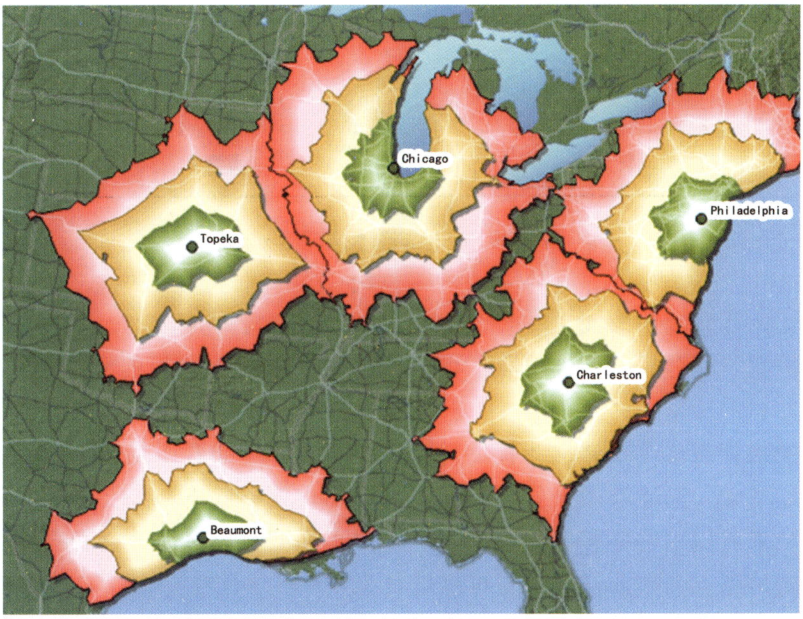

图 7.28 遍布五个城市的两小时、四小时、六小时服务范围示例

6. 密度分析

密度分析是用离散点生成面的一个基本方法。密度制图是指根据输入的要素数据集计算整个区域的数据集状况，从而产生一个连续的密度表面。该制图方法主要基于点数据生成，以每个待计算格网点为中心，进行圆形区域搜索，进而计算每个格网点的密度值。密度的高低反映数据的分布趋势和热点、冷点。图 7.29 所示为入室盗窃犯罪密度制图，颜

色较深的区域表示入室盗窃犯罪聚集较高。

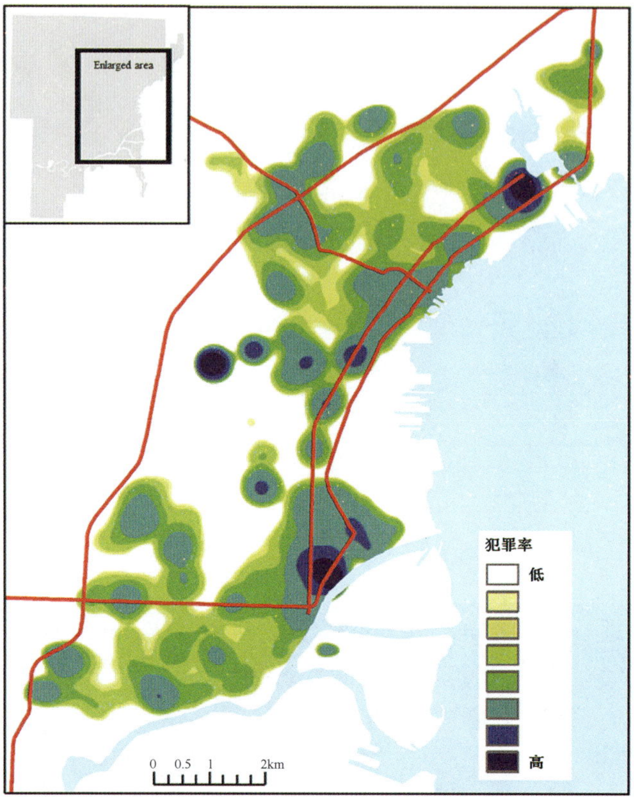

图 7.29 入室盗窃犯罪密度制图

7.3.2 空间统计

统计分析是空间分析的主要手段，贯穿于空间分析的各个主要环节。空间统计分析方法不只限于常规统计方法，还包括空间自相关分析等。

大部分的地理现象都具有空间相关特性，即距离越近的两事物越相似。这一特性也是地统计分析的基础。空间自相关分析包括全局空间自相关分析和局部空间自相关分析，自相关分析的结果可用来解释和寻找存在的空间聚集性或“焦点”。空间自相关分析需要的空间数据类型是点或面数据，分析的对象是具有点 / 面分布特征的特定属性。

全局空间自相关用来分析在整个研究范围内指定的属性是否具有自相关性；局部空间自相关用来分析在特定的局部地点指定的属性是否具有自相关性。具有正自相关的属性，其相邻位置值与当前位置的值具有较高的相似性。常用的空间自相关指数有 Moran’s I 和 Geary’s C。

在对我国 31 个省级行政区（港澳台数据暂缺）人均 GDP 进行空间关联分析时，根据各省（自治区、直辖市）之间的邻接关系，采用二进制邻接权重矩阵，选取各省（自治区、直辖市）1999 ～ 2002 年人均 GDP 的自然对数，依照公式计算全局 Moran’s I，计算其检验的标准化统计量，结果如表 7.1 所示。

表 7.1　1999 ～ 2002 年我国 31 个省级行政区人均 GDP 的 Moran's I 值

年份	I
1999	0.5069
2000	0.5112
2001	0.5059
2002	0.5013

（1）从表中可以看出，在 1999 ～ 2002 年，全局 Moran 指数均为正值，说明我国 31 个省级行政区人均 GDP 存在显著的、正的空间自相关。

（2）各省级行政区人均 GDP 水平的空间分布并非表现出完全的随机性，而是表现出相似值之间的空间集聚。其空间联系的特征是：较高人均 GDP 水平的省级行政区相对地趋于和较高人均 GDP 水平的省级行政区相邻，或者较低人均 GDP 水平的省级行政区相对地趋于和较低人均 GDP 水平的省级行政区相邻。

7.3.3　时序分析

时间序列是按时间次序排列的随机变量序列。时序分析是一种动态数据处理的统计方法，该方法基于随机过程理论和数理统计学方法，研究随机数据序列所遵从的统计规律以用于解决实际问题。主要包括谱分析、统计模型的建立与推断以及关于时间序列的最优预测、控制与滤波等内容。

1. 频谱分析

频谱分析是一种将复杂噪声信号分解为较简单信号的技术。许多物理信号均可以表示为许多不同频率简单信号的和。找出一个信号在不同频率下的信息（可能是幅度、功率、强度或相位等）的做法就是频谱分析。

频谱分析可应用于地震勘探，只要掌握了干扰波出现的规律，在野外采集时选择仪器上合适的滤波档，就能将其“拒之门外”；在室内处理时，有针对性地设计滤波器，将其滤除，以提高资料的信噪比。频谱分析也可应用于对 GPS 轨迹进行抽稀。

2. 小波分析

小波分析（wavelet analysis）是指用有限长或快速衰减的、称为母小波（mother wavelet）的振荡波形来表示信号。该波形被缩放和平移以匹配输入的信号。

小波分析的应用领域十分广泛，主要有：数学领域；信号分析、图像处理；量子力学、理论物理；军事电子对抗与武器的智能化；计算机分类与识别；音乐与语言的人工合成；医学成像与诊断；地震勘探数据处理；大型机械的故障诊断等。

7.3.4　智能分析

智能是个体有目的的行为、合理的思维以及有效地适应环境的综合能力。智能分析不是单一的方法，而是众多方法和技术的集合。大体而言，智能分析主要包括智能体（agent）、元胞自动机（cellalar automation，CA）、人工蜂群算法（artificial bee colony，ABC）、自组织映射（self-organizing map，SOM）等方法。

1. 智能体

智能体是指具有各种特性的计算机程序。它具有以下特性：自主性，意味着它具有独立的行为能力；反应性，意味着它可以对当前环境以不同的方式进行反应；目标导向性，意味着它利用自身的能力寻求问题的答案。

图 7.30 所示为一个典型的基于智能体建模的模型，展示的是一个地铁大厅区域（地下铁路站点）内行人移动模拟结果的截图。模型显示了客流的真实建模：乘客占据物理空间，相互看到，避开障碍物，站在队列中，根据观察的情况修改他们的速度和方向。

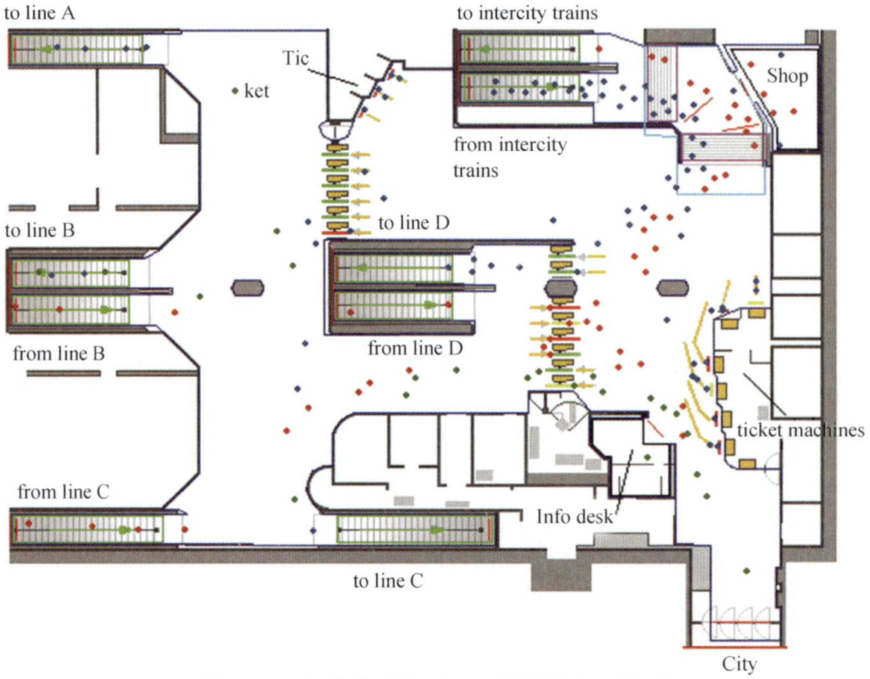

图 7.30 行人移动模型——地铁站大厅模型

2. 元胞自动机

元胞自动机（CA）是一种时间、空间、状态都离散，空间的相互作用及时间上的因果关系皆局部的网格动力学模型。一般元胞自动机以一维单元串或二维矩形单元格来建模，也可以使用其他形状（如六边形、不规则形状）。

构建简单的 CA 模型，其状态和规则可以表示地理过程。当然，在实际应用中必须要对基本的 CA 框架加一些规则，如数值型的 / 多于一个变量的元胞状态，具有概率效应的 / 距离衰减效应的规则。

CA 通常用于城市扩张、土地利用变化、林火、动植物动态变化等的模拟。图 7.31 所示为 CA 用于城市发展预测模拟的案例。

城市扩展是多种因素综合作用的结果，其扩展的形式也是多种多样的。城市扩展模拟中的 CA 模型演变规则是依据城市本身扩展的特征以及对其扩展影响程度较大的几个方面定义的。CA 模型的具体扩展规则主要包括：CA 惯性自由扩展、土地利用类型转变、交通引力作用、大城市辐射等。

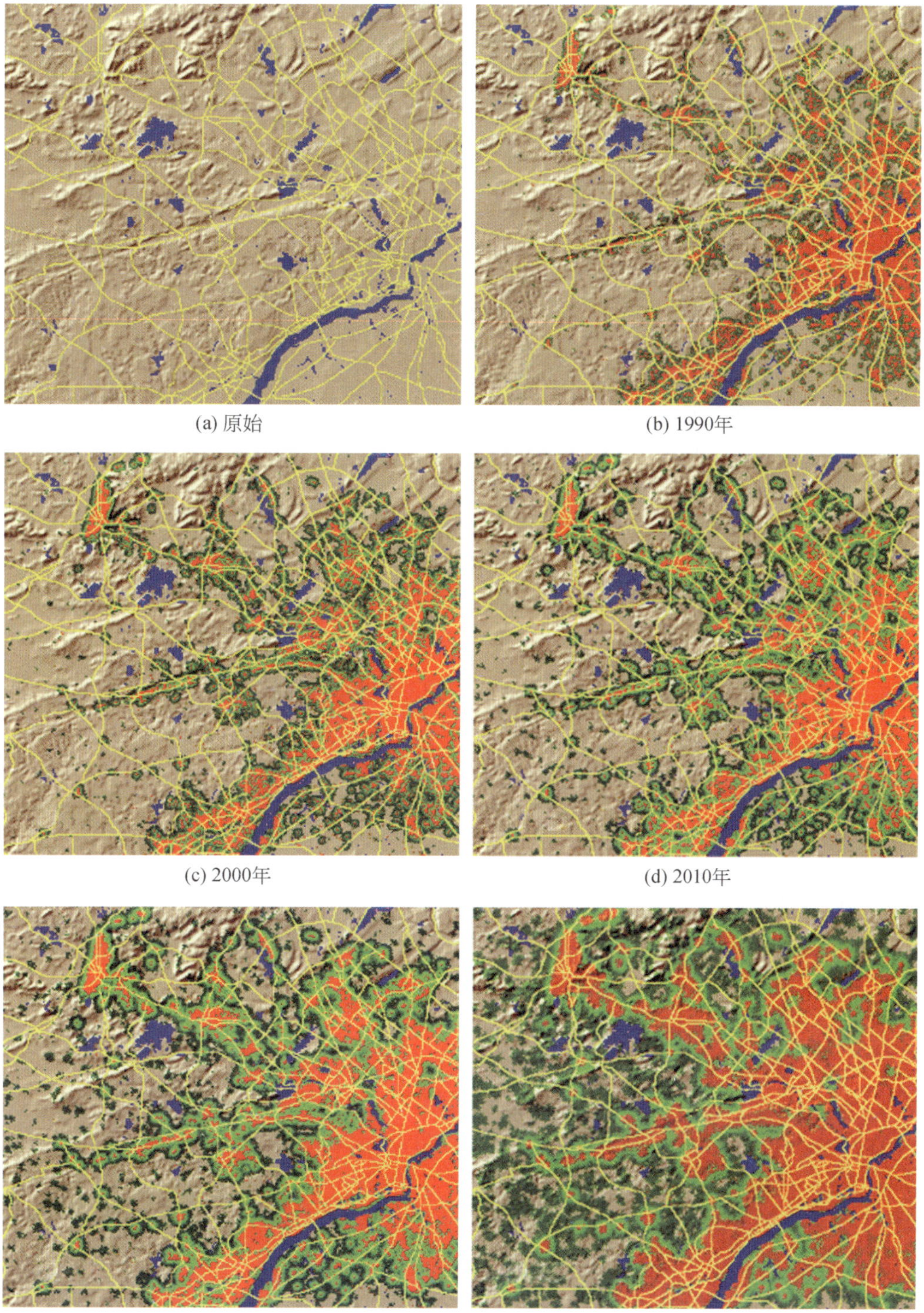

(a) 原始　(b) 1990年

(c) 2000年　(d) 2010年

(e) 2020年　(f) 2050年

图 7.31　CA 用于城市发展预测模拟

3. 人工蜂群算法

蜂群算法是一种模仿蜜蜂繁殖、采蜜等行为的新兴群智能（swarm intelligence）优化算法。在2005年为了解决多变量函数优化问题，Karaboga提出了人工蜂群算法（ABC）模型。

按照机理不同，人工蜂群算法可以分为两类：受婚配行为启发的蜜蜂婚配优化算法，也称为基于蜜蜂繁殖机理的蜂群算法；受采蜜行为启发的蜜蜂采蜜优化算法。另外，还有模拟蜂王繁殖行为的蜂王进化算法，模拟蜜蜂躲避障碍物的蜜蜂躲避算法，模拟蜂群任务分配行为的可用于服务器动态分配的分散蜜蜂算法等。

目前，人工蜂群算法的应用研究已经从最初的函数优化领域发展到神经网络训练、图像处理、无线通信、数据挖掘、组合优化、电子学、软件和控制工程等领域。此外，也应用到了GIS领域。如图7.32所示为一个人工蜂群算法寻优的例子，用于在CIELab色空间中寻找一个能耗较低的颜色。

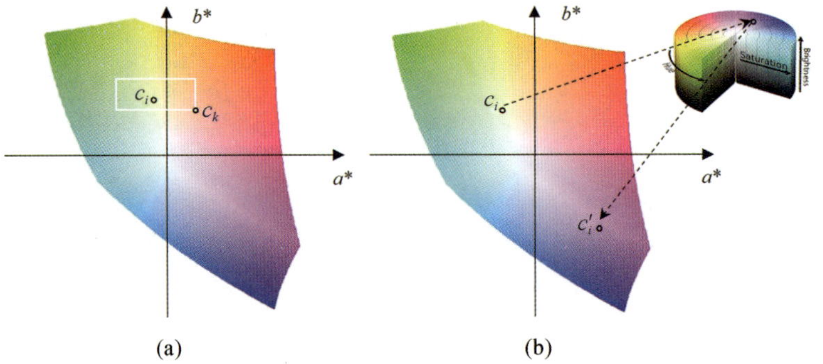

图7.32　人工蜂群算法用于在CIELab色空间中寻找较优颜色的过程

4. 自组织映射

自组织映射（SOM）算法是一种非监督学习方法，具有良好的自组织、可视化等特性，广泛应用于样本分类、排序和样本检测等方面。

它作为一种聚类和高维可视化的非监督学习算法，是通过模拟人脑对信号处理的特点而发展起来的一种人工神经网络。该模型由芬兰赫尔辛基大学教授Teuvo Kohonen于1981年提出，他认为，一个神经网络接受外界输入模式时，将会分为不同的对应区域，各区域对输入模式有不同的响应特征，而这个过程是自动完成的。SOM网络正是根据这一看法提出的，其特点与人脑的自组织特性相类似。

如图7.33所示，SOM网络由输入层和竞争层（输出层）组成。输入层神经元数为n，竞争层由m个神经元组成一维或者二维平面阵列，网络是全连接的，即每个输入结点都和所有的输出结点相连接。

SOM网络能将任意维输入模式在输出层映射成一维或二维图形，并保持其拓扑结构不变；网络通过对输入模式的反复学习可以使权重向量空间与输入模式的概率分布趋于一致，即概率保持性。网络的竞争层各神经元竞争对输入模式的响应机会，获胜神经元有关的各权重朝着更有利于它竞争的方向调整，即“以获胜神经元为圆心，对近邻的神经元表现出兴奋性侧反馈，而对远邻的神经元表现出抑制性侧反馈，近邻者相互激励，远邻者相互抑制”。一般而言，近邻是指以发出信号的神经元为圆心，半径为 50 ～ 500μm 的神经元；远邻是指半径为 200μm ～ 2mm 的神经元。比远邻更远的神经元则表现为弱激励作用，如图 7.34 所示。因为这种交互作用的曲线类似于墨西哥人戴的帽子，所以也称这种交互方式为“墨西哥帽”。

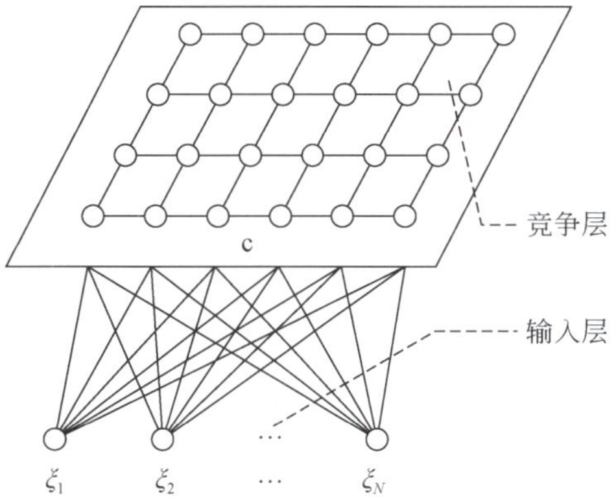

图 7.33　SOM 网络结构

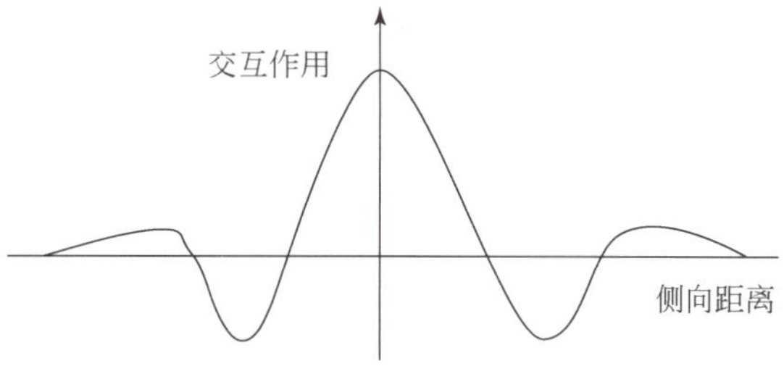

图 7.34　墨西哥帽曲线

SOM 算法以其所具有的诸如拓扑结构保持、概率分布保持、非监督学习及可视化等特性吸引了广泛的注意，各种关于 SOM 算法应用研究的成果不断涌现。现已广泛应用于语音识别、图像处理、分类聚类、组合优化、数据分析和预测等众多信息处理领域。图 7.35 是一个用 SOM 实施空间聚类的案例。

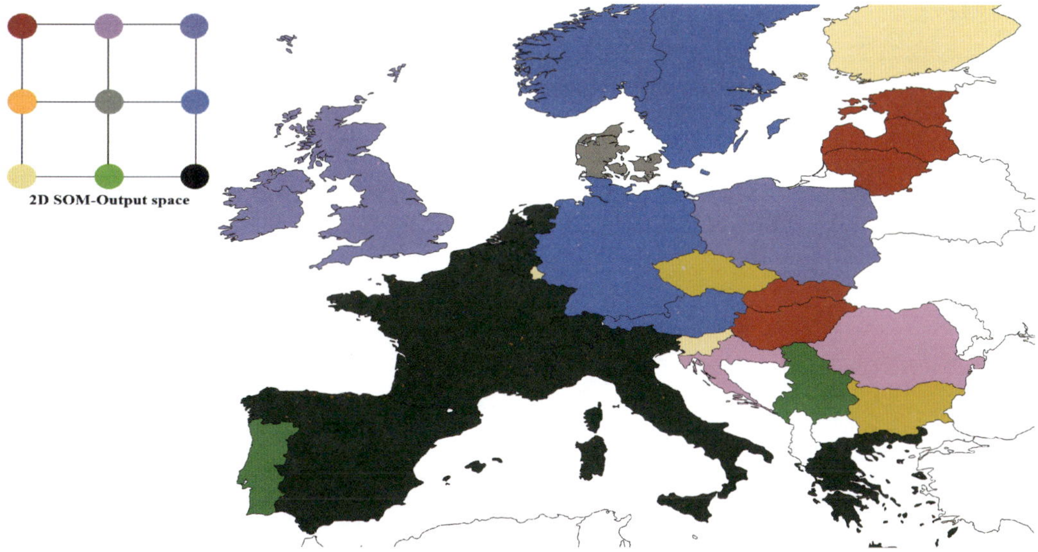

图 7.35　SOM 用于空间聚类的实例

7.3.5 机理过程分析

机理模型是在一定的假设下，根据主要因素相互作用的机理，对它们之间的作用关系的数学描述。根据过程的内部机理，运用一些已知的定理、原理，如物理或化学的变化规律建立系统模型的方法称为机理建模方法，建模的过程叫做机理建模，所建模型叫做机理模型。机理过程分析模型包括水循环模型、大气运动模型、海洋潮波模型等。

SWAT（soil and water assessment tool）模型为分布式水文模型，是由美国农业部农业研究中心 Jeff Arnold 博士于 1994 年开发的。模型开发的最初目的是为了预测在大流域复杂多变的土壤类型、土地利用方式和管理措施条件下，土地管理对水分、泥沙和化学物质的长期影响。SWAT 模型采用天为时间连续计算，是一种基于 GIS 基础之上的分布式流域水文模型，近年来得到了快速的发展和应用。它主要是利用遥感和地理信息系统提供的地理信息，模拟多种不同的水文物理化学过程，如水量、水质，以及杀虫剂的输移与转化过程。

SWAT 是一个物理机制模型，可以进行连续时间序列的水文模拟。SWAT 模拟的流域水文过程分为水文循环的陆地阶段（即产流和坡面汇流部分）和水文循环的汇流阶段（即河道汇流部分）。前者控制着每个子流域内主河道的水、沙、营养物质和化学物质等的输入量；后者决定水、沙等物质从河网向流域出口的输移运动。整个水分循环系统遵循水量平衡规律（图 7.36）。

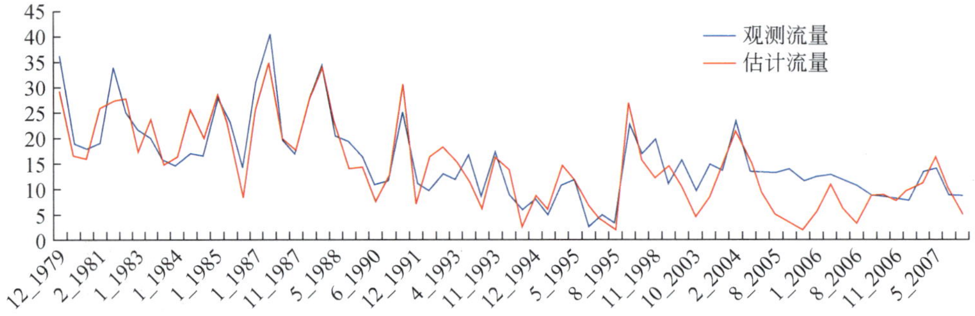

图 7.36 利用 SWAT 模型对 Mikkés 流域（摩洛哥）进行水文模拟

7.4 地理表达

在人类文明的历史进程中，语言的存在与发展对人类进步都有着极其重要的作用。人类用自然语言交流知识和情感，用数学等自然科学语言去描述客观规律，用计算机语言来实现对世界的数字化表达。

地理表达是指通过视觉语言与数学语言，即地理语言来表达地球表层空间的地理知识和地理规律。其本质是地理认知、信息转换与信息传输的交互过程。地理表达经历了从早期的自然语言描述，到具有严格的数学基础的地图表达，再到 GIS 中对地理空间与对象的格局与过程变化的表达，实现了地理场景中对象间或现象间的时间或空间上的定性与定量关系的描述；之后随着对地理表达的扩展，出现了新型表达形式，包括虚拟地理环境、地理增强现实及地理超媒体等，地理现象的发生和演变过程得到更好的表达。

自然语言、地图语言、GIS 语言和地理场景语言都是对现实世界中不同层面事物的抽象和概括。其中自然语言是一种定性的描述，其抽象概括能力和普适性程度均超越地图语言，但定量化程度、直观性程度较低；地图语言是一种图形化描述，直观性比自然语言高，但是抽象概括能力相对于其他三者来说较低；GIS 语言则是一种定量的描述，定量化程度高，直观性程度、抽象概括性、普适性都高，不过相对于虚拟地理环境语言来讲较低。虚拟地理环境语言作为新型表达形式，其普适性、直观性、抽象概括能力都较高，是一种定性加定量的描述。

7.4.1　自然语言

在人类早期的交流中，人们往往使用的是一些简单的发声体系和形象生动的肢体语言来表达地理信息。例如，当同伴之间传递觅食的地点时，彼此之间使用手势和身体动作指向方位来进行信息的传递，这可以说是最原始的地理因素传递。但是原始人如果要在黑夜里进行觅食、打猎的话，手势和动作传递的信息显然并不能很好地被同伴所接收。所以人类到了非说不可的地步，语言便诞生了。人类开始利用最方便、最自然的方式——语言来交流观点、传播消息、表达地理位置和与地点相关的地理时空特征。例如，通过文本这种自然语言来描述介绍庐山。

庐山是中国享誉古今中外的名山（图 7.37），位于东经 115°52′ ～ 116°8′，北纬 29°26′ ～ 29°41′（表明庐山的地理位置），庐山长约 29 千米，宽约 16 千米，方圆 300 多

图 7.37　庐山的自然语言与地图语言表达

平方千米（揭示了庐山的地理属性）。庐山东临高垄，西接赛阳镇，南濒黄龙山麓，北靠莲花（表明了庐山的空间分布）。置身峰顶，遥望四方，千峰竞秀、万壑生烟（描述了周围视图环境及地形）。可谓一山飞峙，斜落而俯视着万里长江，正濒而侧影着鄱阳湖，山清水秀景色泛胜（揭示了与周围山水的空间位置关系）。故古人云：“峨峨匡庐山，渺渺江湖间”，形容恰到好处。庐山地形走向，东西伸展，南北收缩。

7.4.2 地图语言

有别于一般的文字表达和语言交流，地图是被普遍认可的地理语言，既是人类认识自然、对环境空间认知的结果，又是人类认识自然、改造自然、从事各种活动的有力工具。地图是按照一定的数学法则，将地球（或星体）表面上的空间信息，经概括综合，以可视化、数字或触摸的符号形式，缩小表达在一定载体上的图形模型，用以传输、模拟和感知客观世界的时空信息。对照“南京市部分区域交通路线图”（图 7.38）来说明地图的构成要素。

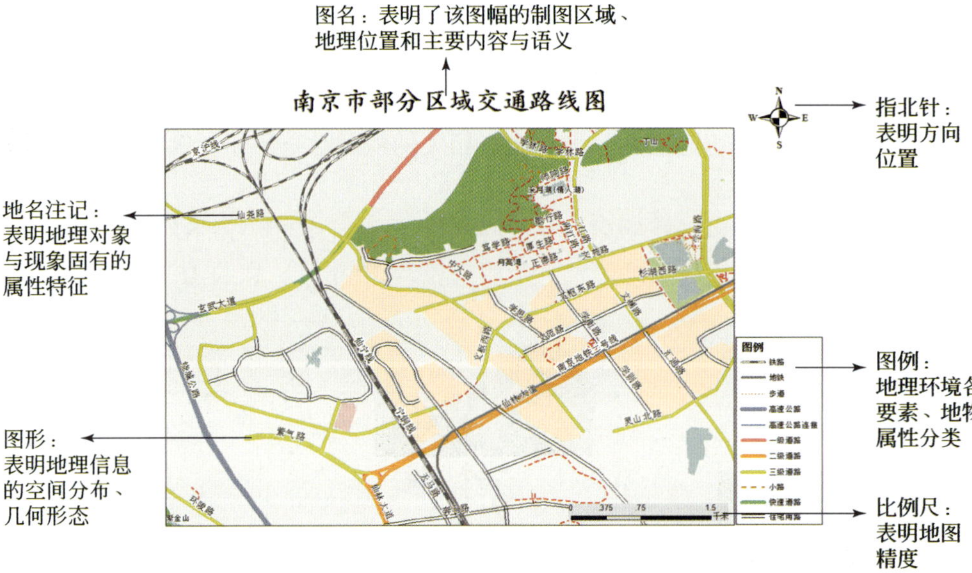

图 7.38 南京市部分区域交通路线图

由于地图在地理表达中的核心地位，与地图有关的相关概念影响了其他所有的表达形式，并且地图学也成为 GIS 的基础学科之一。同时，地图也是 GIS 表达的主要形式。与自然语言表达相比，地图的符号系统可以编码定性 / 定量的信息，地图严密的数学基础可以进行相应的量算与分析，地图概括可以为信息量控制提供依据。

7.4.3 GIS 表达

GIS 脱胎于地图，并成为地图信息的又一种新的载体形式。GIS 不仅能够提供计算机制图功能，还具有缓冲分析、最短路径分析、叠加分析等多种空间分析模块。GIS 不仅为海量地理信息处理提供了一种模式，而且可以选择多种多样的分析模型软件，进行快速运算和对比分析，获取最优结果。

在地球漫长的演变过程中形成的地质构造往往形态复杂，因此，如何利用部分的有限的数据更真实更准确地显示整个地质构造，是我们所面临的一个重大问题。GIS 将地质体地理位置与相关地质属性有机结合起来，形成地质剖面图，按照各种实际需要准确真实、图文并茂地把它们传输给用户，同时借助其独有的空间分析功能和图解表达能力，帮助地质工作者进行各种地质辅助决策分析。

地质剖面图是地质层在垂直方向上最直观最有效的表达方式（图 7.39）。通过剖面图可以更清楚地了解区内岩层（或矿体）在地下深处的延展、分布情况和构造特点，对于认识各种地质体和矿床赋存的地质条件和时空分布规律，指导矿产资源和工程地质勘探，都具有重要的意义。

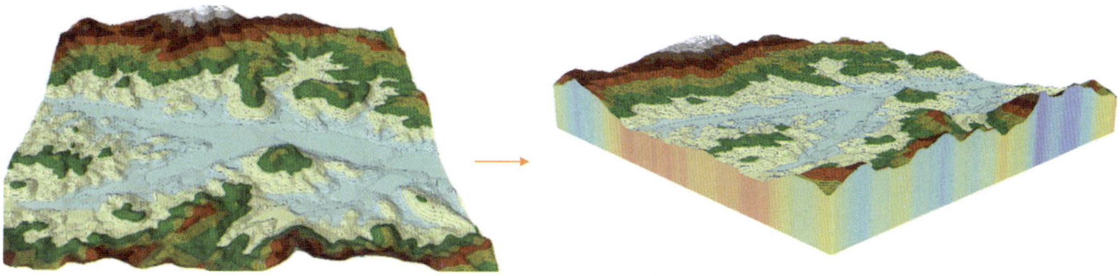

图 7.39　地形地质剖面图

GIS 还可以采用构造三维空间表面的方法来表达三维地质体——实现三维可视化，也能将地质体立体化、形象化，使地质工作者能直观地了解所研究对象的形态构造，进行更为科学准确的评估分析，做出符合地质现象分布变化规律的工程设计，从而提高人类全面的认识地质问题的能力（图 7.40）。还可以通过 GIS 三维可视化场景实现建筑的三维可视化（图 7.41），继而实现建筑群景观及信息的动态交互管理以及浏览查询。通

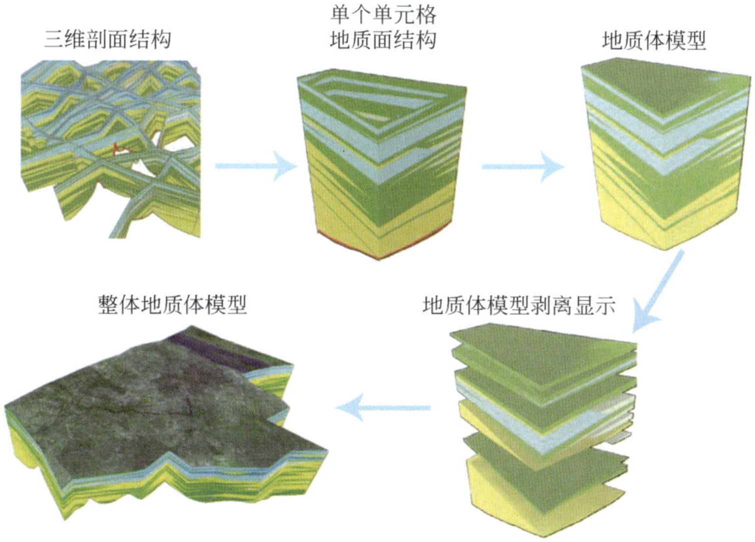

图 7.40　地层三维可视化

过 GIS 提供的空间管理和空间分析功能解决了规划管理很难解决的一些问题，从而弥补传统规划管理功能的不足，使规划管理过程的全面信息化最终得以实现，以提高科研、管理及规划质量。

地理空间数据和时空数据不断累积，而时空数据的管理、表达与应用则相对滞后。蕴含在多维时空数据集中的时空过程信息是复杂多变的，需要研究建立一种面向地理时空过程表达的动态可视化技术和方法，来直观呈现和感知地理时空过程信息，生动揭示过程变迁和演化的规律以及趋势，延伸多维时空数据应用的深度和广度。

时空可视化是 GIS 利用计算机交互式地显示复杂抽象的时空数据，以可视的方式表达地理现象的空间位置和属性随时间变化的过程。目前，时空数据可视化的方法有很多，主要有时空立方体等。

倾斜摄影数据　　三维模型数据

图 7.41　地理场景的三维可视化

时空立方体模型采用二维坐标轴来表示现实世界中的平面位置空间，用一维的时间轴表示平面位置随时间的变化。这样，由二维的平面空间和一维的时间就组成了一个三维的时空立方体。任意指定一个时刻，都可以从三维的时空立方体中得到相应的截面，即现实世界的平面几何状态。时空立方体模型通过运用时间维的几何特性，形象地表达地理现象随时间的变化过程。图 7.42 是采用时空立方体对拿破仑进攻俄罗斯时的情况进行可视化的例子，可以看出，时空立方体能够直观地对该过程中地理位置变化、时间变化、部队人员变化及特殊事件进行立体展现。

时空轨迹是以平面二维坐标表示地理空间，纵坐标表示时间，用线将研究对象的时空运动连接成轨迹，以突出轨迹的空间位置信息。这种方法的应用十分广泛，主要有车辆轨迹、船舶轨迹、飓风轨迹、人的轨迹等。对于飞机或者海洋生物的轨迹，其高度或深度也很重要，这时可以将轨迹路径绘制成三维折线。为了显示轨迹的属性随着位置的变化，人们可以使用折线的颜色、高度和纹理等视觉变量（图 7.43）。

7.4.4　虚实地理场景表达

GIS 表达只是以视觉图形表达为主，这种传统的单项信息交流方式在现实世界空间实体和相互间关系及时空变化的描述与表达、空间分析等方面均有较大的局限性，因此虚拟

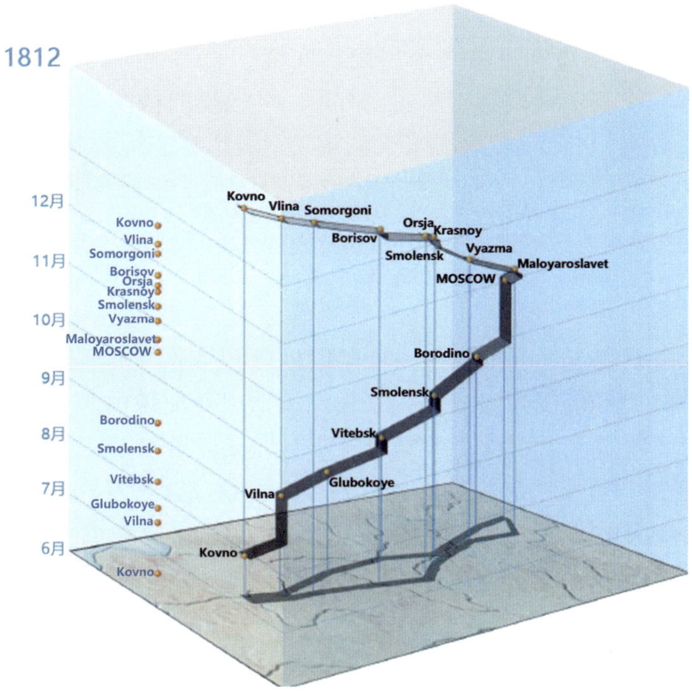

图 7.42　时空立方体结构①

图 7.43　2009 年伦敦交通拥堵变化轨迹（Cheng et al.,2010）

地理环境（virtual geographic environments，VGEs）应运而生。虚拟地理环境通过建造一个让地理信息与其用户更为贴近的环境，让具有不同教育与文化背景的用户都能够方便地参与（或者说是融入）信息流。通过真实的地理环境和人们所描述的虚拟地理环境结合，人类相互传递着所要表达的信息，从而更好地理解人类所生存的环境，是对地理信息定性

① Kraak.2003.The space-time-cube revisited from a geovisualization perspective. In processer 21st International Cartographic Conference

和定量相结合的描述。

虚拟地理环境包括实境和虚境两个层面。实境，表示现实的、占有物理空间的事物实体或符号，在现实世界上一般具有可见、有形、可触摸的特性，例如，因特网、计算机、通信和传感设备、数据、图形等实体或符号；虚境，表示在实境的基础上，依据人的感知、想象而产生的三维虚拟世界，即基于文本、图形、图像、视频图像等媒介，通过交互、感知、认知、行为和想象在人脑中形成虚拟世界以及在虚拟世界中主体与主体相互交流交互形成虚拟社会世界。实现虚拟地理环境表达主要有虚拟现实、增强现实和混合现实三种技术。

虚拟现实（virtual reality，VR）是一种可以创建和体验虚拟世界的计算机仿真技术。例如，利用虚拟现实技术能够对景观结构、火山构造以及地貌构造与地质构造进行模拟，同时还能够模拟地球构造；再比如谷歌联手 HTC Vive 推出 VR 版的谷歌地球应用 Google Earth，使用户足不出户就可以饱览世界各大城市的美景，让大家从全新的视角探索世界。用户使用 HTC Vive 头戴设备就可以漫步在美丽的街道、翱翔在大峡谷之上，或者行走在埃菲尔铁塔周围，甚至在太空中注视我们这颗蓝色星球（图 7.44）。

图 7.44 Google Earth VR

增强现实技术（augmented reality，AR）是一种将真实世界信息和虚拟世界信息“无缝”集成的新技术，是把原本在现实世界的一定时间空间范围内很难体验到的实体信息（视觉、声音、味道、触觉等），通过电脑等科学技术，模拟仿真后再叠加，将虚拟的信息应用到真实世界，被人类感官所感知，从而达到超越现实的感官体验。例如，微软技术专家运用 AR 技术打造了针对幼儿、中学生的 AR 地球仪等产品，将较为抽象的地理知识场景化地表现出来（图 7.45）。

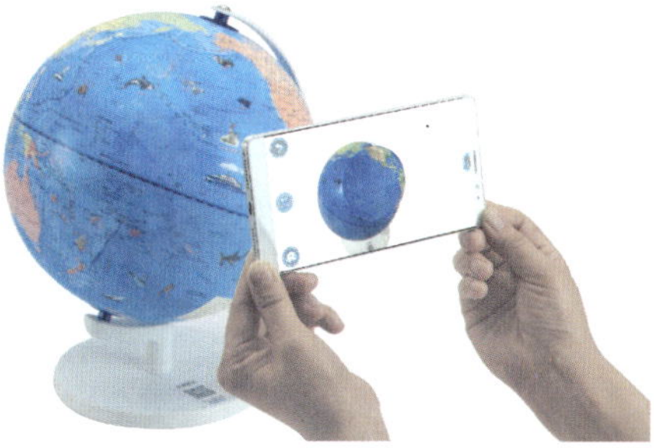

图 7.45　AR 地球仪

混合现实（mixed reality，MR）包括增强现实和增强虚拟，指的是合并现实和虚拟世界而产生的新的可视化环境。在新的可视化环境里物理和数字对象共存，并实时互动。混合现实的实现需要在一个能与现实世界各事物相互交互的环境中，例如，微软的增强现实眼镜 HoloLens 开发者与生活环境结合起来，打造出真实的互动空间。可以在桌面上投影出一栋建筑及周边的植物模型，同时可以对建筑进行多角度的观察。佩戴者通过简单的手势，将建筑切换为透视模式，能够看到建筑内部的更多细节；并且还可以对画面进行缩放、移动，纵览整个区域的建筑（图 7.46）。

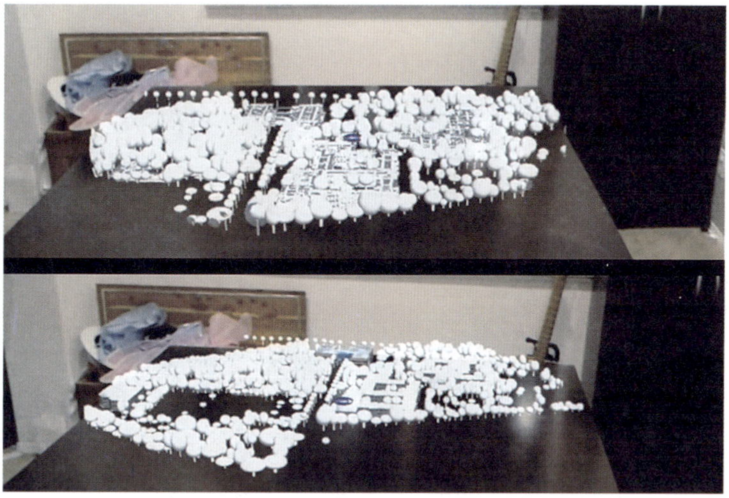

图 7.46　混合现实技术 +GIS 实例

7.5　地理信息的网络传输

7.5.1　网络架构

GIS 中网络的主要作用是信息传输。由于 GIS 数据的海量特征，对网络的要求也比较高。GIS 中的网络形式一般有：局域网、广域网、无线网络等。

局域网(local area network, LAN)是由特定类型的传输媒体(如电缆、光缆和无线媒体)和网络适配器（亦称为网卡）互联在一起的计算机，并受网络操作系统监控的网络系统，适合于区域、企业内部网络建设（图 7.47）。

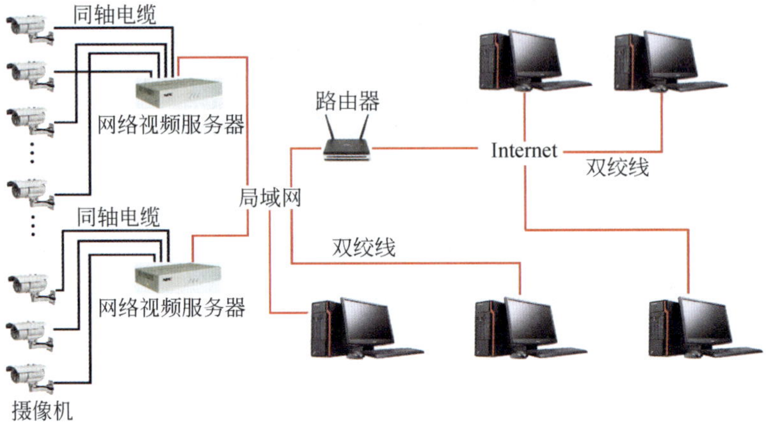

图 7.47 局域网结构

广域网（wide area network，WAN）是众多 LAN 的集合，其中有些 LAN 或者全部 LAN 使用跨越较长距离的点到点链路连接在一起；最大特点是计算机分布范围广，不受区域限制，广泛采用电话通道或卫星信道，但传输效率较低（图 7.48）。

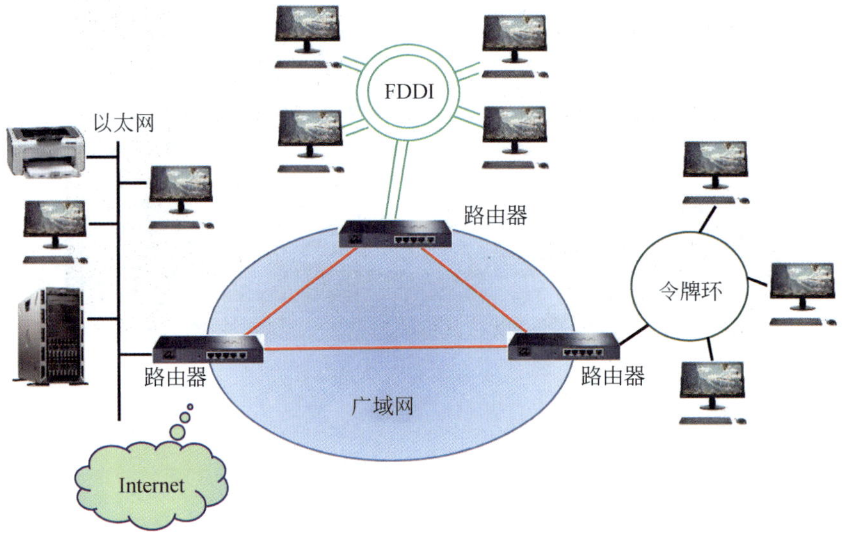

图 7.48 广域网结构

同时，Internet 网的安全问题，包括其中的信息数据安全和网络设备服务的运行安全，日益成为与国家、政府、企业的利益休戚相关的“大事情”。安全保障能力是 21 世纪一个国家综合国力、经济竞争实力和生存能力的重要组成部分，如图 7.49 所示为政务网基础网络结构。

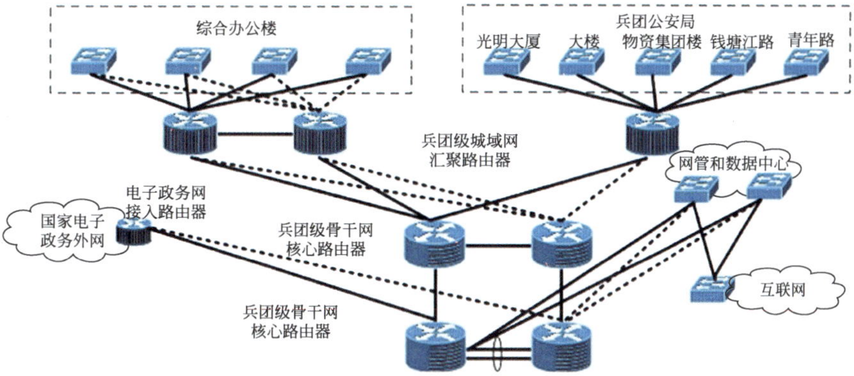

图 7.49　政务网基础网络结构

7.5.2　网络 GIS 架构

网络化是 GIS 在发展历程和今后发展中的最重要特点。从局域网到城域网和广域网，从互联网到无线网络，计算机网络同其他通信网络的每一步发展都在改变着 GIS 的应用规模和地理服务方式。而伴随着计算机网络发展的分布式计算技术也在从早期的集中式或基于主机的计算模式（host-based computing model）、文件服务器计算模式（PC/file server-based computing model）发展为客户 / 服务器模式（client/server，C/S）、浏览器服务器模式（browse/server，B/S），再发展为如今的多层分布式计算、Web Service 和网格计算模式。分布式计算模式也在逐步影响着 GIS 的计算方法和体系结构。可以说网络与因网络发展而存在的分布式计算技术深深影响和改变着 GIS，促进着网络 GIS 的发展。

基于 C/S 的网络 GIS 采用分布式系统架构，构建于部门局域网络之上。它主要完成海量空间数据查询统计、地图编辑、空间分析、专题制图、数据转换输出等功能。快捷性、安全性、灵活性和高效性是基于 C/S 的网络地理信息系统的最大特点。

基于 B/S 的网络 GIS 常常被称为 WebGIS，即互联网地理信息系统。它以互联网为环境，以 Web 页面作为 GIS 软件的用户界面，把 Internet 和 GIS 技术结合在一起，为各种地理信息应用提供 GIS 功能。与传统 GIS 相比，具有 B/S 体系结构的 WebGIS 使原来基于单机或局域网的 GIS 扩展到整个因特网，使得地学数据和地学模型有可能在全球范围内共享。

基于 Web Service 的网络 GIS 是将地理信息技术和 Web Service 分布式计算技术相结合的产物。将地理信息系统架构在 Web Service 上可以轻松实现地理信息互操作，实现透明的数据和功能跨平台无缝访问。图 7.50 为百度地图软件开发工具包（software development kit，SDK）的整体架构。

例如，当下比较流行的共享单车应用，结合网络地图可以实现找车、骑车、停车、单车管理等功能。首先用户可以打开应用，展示地图，定位用户位置，根据单车上传位置信息，显示周边可用车辆；其次用户选中一辆单车，按系统自动规划步行到单车的路线，辅

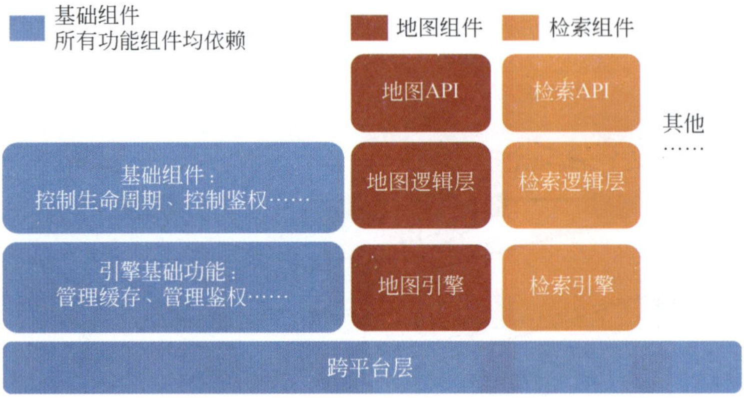

图 7.50　百度地图 SDK 整体架构

助用户快速找车；用户锁车、结算并给用户提供行程详情；后台管理收集车辆轨迹，追踪单车实时位置，监控车辆分布（图 7.51）。

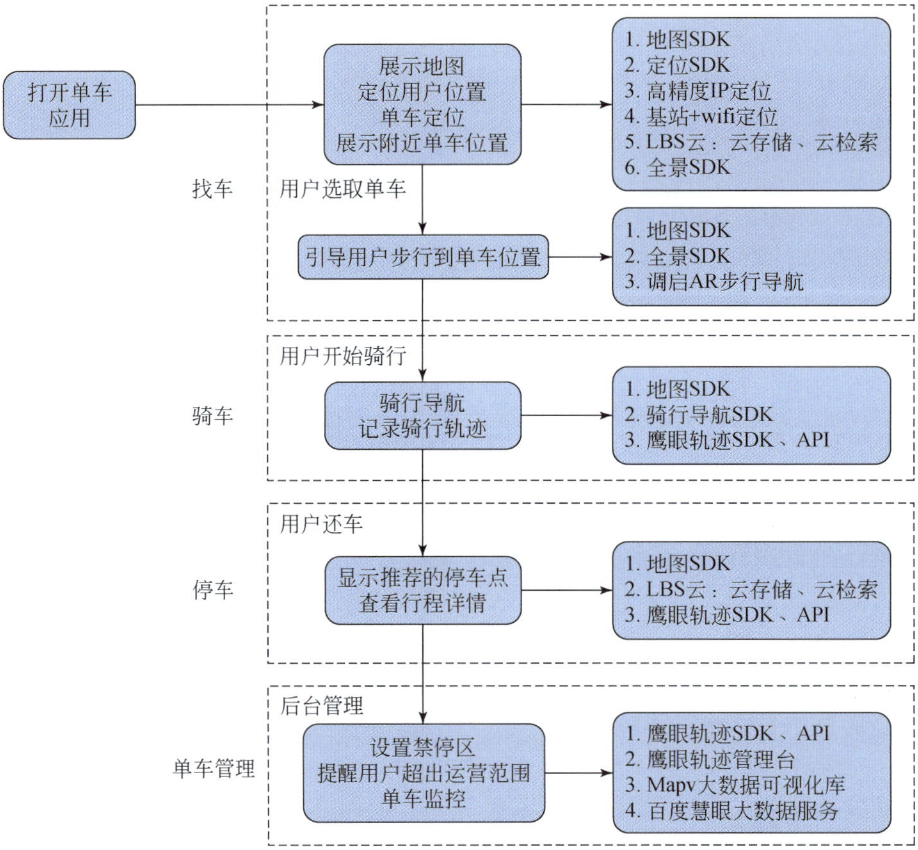

图 7.51　共享单车功能架构

7.6　地理信息系统地学研究与社会服务

地理信息系统具有地理数据采集、存储、处理、管理、分析、表达、传输、发布等功能，已经广泛应用于资源开发、环境保护、城市规划、国防建设、交通管理等领域，也普遍应用于定位导航、健康监测、通信交流等方面。有些技术能够快速、有效地解决现实中的一些实际问题，可以给决策者提供强有力的数据支持和科学保障。这一节将综合前几节介绍的 GIS 方法应用到典型案例以解决具体需求。下面分别从地理信息分析和社会服务方面介绍两个典型案例：胡焕庸线和学校选址问题。其中胡焕庸线是可持续发展问题，关于学校选址的 GIS 社会服务的规划问题属于人地关系问题。

7.6.1　地理信息分析：胡焕庸线

1935 年，我国著名人口地理学家胡焕庸先生依据中国县级单元的人口疏密状况，提出了从黑龙江瑷珲（现黑河）到云南腾冲的人口地理分界线，即著名的“胡焕庸线”，揭示了中国人口分布的巨大空间分异。

胡焕庸线作为人地关系的重要地理大发现之一，揭示了中国人口分布东密西疏的重要特征，是人文与经济地理学对社会的重要贡献之一。胡焕庸线以东的中国东南半壁，面积约占全国的 36%，而当时人口却占全国的 96%；以平原、水网、丘陵、喀斯特和丹霞地貌为主要地理结构，自古以农耕为经济基础。胡焕庸线以西的西北半壁面积约占全国的 64%，而当时人口仅占全国的 4%，人口密度极低。胡焕庸线的提出具有重要意义：首次定量刻画了中国人口的空间特征，揭示了东南半壁和西北半壁人口密度存在巨大悬殊的事实，被称为“Hu line”。胡焕庸线又不仅仅是一条人口地理分界线，也是一条综合的生态环境界线，充分体现了地理学的综合性、区域差异和空间格局研究的特色，胡焕庸线被赋予更为广泛内涵，其影响超出了人文地理学甚至是地理学的范围。2009 年，由《中国国家地理》杂志社与中国地理学会发起中国地理百年大发现评选活动，胡焕庸线当选为 30 项重大成果之一。

2014 年 11 月 28 日，李克强总理提出胡焕庸线该不该破、怎么破之问。李克强总理对胡焕庸线的关注，使其迅速成为学术界、社会媒体和政府高度关注的一个热词，胡焕庸线提出 80 年后又一次引发了广泛热议。诸多人士认为，胡焕庸线能否突破，事关缓解乃至消除地区发展不平衡，促进少数民族地区和边疆地区发展以及加强国家安全建设等重大问题。对于胡焕庸线能不能破以及如何破存在以下一些观点。

（1）胡焕庸线在世界上具有普遍性，美国人就能突破他们的“胡焕庸线”，中国人要突破自己的胡焕庸线，要发挥第二地理本性的作用，推动第三地理本性的变化，即交通、人口－产业和信息化助力突破胡焕庸线。

（2）胡焕庸线刚性约束下的中国城市发展空间格局不可能有实质性突破。

（3）胡焕庸线 80 多年来总体稳定，但也呈现出向西北半壁微移的新态势。“一带一路”建设和创新驱动战略实施将有利于提升西北半壁的人口与经济集聚能力，有助于突破胡焕庸线。

（4）胡焕庸线是自然环境承载力决定的，破不了！中国西半部或气候干旱、或海拔太高，难以承载高密度的人口。

（5）胡焕庸线是人口地理格局基线，不是城镇化和发展水平衡量线，较长时期内难以显著改变胡焕庸线人口图景，突破胡焕庸线贵在“质”不在“量”，山区新型城镇化是调整胡焕庸线走向的重要驱动力。

（6）在今后相当长时期内，胡焕庸线仍是中国人口与国民经济发展的限制性因素。随着“一带一路”倡议的实施，中国的人文－自然空间分异格局、过程与机制，胡焕庸线的作用与位置必然会发生变化，中国西北部会获得更多的发展条件与机遇。

（7）胡焕庸线两侧人口分布的巨大差异，是长期以来人口分布适应资源环境、社会经济条件的“自然选择”的必然结果，人为硬性的突破胡焕庸线将付出相应的成本或代价，也无必要。应在西部地区大力推行节水技术，发展环境友好型产业，实现西部地区更高质量的城镇化。

（8）探索与国土空间本底相适应的城镇化路径，推动全域国土空间利用质量的均衡，是突破胡焕庸线的一种创新性思维。

（9）胡焕庸线是人文与经济地理学发现的重要规律之一，所揭示的人口分布东密西疏格局不能人为打破，但通过政策引导和合理空间组织，中西部地区可以实现更高水平和质量的城镇化。

目前，对于胡焕庸线两侧差异性的判断没有定量的研究，无法支撑胡焕庸线能否突破，以及如何破等问题的进一步研究。

采用地理探测器这一空间异质性分析的软件和方法，可以对胡焕庸线两侧不同时期中国人口的整体差异性及其变化进行定量分析；地理探测器（图 7.52）研究方法由王劲峰研究团队提出并不断完善（http://www.geodetector.cn/），主要用于探测地理要素的差异性及其对研究对象空间分布的影响因素。地理探测器对于分异性的测度可以用来分析地理空间各类型区之间的整体差异性。具体来说，当各类型区内部各基本单元是完全均质的，而各类型区之间又各不相同时，分层异质性强度为 1；而各类型区内不同类型基本单元都是随机分布的，则分层异质性强度为 0。地理探测器的具体公式为

$$q = 1 - \frac{\sum_{h=1}^{L} N_h \sigma_h^2}{N\sigma^2} = 1 - \frac{\mathrm{SSW}}{\mathrm{SST}}$$

$$\mathrm{SSW} = \sum_{h=1}^{L} N_h \sigma_h^2, \quad \mathrm{SST} = N\sigma^2$$

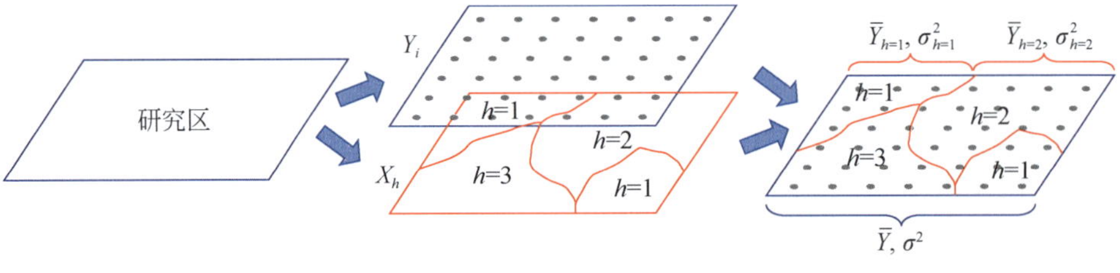

图 7.52　地理探测器原理图（王劲峰和徐成东，2017）

式中，$h=1, \cdots, L$ 为变量 Y 或因子 X 的分层（strata），即分类或分区；N_h 和 N 分别为层 h 和全区的单元数；σ_h^2 和 σ^2 分别是层 h 和全区的 Y 值的方差。SSW 和 SST 分别为层内方差之和(within sum of squares)和全区总方差(total sum of squares)。q 的值域为[0, 1]，值越大说明 Y 的空间分异性越明显；如果分层是由自变量 X 生成的，则 q 值越大表示自变量 X 对属性 Y 的解释力越强，反之则越弱。极端情况下，q 值为 1 表明因子 X 完全控制了 Y 的空间分布；q 值为 0 则表明因子 X 与 Y 没有任何关系，q 值表示 X 解释了 $100\times q\%$ 的 Y。原始胡焕庸线在历次人口普查结果中的分层异质性 q 值如表 7.2 所示。

表 7.2　胡焕庸线分层异质性 q 值

年份	1953	1982	1990	2000	2010
q 值	0.097	0.121	0.102	0.023	0.022

7.6.2　GIS 社会服务：选址规划问题

GIS 的计算分析功能应用十分广泛，并且在一些领域中发挥着十分重要的作用。根据区域地理环境的特点，综合考虑资源配置、市场潜力、交通条件、地形特征、环境影响等因素，在区域范围内选择最佳位置，是 GIS 的一个典型应用领域，其中一个常见的应用是用于学校选址。GIS 依靠其强大的空间分析和可视化功能使学校选址更具直观性和可行性。

合理的学校空间位置布局，有利于学生的上课与生活。学校的选址问题需要考虑地理位置、学生娱乐场所配套、与现有学校的距离间隔等因素，从总体上把握这些因素能够确定出适宜性比较好的学校选址区。

如果要合理规划出学校的位置，我们需要其所在地的土地利用图、地面高程图、娱乐场所分布图、现有学校分布图等数据来综合分析。同时，新学校选址需要注意以下几点：①新学校应位于地势较平坦处；②新学校的建立应结合现有土地利用类型综合考虑，选择成本不高的区域；③新学校应该与现有娱乐设施相配套，学校距离这些设施越近越好；④新学校应该避开现有学校，合理分布。这些要求都是在学校选址的时候需要综合考虑的，但是，每个因素对选址的影响力是不同的，我们给这些因素赋以不同的权重。

在分析过程中我们可以使用 GIS 的计算分析和空间可视化表达功能，具体包括：坡度计算、直线距离制图等功能。首先利用现有学校数据、现有娱乐场所数据和高程数据计算出坡度，以及到现有学校、娱乐场所的距离。因为不同数据量纲不同，为了消除各个数据的量纲影响，需要重分类数据到相同的等级范围，再按照上述数据在学校选址中的影响率赋权重值，最后合并这些数据即可计算得到适宜性较高的区域为推荐学校选址区域。

思　考　题

1. 简述地理空间数据与其他类型数据的本质区别。
2. 简述 GIS 与 CAD、MIS 等系统的差别。
3. GIS 中为什么需要将地理信息进行可视化？
4. GIS 空间分析有哪些种类？
5. GIS 中对时间的描述方法有哪些？

6. 人们日常生活中的 GIS 应用有哪些？

延伸阅读

陈述彭 . 2007. 地球信息科学 . 北京：高等教育出版社
胡最，汤国安，闾国年 . 2012. GIS 作为新一代地理学语言的特征 . 地理学报，67（7）：5-15
李佳洺，陆大道，徐成东，等 . 2017. 胡焕庸线两侧人口的空间分异性及其变化 . 地理学报，72（1）：148-160
梁偲，江世亮 . 2018. 当前脑科学的发展态势和战略——访复旦大学脑科学研究院杨雄里院士 . 世界科学，（1）：34-36
廖克 . 2017. 中国地图学发展的回顾与展望 . 测绘学报，46（10）：1517-1525
闾国年，袁林旺，俞肇元 . 2017. 地理学视角下测绘地理信息再透视 . 测绘学报，46（10）：1549-1556
汤国安，刘学军，闾国年，等 . 2007. 地理信息系统教程 . 北京：高等教育出版社
汪汇兵，唐新明，欧阳斯达，等 . 2013. 地理时空过程动态可视化表达的目标与实践 . 测绘科学，38（6）：85-87
王家耀 . 2010. 地图制图学与地理信息工程学科发展趋势 . 测绘学报，39（2）：115-119，128
王劲峰，廖一兰，刘鑫 . 2019. 空间数据分析教程 . 2 版 . 北京：科学出版社
王远飞，何洪林 . 2007. 空间数据分析方法 . 北京：科学出版社
韦玉春，陈锁忠，等 . 2005. 地理建模原理与方法 . 北京：科学出版社
谢平 . 2018. 探索大脑的终极秘密——学习、记忆、梦和意识 . 北京：科学出版社
Anselin L. 1995. Local indicators of spatial association——LISA. Geographical Analysis，27（2）：93-115
David O' Sullivan，David J Unwin. 2013. 地理信息分析 . 2 版 . 赵永译 . 北京：科学出版社
Gatalsky P，Andrienko N，Andrienko G. 2004. Interactive analysis of event data using space-time cube. Proceedings of International Conference on Information Visualisation（IV' 04），London，July，14-16
Goodchild M F. 1986. Spatial Autocorrelation. Norwich：GeoBooks
Harvey J M. 2004. Tobler's First Law and spatial analysis. Annals of the Association of American Geographers，94（2）：284-289
Lin H，Batty M. 2009. Virtual Geographic Environments. Beijing：Science Press
Michael J de Smith，Michael F Goodchild，Paul A Longley. 2009. 地理空间分析——原理、技术与软件工具 . 2 版 . 杜培军，张海荣，冷海龙，等译 . 北京：电子工业出版社
Paul A Longley，Michael F Goodchild，David J Maguire，et al. 2004. 地理信息系统（上卷）：原理与技术 . 2 版 . 唐中实，黄俊峰，尹平，等译 . 北京：电子工业出版社

第八章　地理信息产业发展

地理信息作为基础性与战略性信息资源，覆盖面很广，又具有整合其他各类信息的能力，从而决定了其在信息体系中的特殊地位。地理信息产业作为生产性服务业，是对地理信息资源进行生产、开发、应用、服务、经营的全部活动。地理信息产业具有高新技术产业、现代高端服务业、高关联度产业、环境友好型产业、安全关联性产业、高度国际化产业等特征，是我国战略性新兴产业。因此，开发地理信息资源，发展地理信息产业，无论是对地理学、地球系统科学、未来地球科学研究，还是对国家的社会经济发展，都具有十分重要的意义。本章较全面地介绍了我国地理信息产业的发展现状、空间格局、当前热点、未来态势、投资环境，以及发展战略等。

8.1　地理信息产业

8.1.1　地理信息产业概念

因为人类所掌握信息的 80% 以上属于地理信息，同时地理信息又是唯一具有整合其他信息能力的基础信息，所以它是国家基础性和战略性重要资源。正如李克强总理指出的那样：地理信息是经济活动的重要基础、是全面提升信息化水平的重要条件、是加快转变经济发展方式的重要支撑、是战略性新兴产业的重要内容、是维护国家安全利益的重要保障。因此，加快发展地理信息产业是地理信息学科发展的必然，是社会经济发展的迫切要求。

地理信息产业是以地理信息技术为基础发展起来的综合性高技术产业，是指地理信息技术对地理信息资源进行生产、开发、应用、服务、经营的全部活动，以及涉及这些活动的各种设备、技术、服务、产品。主要包括现代测绘产业、地理信息系统产业、卫星定位与导航产业、航空航天遥感产业，也包括地理信息技术的专业应用。

地理信息产业涉及车载导航、高精度测绘、移动目标监控、便携式移动导航、智能通信、游戏等专业领域。

地理信息产业作为国民经济的重要组成部分，在国土资源开发利用、环境监测和评估、城市规划、建设与管理、人口统计和调查、防灾和抗灾及各级政府决策等方面都有着广泛的应用。

8.1.2　地理信息产业分类

地理信息产业按照产业活动采用的主要技术，可分为测绘产业、地理信息系统产业、遥感产业和卫星导航产业。每个产业市场又包括技术市场、产品市场、信息市场和劳务市场等。

按照产业结构分类，可将其分为产品和服务两大类。其中，产品包括所涉及的各种硬件设备和网络设施、地理信息数据和软件，以及各种存储介质的地理信息出版物等；服务包括地理信息工程服务、地理信息增值服务和咨询服务等方面。

8.1.3 地理信息产业特点

地理信息产业是我国确定的战略性新兴产业，是生产性服务业，具有以下几方面特征。

（1）高新技术产业特征。地理信息产业具有知识和技术密集、科技人员比重大、职工文化和技术水平高、资源和能量消耗少、产品多样化和软件化、批量小且更新换代快、研发投资大、产品附加值高、产业增长强劲等主要特点，是知识密集型、技术密集型、资金密集型、高技术人员密集型产业。

（2）现代高端服务业特征。地理信息产业具有广泛的应用前景，广泛应用于政府决策、防灾减灾、环境保护、生态监测、区域规划、城市管理、交通安全、基础设施建设，以及大众出行、社交媒体等国民经济与社会发展的各个方面。

（3）高关联度产业特征。地理信息产业是在地球系统科学、空间科学、信息科学的基础上，由测绘技术、信息技术和空间技术等交叉、渗透和融合发展的产物，其产业链较长，上中下游的关联度大于 1 ：10，能够推动物流、汽车、航空航天、信息技术、通信技术和互联网等产业加快发展，对国民经济有着广泛的影响。

（4）环境友好型产业特征。一方面地理信息及相关技术的应用本身不消耗资源和能源，另一方面卫星导航定位技术、智能交通等先进技术的集成应用，不仅可以方便人们出行，还可以有效减少二氧化碳排放，促进节能减排降耗。

（5）安全关联性产业特征。地理信息资源是涉及国家安全的重要信息资源，一方面发展地理信息产业推动各种比例尺、精度、时相、要素的地理信息资源的广泛开发利用；另一方面地理信息尤其是高精度地理信息日益成为信息化战争争夺的重要资源。

（6）高度国际化的产业特征。发达国家的大型地理信息企业积极进行全球布局，使得地理信息产业国际化程度越来越高。而我国经过多年发展，也已出现了一批具有自主知识产权、一定规模和发展潜力的企业，正积极开展国际竞争。

8.1.4 地理信息产业要素

地理信息产业构成要素包括基础要素（项目或成果）、主体要素（企业）、目标要素（市场）、政府要素（战略、法规和服务）和资源要素（人才、资本和信息）等方面。

企业是产业的主体。在现阶段，除了企业，在我国仍有部分事业单位参与到市场运作之中，构成一个复合型的产业实体。这是当今中国地理信息产业的重要特征。

8.1.5 地理信息产业链

地理信息主要产业活动包括硬件制造、数据生产、软件开发与信息服务。其中硬件制造属于制造业；数据生产包括数据采集、数据处理、数据库建设、地图出版、数据服务和数据应用等环节；软件开发包括技术研究、系统设计、产品开发和技术服务等环节；信息服务主要有地理信息应用工程集成、软件销售和运营、咨询和培训，以及其他地理信息增值服务等活动。

地理信息产业活动从核心技术研发与数据资源建设，到工程应用，再到销售、咨询和信息服务，形成了较长的产业链。其产业链可以分为上、中、下游三段。

数据采集及其核心技术是产业的源头和上游。数据采集包括测量、遥感、卫星定位导航数据采集等。核心技术包括地理数据的采集、处理、管理、分析、显示、传输等。

地理信息工程应用位于产业的中游，是对上游提供的数据资源和技术成果的集成应用，涉及国民经济和社会发展的各个方面。地理信息工程应用对产业上游的数据生产和核心技术深化提供了需求驱动力，也为地理信息产业深化与发展提供了广阔空间。

地理信息服务位于产业的下游，包括产品营销，数据、技术、软件的培训和咨询服务等，是对产业上游和中游的拓展。由于地理信息具有非常强的包容性和渗透性，一方面可以将各种高新技术融入其中，拓展自身的能力；另一方面也可以将其融入到其他高新技术之中，如基于位置的服务（LBS）、室内导航、车载导航、手机导航、智能交通（ITS）等，一定程度上带动和深化了IT技术发展和应用拓展。

8.2　我国地理信息产业发展

8.2.1　总体情况

我国的地理信息产业从无到有，现已进入发展壮大、转型升级的新阶段。国家高度重视地理信息产业发展，有关部门积极予以扶持，地理信息资源开发利用的社会认知度不断提高，社会需求更加旺盛。用户群体从以政府为主转向政府、企业和大众并重，规模不断扩大。市场主体日趋多样化，市场准入、信息安全等方面的政策法规和规范标准逐步完善，竞争有序的市场环境初步形成。

产业基础设施日益完善。北斗导航卫星系统加快建设，服务范围已覆盖亚太地区。自主航天遥感对地观测体系已经形成，高分辨率遥感测图卫星实现了从无到有的跨越，地面接收、处理、分发、应用体系基本形成。现代测绘基准体系进一步完善。地理信息资源共享和服务设施日臻完善，国家自然资源和地理空间基础信息库一期工程建成并投入试运行。国家地理信息公共服务平台“天地图”正式为政府和社会提供服务。

产业规模迅速扩张。截至2017年7月，全国共有测绘资质单位17908家，其中甲级、乙级、丙级和丁级测绘资质的单位各有1019家、3826家、6877家和6186家，3994家为事业单位、2867家为国有企业、11047家为民营企业，民营企业占比61.69%。企业融资能力大幅提高，已有20家企业在国内外资本市场上市，参与国际竞争能力明显增强。

企业并购重组趋于活跃。“十二五”以来，产业服务总值年增长率30%左右。新应用、新服务不断产生，互联网搜索和电子商务提供商、通信服务提供商、汽车厂商等纷纷涉足地理信息应用领域，形成了遥感应用、导航定位和位置服务等产业增长点。

核心竞争力逐步提高。人才培养力度大幅提高，引进、选拔和评价政策逐步完善，队伍规模进一步扩大、结构进一步优化。自主创新能力持续增强，专利数量逐年增长。

国产 GIS 软件达到国际先进水平。我国超图、中地等 GIS 软件技术水平已与国外同类软件相当，国内市场占有率已超过 50%。测绘和地理信息装备制造技术水平明显提升、企业规模不断扩大，国产装备已出口 100 多个国家和地区。

数据 + 技术 + 服务三位一体的地理信息产业链已经形成，不仅自身形成一个完整的地理信息产业生态系统，而且产业上中下游关联度大于 1 ：10，使得产业发展的空间巨大。近年来，地理信息产业保持了高速发展态势，产业规模由 2007 年的 420 亿元增长到 2016 年的 4400 亿元，一些地理信息技术与产品已达到或接近当前国际先进水平。图 8.1 为 2017 ～ 2022 年我国地理信息产业规模预测图。

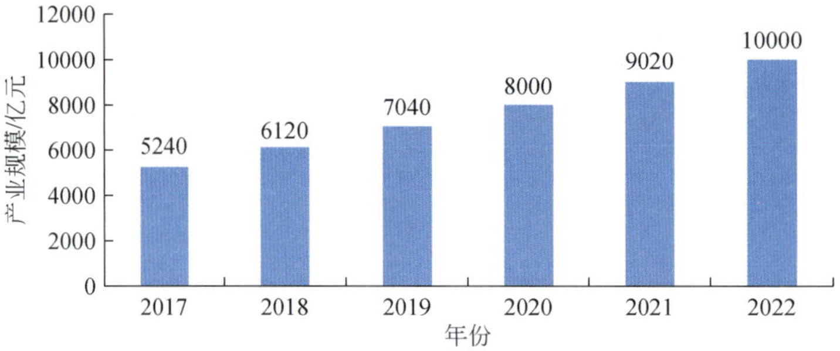

图 8.1　2017 ～ 2022 年我国地理信息产业规模预测

8.2.2　市场特征

我国的地理信息产业市场需求旺盛、技术进步显著、服务范围广泛、集聚效应明显。

1）市场需求旺盛

当前，中国城市规划建设、资源环境管理、工程勘测设计等领域对地理信息技术、产品和服务的需求旺盛，各个行业和地方的信息化建设对地理信息提出了迫切需求；政府决策、公共应急、节能减排等领域对地理信息保障服务提出了新的需要，在应对气候变化、发展低碳经济、构建低碳社会方面，地理信息产业面临巨大的发展机遇。基础建设和各行业的信息化建设对地理信息应用工程服务提出了巨大需求，产业项目数成倍增长。地理信息系统和导航应用软件产品持续增长。

2）技术进步显著

我国一些重大地理信息技术取得明显进展。首颗自主民用高分辨率立体测绘卫星“资源三号”于 2012 年 1 月 19 日成功发射；北斗导航卫星系统已进入发射组网全球服务阶段，系统建设稳步推进。国产地理信息系统软件占有率已达到 50% 以上，数字摄影测量软件国产化率达到 90% 以上。无人机倾斜摄影测量系统，车载街景、全景激光建模测量系统，室内测量机器人系统等逐步推广应用。地理信息技术等方面的专利有不断增长的趋势。地理信息技术集成应用已成为主流，正在与云技术、物联网技术等新兴技术集成，不断拓展地理信息市场。

3）服务范围广泛

在国土资源开发、城市管理、交通运输、公共应急等领域，地理信息已经成为必不可少的信息资源。同时，企业级、大众化应用正在逐渐成为驱动地理信息市场的新兴力量。

4）集聚效应明显

各地积极组建地理信息产业园区和地理信息科技创新基地。2010 年 11 月 28 日，由国家测绘地理信息局与北京市政府联袂打造了国家地理信息科技产业园。黑龙江、武汉、西安、浙江、福建、江苏、山东、海南等 20 余个省（自治区、直辖市）建立了地理信息产业园和测绘地理信息科技创新基地，通过地方政府的统筹，形成地理信息产品密集区、企业密集区、研发密集区、人才密集区，通过集群效应和规模经济，通过集约化使用土地、节约公共设施投入成本、提高资源使用效率，降低企业成本，促进地理信息产业健康发展。

8.2.3 商业模式

我国地理信息产业发展的商业模式与国际上基本相同，包括目前市场需求大的B2G（企业对政府）、增长潜力大的 B2B（企业对企业）、发展迅速的 B2C（企业对个人）以及新兴的 C2C（用户之间）等四种方式。

（1）B2G 是已存在的传统市场。地理信息在政府各部门，如国土资源、城市规划、环境保护、防灾减灾、应急保障、公安边防、民政、外交、科技、教育、文化、卫生等领域得到广泛应用。以前该市场主要由国有企事业单位主导，但随着经济技术的发展，市场需求加大，部分民营企业在一定程度上有所参与。

（2）B2B 也是已存在的传统市场。地理信息和相关技术在电力、石油、交通、物流、电信、商业规划、金融保险、资源勘探等领域广泛应用。由于 IT 技术和专业技术的进步，该市场需求迅速膨胀。该市场专业性强，增长潜力大，目前由事业单位和企业共同建设。

（3）B2C 是一个迅速发展的市场，潜力巨大。国际大型公司积极介入，如 Google、Nokia、Microsoft 等。其中，车载导航、互联网及移动终端位置服务等行业发展迅猛。未来 B2C 在产业中所占比例将越来越大，会呈现一种“长尾”趋势。

（4）C2C 是一个新兴市场，国外许多互联网公司积极介入，人气很高，如美国的社交网络服务网站 Facebook。C2C 模式的出现，使得人们对信息的获取、使用更为丰富和便利，同时也为企业的商业模式创新带来机遇和挑战。

8.2.4 价值链形成

在地理信息产业链上，价值链的形成包括数据获取、数据处理、数据应用等一系列行为和产业（图 8.2）。随着地理信息产业的高速发展和日趋成熟，地理信息产业链也变得更加复杂和丰富多彩，在纵向的不同环节和横向的不同领域都形成了具有不同特点的价值链。当前，许多地理信息企业在做深做透本专业领域的同时，也不断整合资源，向产业链上下游延伸，以商业模式创新整合产业链资源，抢占产业发展的制高点。

地理信息产业链的上游包括设备制造和数据采集。数据采集包括航天、航空和地面采集。近年来，随着高分辨率光学卫星及雷达卫星的出现，卫星数据的应用越来越广泛，卫星在数据采集中占据越来越重要的地位。通过卫星、航空等方式采集的原始影像需要通过数据处理才能生成可用的信息，遥感和航空数据的处理越来越依靠大规模智能化的软件处

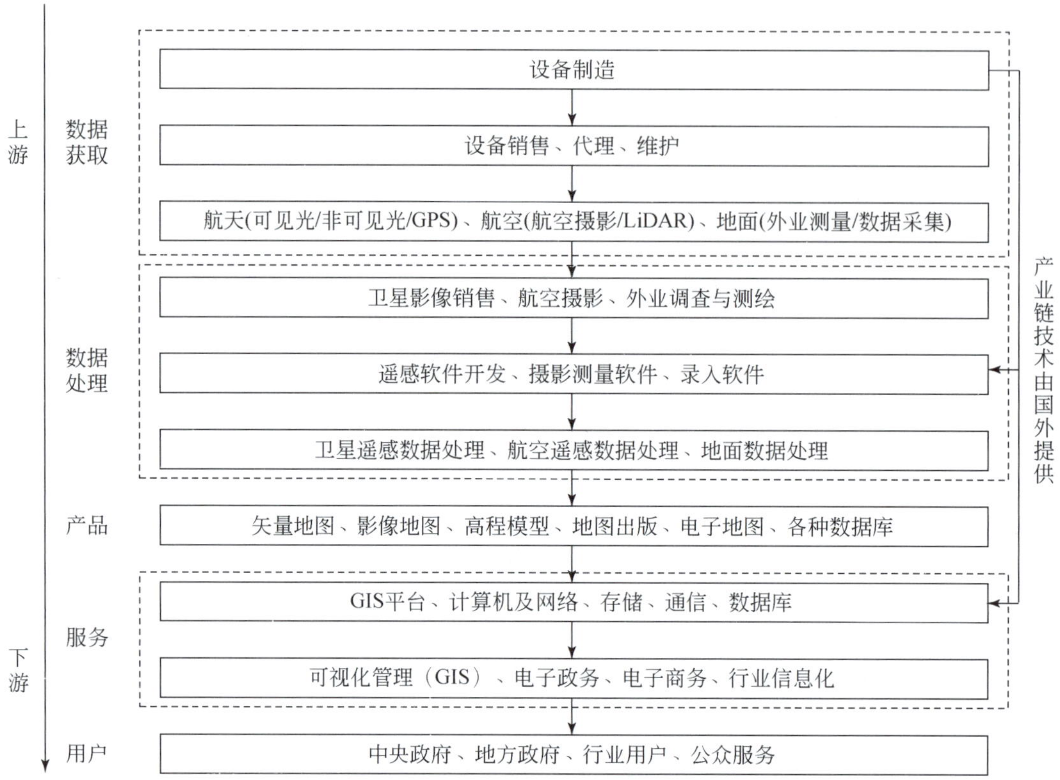

图 8.2　地理信息产业链

理工具。经过处理的地理信息数据成为产品，这些数据和其他各种专题属性数据进行集成，提升了数据的价值，服务于社会生活的各个方面。

8.2.5　发展模式

我国的地理信息产业发展可以归纳为链式发展、集群发展和融合发展几种模式。

（1）链式发展。北京四维图新科技股份有限公司，成立于 2002 年 12 月，经过十多年的发展，已经成为拥有八家全资、八家控股、六家参股公司的大型集团化股份制企业，是以地面测绘为主的数据获取、信息加工、服务应用的全产业链企业。

（2）集群发展。浙江省德清地理信息产业园建设，是湖州市德清县政府主导建设的产业园，目前引进和培育了 80 余家企业，其中测绘地理信息资质单位占 85% 左右，航空航天、信息等技术关联的企业约占 10%，金融、中介单位等保障企业约占 5%。园区在金融、税收、人才引进等方面制定了系列政策，2015 年园区企业总产值近 20 亿，正逐步成为带动长江三角洲的地理信息产业基地。

（3）融合发展。高德软件有限公司，该公司成立于 2002 年，是一家软件研发公司，目前已拥有导航电子地图甲级资质、测绘航空摄影甲级资质和互联网地图服务甲级资质。公司实现了产业内融合发展，2014 年成为阿里巴巴全资子公司，形成了全新的互联网地图服务，实现了跨界融合发展。

8.3 我国地理信息企业状况

8.3.1 上市企业

地理信息产业的上市企业，是数万家地理信息企业的优秀代表。2016 年在国内外上市的主要企业包括中国卫星千方科技、四维图新、北斗星通、合众思壮、海格通信、中海达、数字政通、振芯科技、华力创通、超图软件、天泽信息、易华录、恒华科技、辰安科技、星网宇达、华测导航、银江股份、汉威科技、飞利信等多家国内地理信息企业。除此以外，还有天下图控股，以及百度、阿里巴巴、腾讯等旗下拥有较大规模地理信息业务的上市企业，以及像天夏智慧（原索芙特）、兴民智通、神州信息等众多通过收购进入地理信息产业的上市企业。

2016 年，20 家国内地理信息产业上市企业的营业收入总额达到 302.8 亿元，同比增长 25%。其中，天泽信息、超图软件、合众思壮和恒华科技增长最为显著。从近三年全年营业收入总额来看，多数上市企业 2016 年营业收入总额保持稳步、持续的增长。

在净利润方面，所有企业均实现净利润正值，2016 年净利润超 1 亿的企业数目有所增长，其中净利润最高的企业为海格通信，达到 5.3 亿元，其次为中国卫星，净利润达 4 亿元。

2014 ~ 2016 年三年间多数国内地理信息上市企业营业收入呈现持续稳定增长态势，国外有部分企业营业收入出现逆增长。天泽信息、超图软件、合众思壮、恒华科技、千方科技和飞利信等 6 家企业 2016 年的营业收入增长超过 50%；天泽信息、中海达、超图软件、华测导航、飞利信、华力创通、合众思壮、恒华科技等 8 家企业 2016 年的净利润增长超过 50%。

8.3.2 新三板挂牌企业

据不完全统计：截至 2016 年 6 月 27 日，共有 85 家有测绘资质的单位在新三板挂牌成功。

206 家挂牌地理信息企业整体呈现营业规模小、增长速度快、盈利低迷的特点。营业额超过 1 亿的企业有 52 家，占比 25.2%。22 家企业营业收入同比增长超过 100%，近一半的企业营业收入同比增长超过 25%。44 家企业归属于母公司的净利润为负数，占 21.5%，有 84 家企业未能达到千万盈利级别，盈利过亿的仅有 3 家。

8.3.3 存在问题

1）产业结构不平衡

2017 年挂牌测绘资质单位，49% 的企业主营业务为数据生产，44% 主营业务为软件开发；2017 年中国地理信息百强企业，83% 的企业主营业务为数据生产企业；2017 年中小企业，90% 企业主营业务为数据生产。2017 年高成长 50 强企业 76% 的企业主营业务为数据生产。鉴于硬件制造企业无需取得测绘资质证书，可忽略分析。软件、信息服务企业占比较少。整个产业链呈现中间大，两头轻的产业格局，产业结构有待进一步平衡优化。

2）企业规模依然偏小，地区发展不平衡

从 2017 年中国地理信息百强企业营业收入规模看，2016 年测绘服务总值超过 10 亿元的仅有 3 家，88% 的企业低于 5 亿元，地理信息企业规模依然偏小。

从 2017 年挂牌测绘资质单位地区分布看，50% 的企业集中分布在北京、江苏、广东、湖北等经济发达地区，其中北京地区分布最多，占比 15%。地理信息企业地区发展不平衡。

3）大部分中小企业创新不足，竞争力有待提升

据 2017 年中国地理信息百强企业、中小企业的业务组合模式分析，2017 年百强企业 67% 的企业采用数据生产 + 软件开发 + 信息服务的业务组合模式，中小企业 57% 的企业同样选择数据生产 + 软件开发 + 信息服务业务组合模式。在具体业务领域，多数企业在农村土地承包经营权确权登记、不动产登记、智慧城市、新型基础测绘、地理国情监测、全球地理信息资源建设、应急测绘等政策红利领域谋发展，企业同质化竞争比较严重，创新不足，在激烈的市场竞争中，2017 年挂牌上市公司、百强企业、中小企业财务绩效多出现不同程度下滑。

对于测绘资质单位来说，中小企业偏多，大部分的公司停留在项目运作层面，进行产品和服务创新、转型升级面临较多困难，如缺少资金、技术、人才、管理等要素支撑，创新转型困难。

8.4 我国地理信息产业空间格局

从产业布局来看，国内地理信息产业已初步形成了环渤海、长江三角洲、珠江三角洲，以及中西部地区四大区域集聚发展的总体产业空间格局。

8.4.1 环渤海区域

环渤海地区拥有得天独厚的地域优势、资源优势、经济优势，地理信息产业发展较为迅速。

北京地区优势突出，这里聚集了地理信息产业领域众多的知名科研院所和高校，并在产业链的众多领域聚集了一批行业知名企业。

天津市作为航空航天产业的后起之秀，“十二五”期间开展了包括国家北斗卫星导航信息服务中心、北斗卫星应用项目在内的重大项目建设。

河北省则依托中国电子科技集团第五十四研究所，面向北斗导航系统应用，推进产业发展。

山东省地理信息产业发展较为迅速，山东测绘地理信息产业基地、正元地理信息产业园、北斗卫星导航应用（胶州湾）产业园等一批地理信息产业相关园区开工建设。特别是在潍坊建设的山东测绘地理信息产业基地，正形成研发孵化、数据加工、装备制造等功能区，将打造成山东地理信息产业聚集发展的核心平台。

辽宁省落户了移动位置服务基地，成为中国移动经营位置服务在国内布局的主要基地。

8.4.2 长江三角洲区域

长江三角洲区域经济基础好，应用潜力大，制造业和现代信息服务业发达，高科技产

业密集，高等院校等科研单位较多，为地理信息产业的发展提供了坚实的基础。

上海市作为我国三大国家级民用航天产业基地之一、国家四个北斗卫星导航产业运营中心之一、中国首个国家卫星导航应用产业项目产生地区，在卫星定位导航应用、卫星及遥感器、遥感应用和GIS开发等领域具有较高的水平。

江苏省在卫星导航及地理信息系统领域具有较强的科研和产业基础，正努力将江苏北斗产业研究院打造成中国最大的“北斗”产业应用发展基地。成立了江苏地理信息产业研究院、地理信息产业基地（南京、苏州、扬州），江苏正在成为我国地理信息产业高地。

浙江省是全国测绘资质单位密度最高的省份之一，在湖州市德清县建设“浙江省地理信息产业园”，致力于打造成为带动长江三角洲、辐射全国、影响世界的地理信息产业基地。

8.4.3 珠江三角洲区域

珠江三角洲区域是中国电子信息制造业发达地区，在地理信息产业领域拥有包括中海达、南方测绘集团、广州奥格智能科技有限公司、广州建通测绘技术开发有限公司、深圳凯立德等在内的一批知名地理信息企业，特别是在卫星导航领域，已经形成了涵盖产品研发制造、系统集成运营、应用服务的完整产业链，地理信息产业发展在全国独树一帜。

8.4.4 中西部区域

中西部地区主要以湖北、陕西、重庆和四川等地区为代表，在地理信息、卫星应用等产业领域具有全国领先优势。

湖北是我国现代测绘技术、遥感技术、卫星导航技术，以及地理信息系统技术研发实力处于全国领先地位的区域，拥有武汉大学、中国地质大学（武汉）等在地理信息技术研发靠前的著名高校，引导着地理信息技术的发展。在武汉光谷孵化、集聚了一批充满活力的地理信息企业。

陕西是中国航天领域实力最为雄厚的地区之一，科教资源丰富，科研生产条件良好，技术实力雄厚，为地理信息产业的快速发展奠定了坚实的基础。

重庆以重庆测绘研究院为代表，发展地理信息技术，塑造地理信息文化，强化数字城市、智慧城市等方面的应用，产生了良好的社会效益。

四川拥有国测一大队、西南交通大学、中国科学院·水利部成都山地灾害与环境研究所等地理信息方面优秀的单位，有效支撑了地理信息企业的发展，在基础设施建设、防灾减灾、交通安全等方面优势显著。

8.4.5 新三板挂牌地域分布

从地域分布数量看：北京地区挂牌测绘资质单位分布最多，占比15%，其次是江苏省、广东省、湖北省，占比分别是12%、12%、11%（图8.3）。

从地域分布营业收入规模来看：云南挂牌测绘资质单位2016年营业收入总额为380537.8万元，位居榜首，其次是新疆、广东、北京。

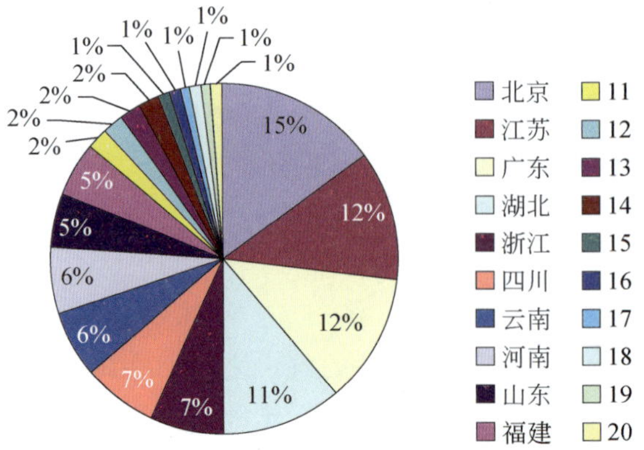

图 8.3 挂牌测绘资质单位地域分布图（截至 2017 年 6 月）

8.5 地理信息产业发展的热点

8.5.1 与互联网 + 融合创新

地理信息要利用“互联网 +”激发出的巨大能量，积极推进“地理信息 +”战略，产生新的信息资源，成为拉动国内经济发展新的增长点。地理信息产业是战略性新兴产业，也是生产性的服务业，需要与其他行业融合创新，共同发挥作用。在经济新常态的背景下，地理信息产业与物联网、大数据等新兴产业正在加快融合，不断催生出新的商业模式和新的服务模式，形成新的业态。地理信息作为基础数据，在各种“互联网 +”领域发挥关键作用，因而受到政府重点扶持。国务院批复同意的《全国基础测绘中长期规划纲要（2015—2030 年）》，提出构建新型基础测绘体系，全面提升测绘地理信息服务能力。预计到 2020 年，将形成信息化测绘体系，全面建成数字地理空间框架；到 2030 年，基本形成以新型基础测绘和应急测绘为核心的完整测绘地理信息服务链条。此次规划时间跨度达 15 年，表明政府对其重视程度。

总体来看，随着“互联网 +”战略的加速实施，地理信息作为各行业的基础支撑，将步入快速发展期。拥有数据采集和提供应用服务的相关企业，将获得市场扩张机遇。

8.5.2 与物联网融合创新

物联网是通过射频识别（RFID）装置、红外感应器、全球定位系统、激光扫描器等信息传感设备，按约定的协议，把任何物品与互联网相连接，进行信息交换和通信，以实现智能化识别、定位、跟踪、监控和管理的一种网络。物联网的发展提升了工业、农业、环保、物流、安防等领域的信息化水平，而这些行业 GIS 均已覆盖，物联网能让 GIS 得以深化应用。《国务院办公厅关于促进地理信息产业发展的意见》要求结合物联网、云计算等新技术的发展，提高地理信息软件研发和产业化水平。2014 年 2 月 19 日，国务院召开全国物联网工作电视电话会议，敲定在地理信息、智慧城市、交通等领域的交叉应用示范作为物联网发展重点。物联网、地理信息融合发展已成为国家战略，作为培育战略性新兴产业、构建现代产业体系的重要内容，稳步推进。

8.5.3 与大数据融合创新

目前，全世界的信息量正在以每年 59% 的速度增长，而这一速度将逐年递增，到 2020 年全球将达到 35ZB 的数据信息量。面对大数据容易忽略的两个问题是：数据需要从“看”到“用”，再从“用”到“养”。“养”是指数据随着时间轴和空间轴发生变化后，数据库中的信息需要得到更新。此外，无线数据在大数据中的比重越来越大。无线数据有三个渠道来源：APP、WAP 和 HTML5，这三个数据源和数据特性与 PC 数据相比都存在着很大的不同，无线端统计的方法也和 PC 数据有很大差异，给数据收集和运营带来了很大挑战。地理信息技术的应用很有特点，一方面需要 GIS 软件技术，另一方面需要空间数据，而空间数据包括地图数据，也包括可借助地图表达的行业专题数据。地图数据的获取和管理是非常特殊的，一方面需要可视化模拟真实世界，另一方又需要记录空间地物要素之间的空间拓扑关系。所以 GIS 软件很早就采用非结构化方式来存储，在关系数据库汇总都是用大字节方式来存储，这实际上已经是一种大数据的处理方式。

8.5.4 与云计算融合创新

云计算是一种商业计算模型，它将计算任务分布在大量计算机构成的资源池上，使各种应用系统能够根据需要获取计算、存储空间和各种软件服务。云计算将彻底改变 IT 产业的架构和运行方式，高性能计算机、高端服务器、高端存储器和高端处理器的市场将被数量众多、低成本、低能耗和高性价比的云计算硬件市场所挤占；传统互联网数据中心（IDC）将迅速被成本低一个数量级的云计算数据中心所取代；绝大多数软件将以服务方式呈现。云计算为地理信息行业带来强有力的支撑，用云上的分布式计算节点资源处理大规模地理信息数据。将云计算的各种特征用于支撑地理空间信息的各要素，包括建模、存储、处理等，从而改变用户传统的 GIS 应用方法和建设模式，以一种更加友好的方式，高效率、低成本地使用地理信息资源。需要考虑云和基于 SaaS 模式时所需的无缝数据访问能力，必须拥有敏捷的数据管理基础方法。

思考题

1. 地理信息产业性质是什么？有什么特征？
2. 为什么说地理信息是可以承载其他信息的载体？
3. 我国地理信息产业发展的国情是什么？
4. 当前我国地理信息发展创新的热点和机制是什么？
5. 当前我国地理信息产业发展的机遇与挑战是什么？

延伸阅读

国家测绘地理信息局测绘发展研究中心，2017. 测绘地理信息发展动态（2016—2017）

中国地理信息产业协会 . 2017. 中国地理信息产业发展报告（2017）

中研普华集团 . 2017. 2017—2022 年中国地理信息产业领航调研与投资战略规划分析报告

Forword Business Information Co. Ltd，2018. 2018—2023 年中国地理信息产业发展前景与投资战略规划分析报告

主要参考文献

白光润 . 2006. 地理科学导论 . 北京：高等教育出版社

保罗・克拉瓦尔 . 2015. 地理学思想史 . 4 版 . 郑胜华，刘德美，刘清华，等译 . 北京：北京大学出版社

陈崇成，林剑峰，吴小竹，等 . 2013. 基于 NoSQL 的海量空间数据云存储与服务方法 . 地球信息科学学报，15（2）：166-174

陈锐志，陈亮 . 2017. 基于智能手机的室内定位技术的发展现状和挑战 . 测绘学报，46（10）：1316-1326

陈述彭 . 2001. 地学信息图谱探索研究 . 北京：商务印书馆

崔铁军 . 2012. 地理信息科学基础理论 . 北京：科学出版社

崔铁军，郭黎，张斌 . 2010. 地理信息科学基础理论的思考 . 测绘科学技术学报，27（06）：391-395

戴立乾，陈娜，杨军强 . 2011. GIS 的未来之我见 . 地理空间信息，9（1）：73-74

邓中亮，余彦培，徐连明 . 2013. 室内外无线定位与导航 . 北京：北京邮电大学出版社

郭华东 . 2001. 对地观测与可持续发展 . 北京：科学出版社

李德仁 . 1997. 论 RS、GPS 与 GIS 集成的定义、理论与关键技术 . 遥感学报，1（1）：64-68

李德仁 . 2003. 论 21 世纪遥感与 GIS 的发展 . 武汉大学学报（信息科学版），28（2）：127-131

李德仁，李清泉 . 1999. 地球空间信息学与数字地球 . 地球科学进展，14（6）：535-540

廖克 . 2003. 现代地图学 . 北京：科学出版社

廖克 . 2007. 地球信息科学导论 . 北京：科学出版社

林德根，梁勤欧 . 2012. 云 GIS 的内涵与研究进展 . 地理科学进展，31（11）：1519-1528

林珲，施迅 . 2017. 地理信息科学前沿 . 北京：高等教育出版社

刘妙龙，黄佩蓓，杨冰 . 2001. 地理信息科学新界说 . 地球信息科学，3（2）：41-46

刘源鑫，赵文武 . 2013. 未来地球——全球可持续性研究计划 . 生态学报，33（23）：7610-7613

龙毅，温永宁，盛业华 . 2006. 电子地图学 . 北京：科学出版社

卢小平，王双亭 . 2012. 遥感原理与方法 . 北京：测绘出版社

闾国年，吴平生，周晓波 . 1999. 地理信息科学导论 . 北京：中国科学技术出版社

毛赞猷，朱良，周占鳌，等 . 2008. 新编地图学教程 . 北京：高等教育出版社

努尔比娅・乌斯曼，任云霞，吐尔逊古丽・托合提，等 . 2011. 基于遥感的干旱区典型绿洲 LUCC 研究 . 遥感技术与应用，26（6）：827-835

盛庆红，肖晖 . 2016. 卫星遥感与摄影测量 . 北京：科学出版社

盛业华，张卡，杨林 . 2018. 空间数据采集与管理 . 北京：科学出版社

宋关福，钟耳顺，李绍俊，等 . 2018. 大数据时代的 GIS 软件技术发展 . 测绘地理信息，43（1）：1-7

隋殿志，叶信岳，甘甜 . 2014. 开放式 GIS 在大数据时代的机遇与障碍 . 地理科学进展，33（6）：723-737

汤国安，闾国年，刘学军，等 . 2007. 地理信息系统教程 . 北京：高等教育出版社

童庆禧，等 . 2001. 地球空间信息科学 . 北京：高等教育出版社，施普林格出版社

王恩涌，许学工 . 2008. 地理学是什么？北京：北京大学出版社

王尔琪，王少华 . 2015. 未来 GIS 发展的技术趋势展望 . 测绘通报，（S2）：66-69

王家耀 . 2014. 地图学原理与方法 . 2 版 . 北京：科学出版社

王劲峰，徐成东 . 2017. 地理探测器：原理与展望 . 地理学报，72（1）：116-134

王帅，徐涵秋，唐菲 . 2017. 基于 IBI 和 CA 模型的城市建成区提取及其应用——以上海市为例 . 遥感技术与应用，32（6）：1161-1170

王志勇，张继贤，黄国满 . 2012. 数字摄影测量新技术 . 北京：测绘出版社

吴俐民，左小晴，倪曙，等 . 2013. 卫星遥感影像专题信息提取 . 成都：西南交通大学出版社

吴志峰，柴彦威，党安荣，等 . 2015. 地理学碰上“大数据”：热反应与冷思考 . 地理研究，34（12）：2207-2221

武旭同，傅伯杰，王帅 . 2016. 连接科学与社会——从第 33 届国际地理大会看地理学的发展态势 . 地理学报，71（10）：1849-1855

萧世伦，方志祥 . 2014. 从时空 GIS 视野来定量分析人类行为的思考 . 武汉大学学报(信息科学版)，39(6)：667-670

谢启姣，刘进华，胡道华 . 2016. 武汉城市扩张对热场时空演变的影响 . 地理研究，35（7）：1259-1272

谢榕，刘亚文，李翔翔 . 2015. 大数据环境下卫星对地观测数据集成系统的关键技术 . 地球科学进展，30（8）：855-862

徐绍铨，张华海，杨志强，等 . 2017. GPS 测量原理及应用 . 4 版 . 武汉：武汉大学出版社

杨海军，李营，洪运富，等 . 2015. 县域尺度生物多样遥感监测与评价研究 . 遥感技术与应用，30（6）：1138-1145

杨元喜 . 2016. 综合 PNT 体系及其关键技术 . 测绘学报，45（5）：505-510

喻沧，廖克 . 2010. 中国地图学史 . 北京：测绘出版社

张小红，李征航，乔俊军 . 2017. 导航学 . 武汉：武汉大学出版社

赵军，车红岩 . 2016. 基于位置服务的应用技术和发展趋势 . 测绘科学，41（4）：171-176，189

赵英时 . 2013. 遥感应用分析原理与方法 . 2 版 . 北京：科学出版社

周成虎 . 2015. 全空间地理信息系统展望 . 地理科学进展，34（2）：129-131

祝国瑞 . 1994. 地图分析 . 武汉：武汉大学出版社

Bryant R E，O’Hallaron D R. 2006. 深入理解计算机系统 . 北京：电子工业出版社

Cheng T，Tanaksaranond G，Emmonds A. 2010. Multi-scale visualisation of inbound and outbound traffic delays in London. The Cartographic Journal，47（4）：323-329

Egenhofer M J，Freksa C，Miller H J. 2004. Geographic information science. Lecture Notes in Computer Science，2478（51）：31-45

Gazzaniga M S，Ivry R B，Mangun G R. 2011. 认知神经科学 . 周晓林，高定国译 . 北京：中国轻工业出版社

Getis A，Getis J，Fellmann J D. 2017. 地理学与生活 . 11 版 . 黄润华，韩慕康，孙颖译 . 北京：世界图书出版公司

Goldberg D, Olivares M, Li Z, et al. 2014. Maps & GIS data libraries in the era of big data and cloud computing. Journal of Map & Geography Libraries, 10（1）: 100-122

Goodchild M F. 1992. Geographical information science. International Journal of Geographical Information Systems, 6（1）: 31-45

Kawata Y. 1990. Review on recent remote sensing technology and its applications. Technical Report, 14: 1-4

Liu F, Lin A, Wang H, et al. 2016. Global research trends of geographical information system from 1961 to 2010: A bibliometric analysis. Scientometrics, 106（2）: 751-768

Robinson A H. 1995. Elements of Cartography. Hoboken: John Wiley & Sons

Slocum T A . 2005. Thematic Cartography and Geographic Visualization. Englewood: Pearson Prentice Hall

Virginia G. 2004. Mapping opportunities. Nature, 427（22）: 376-377

Wawrzyniak L, Nikitenko D, Matsakis P. 2006. Speaking with spatial relations. International Journal of Intelligent Systems Technologies and Applications, 1（3）: 280-300

Wood T F. 1987. Thinking in geography. Geography, 72: 289-388

Yang X, Li J. 2012. Advances in Mapping from Remote Sensor Imagery: Techniques and Applications. Boca Raton: CRC Press